AF325299

Nouvelle Édition

Prix : 1 fr. 75

CATALOGUE

DESCRIPTIF ILLUSTRÉ

DE TOUS LES

TIMBRES-POSTE

AVEC LES DATES D'ÉMISSION

LES VALEURS ET LES COULEURS

AINSI QUE LES PRIX

DES TIMBRES-POSTE

PAR

ARTHUR MAURY

PARIS

VINGT-NEUVIÈME ÉDITION

CATALOGUE

DESCRIPTIF

DE TOUS LES

TIMBRES-POSTE

ET TIMBRES-TÉLÉGRAPHE

PARUS DEPUIS LEUR INVENTION

JUSQU'EN 1889

AVEC LEURS DATES D'ÉMISSION

leurs valeurs et leurs couleurs

AINSI QUE LES PRIX AUXQUELS ON PEUT SE LES PROCURER

CHEZ

ARTHUR MAURY

8, BOULEVARD MONTMARTRE, 8

Succursale : rue Saint-Lazare, 80

PARIS

LE COLLECTIONNEUR

DE

TIMBRES-POSTE

Journal mensuel illustré

INDIQUANT LES ÉMISSIONS NOUVELLES DE TIMBRES-POSTE, D'ENVELOPPES
DE CARTES-POSTE ET DE TIMBRES-TÉLÉGRAPHE

Causerie — Renseignements divers
Réponses aux questions des Collectionneurs
Anecdotes

PRIX-COURANT DES NOUVEAUTÉS
LA HAUSSE ET LA BAISSE DES TIMBRES CATALOGUÉS
OCCASIONS

Abonnement : UN AN, **1** fr. **50** pour tous les pays faisant partie
de l'Union postale,

LES ABONNEMENTS PARTENT DU MOIS DE JANVIER

Un Numéro, **15** cent. (franco).

Tous les abonnés reçoivent fin décembre, en *prime gratuite*, le catalogue
illustré des timbres parus dans le courant de l'année

Adresser les demandes et communications à

ARTHUR MAURY

6, BOULEVARD MONTMARTRE — PARIS

SUCCURSALE : 80, RUE SAINT-LAZARE

AVIS

Notre nouveau catalogue est divisé en trois parties, formant chacune un volume séparé :

1º Les timbres-poste, timbres-taxe et timbres-télégraphe ;
2º Les enveloppes et bandes timbrées ;
3º Les cartes-poste et cartes-lettres.

Les collectionneurs qui, classant leurs timbres à l'aide de notre catalogue, voudront reconstituer l'ordre chronologique que nous préconisons toujours pour les albums, n'auront qu'à suivre la série des numéros placés devant chaque timbre, enveloppe ou carte.

Nous avons ajouté à notre ouvrage un grand nombre de nouvelles gravures et apporté des améliorations qui montreront à notre clientèle que nous tenons compte, dans la mesure du possible, des observations et des conseils qu'elle veut bien nous adresser.

———

Voici la définition succincte des termes spéciaux employés dans ce catalogue :

TIMBRES (le mot POSTE est sous-entendu). Vignettes de petite dimension, généralement gommées derrière, et destinées à l'affranchissement préalable des lettres, journaux, imprimés, échantillons, etc., confiés par le public aux administrations de poste.

TIMBRES POUR IMPRIMÉS. Petites valeurs employées spécialement pour l'affranchissement des journaux et imprimés.

TIMBRES DE CONTRÔLE. Fortes valeurs, pour affranchir les paquets et envois d'argent ; ne sont d'ordinaire utilisés que par les employés des postes.

TIMBRES-TAXE. Désignés dans l'Administration sous le nom de *chiffres-taxe*. Ces timbres, au contraire des timbres-poste, lorsqu'ils sont appliqués sur une lettre, indiquent une taxe à percevoir par le facteur ; c'est un contrôle administratif.

TIMBRES-TAXE FISCALE. Ces timbres, qui pourraient ne pas être acceptés dans une collection de timbres-poste, sont mis sur les journaux étrangers entrant dans certains pays (la Hongrie, par exemple), et le destinataire doit en acquitter le montant entre les mains du facteur.

TIMBRES DE RETOUR. Employés par quelques administrations de poste pour refermer les lettres qui n'ont pu trouver leur destinataire et qu'un bureau spécial a dû ouvrir afin de chercher l'adresse de l'envoyeur.

TIMBRES DE SERVICE (OFFICIEL). La franchise postale est accordée à certains fonctionnaires, à certaines administrations, dont les lettres et paquets sont à cet effet frappés d'un timbre à main ; cette franchise a souvent entraîné des abus fort graves, et plusieurs gouvernements ont émis des timbres-poste, enveloppes et cartes, destinés spécialement à établir un contrôle sur le service de chaque administration.

TIMBRES-TÉLÉGRAPHE. Ils ont une telle analogie avec les timbres-poste qu'il nous a paru inutile de les en séparer ; dans presque tous les pays, la poste et le télégraphe ne forment qu'une seule administration et souvent certains timbres servent indifféremment pour les lettres et les dépêches.

Réimpressions. On appelle ainsi les tirages *officiels* des timbres anciens faits à nouveau avec les gravures authentiques ; il ne faut donc pas confondre *réimpression* et *imitation*.

Oblitération. C'est la marque quelconque dont les timbres sont annulés : griffe à l'encre grasse, traits à la plume, etc.

Malgré le soin apporté à notre travail, il est probable qu'il s'y trouve quelques erreurs ou omissions, nous recevrons avec plaisir toute communication à ce sujet. Sauf quelques rares exceptions, nous n'avons pas signalé les variétés de nuances d'un même timbre, cela n'empêche pas que nous les ayons à la disposition des amateurs qui s'y intéressent ; même observation pour les variétés de filigranes et de dentelures.

Nous donnons les prix de tous les timbres que nous avons en vente au moment de l'impression du catalogue, mais on comprendra facilement qu'il se produit dans nos provisions des vides de plus en plus difficiles à combler ; aussi prions-nous les personnes qui nous adresseront des commandes de toujours indiquer, à part, un certain nombre de timbres supplémentaires pour servir à remplacer ceux qui viendraient à nous manquer.

Pour rédiger les listes de timbres demandés il suffit de mentionner le nom du pays, le numéro d'ordre et le *prix de vente* ; les autres indications sont inutiles.

Nous insistons vivement pour que le client inscrive après chaque nº d'ordre le prix de vente comme ceci :

<pre>
France, nº 3 . . . . 0ᶠ,15
  —   nº 4 . . . . 0 ,05
  —   nº 39 . . . . 0 ,10
</pre>

et non le prix total de plusieurs nᵒˢ ; cela est indispensable pour la bonne et prompte exécution des commandes.

Nous prions ceux de nos clients qui ont de grandes collections de nous retourner un de nos catalogues après y avoir effacé d'un trait de crayon tous les timbres qu'ils possèdent, nous pourrons alors, à coup sûr, leur proposer ce qui leur manque, et de notre côté, nous noterons sur ce même catalogue, ce qu'ils conserveront de nos envois, ainsi nous nous tiendrons à peu près au courant de leurs collections.

Tous nos timbres sont garantis authentiques.

Gratis et Franco, nous envoyons aux personnes qui en font la demande des formules de commandes qu'il ne reste plus qu'à remplir, ainsi que des enveloppes imprimées à notre adresse.

Nous prions instamment nos correspondants de vouloir bien répéter très lisiblement leur nom et leur adresse à chaque commande.

Toutes les demandes doivent être accompagnées de leur payement en papier-monnaie, coupons échus, timbres-poste français neufs, mais de préférence en mandats de poste qui laissent un reçu entre les mains de l'envoyeur.

Les lettres non affranchies seront rigoureusement refusées.

Les demandes de renseignements, propositions d'échanges, doivent être accompagnées d'un timbre pour l'affranchissement de la réponse.

Complément du Catalogue descriptif des timbres-poste

Catalogue descriptif des enveloppes et bandes timbrées, illustré d'un grand nombre de gravures. *(Est en vente.)*

Prix : 1 fr. — Port : 10 c.

Catalogue descriptif des cartes-poste, cartes-lettres, etc., illustré d'un grand nombre de gravures. *(En préparation.)*

Catalogue descriptif des timbres surchargés, illustré. *(En préparation.)*

Journal « Le Collectionneur de timbres-poste » qui, mensuellement, tient les collectionneurs au courant des émissions nouvelles.

Abonnement : 1 fr. 50 par an.

CATALOGUE DESCRIPTIF

DES

TIMBRES-POSTE

AVEC LEURS PRIX DE VENTE, NEUFS OU OBLITÉRÉS

POUR LES COLLECTIONS

Les commandes doivent être accompagnées de leur paiement en papier monnaie, mandats de poste, timbres français neufs.

AÇORES

POSSESSION PORTUGAISE

Afrique Nord

1868. *Timbres du Portugal : effigie à gauche (Don Luis I), relief et couleur,* AÇORES, *grandes lettres en surcharge noire.*

No.				Neufs.	Oblitérés.
1.	5	reis	noir	»	»
2.	10	»	jaune	»	»
3.	20	»	bistre	»	»
4.	50	»	vert	»	»
5.	80	»	orange	»	»
6.	100	»	violet	»	»

1868-69. *Idem, dentelés,* AÇORES *en rose sur le 5 r. et en noir sur les autres valeurs.*

No.				Neufs.	Oblitérés.
7.	5	reis	noir	5f	»
8.	10	»	jaune	»	»
9.	20	»	bistre	»	»
10.	25	»	rose	1f	1f
11.	50	»	vert	»	»
12.	80	»	orange	»	»
13.	100	»	violet	»	»
14.	120	»	bleu	»	»
15.	240	»	violet	»	»
16.	100	»	violet pâle	»	»

1871-73. *Même genre, dentelés.*

No.				Neufs.	Oblitérés.
17.	5	reis	noir	» 75	» »
18.	10	»	jaune	» 75	» »
19.	20	»	bistre	1f »	» »
20.	25	»	rose	1f »	» 25
21.	50	»	vert	2f50	2f »
22.	80	»	orange	» »	» »
23.	100	»	violet pâle	2f50	2f »
24.	120	»	bleu	» »	» »
25.	240	»	violet	» »	» »

1875-76. *Idem.*

No.				Neufs.	Oblitérés.
26.	15	reis	brun	»	»
27.	150	»	bleu	»	»
28.	300	»	lilas	6f	»

1876. *Chiffre, même surcharge, dentelé (pour imprimés).*

No.				Neufs.	Oblitérés.
29.	2½	reis	verdâtre	» 20	» 15

Pour ménager l'espace, tout en maintenant les gravures dans le texte, nous mettons quelquefois deux types sur une même ligne; dans ce cas, le premier se rapporte à la description qui précède, le second à celle qui suit.

1879-80. *Type 1871, dentelés.*

Nos		Neufs.	Oblitérés.
38.	10 reis vert	1f »	» »
39.	50 » bleu	» »	» »
43.	150 » jaune pâle . . .	» »	» »

1880-82. *Effigie à gauche (Don Luis I), sans relief, types divers, même surcharge (grande), dentelés.*

45.	5 r. noir *surch. rose* .	» 75	» 35
40.	25 » bleu gris	» »	» 60
42.	25 » violet 2e type . .	» »	» 35
44.	50 » bleu *surch. noire.*	» »	2f »
46.	5 » noir *id. petite* .	» 75	» »

1882-85. *Type 1871 (relief), et 76, petite surcharge noire, dentelés.*

51.	2½ r. verdâtre	» 15	» 10
52.	10 » vert jaune . . .	» 75	» 25
56.	15 » brun	» 50	» 25
53.	20 » bistre	» »	» »
53a.	50 » bleu	» »	» »
57.	80 » orange . . .	1f »	» 50
54.	100 » lilas	1f 25	» 50
58.	150 » bleu	» »	» »
60.	300 » lilas	3f 25	» »
68.	1000 » noir *surch. rouge*	11f »	» »
65.	20 » carmin	» »	» »
59.	150 » jaune pâle . . .	2f 50	» »

1882. *Timbre du Portugal, sans relief, grande surcharge, dentelé.*

48.	25 reis brun	» 75	» 25

1882-85. *Timbres du Portugal, sans relief, chiffre ou effigie, petite surcharge, dentelés.*

67.	2 r. gris, *surch. noire.*	» 25	» »
67a.	2 » gris, *surch. rouge.*	» 10	» »
61.	5 » gris, *surch. noire.*	» 35	» 25
61a.	5 » gris, *surch. rouge.*	» 15	» 10
62.	10 » vert, *surch. noire.*	» 25	» 20
49.	25 » brun, *id.* . . .	» 10	» 15
50.	50 » bleu, *id.* . . .	» 75	» 30
66.	500 » noir, *surch. rouge*	» »	» »

1887. *Les mêmes, surcharge noire.*

72.	20 reis rose	» 30	» 15
73.	25 » violet	» 35	» 10
74.	500 » violet	6f »	» »

AFGHANISTAN

ROYAUME

Asie Centre

1870-72. *Tête de tigre, inscriptions orientales, grands ornements aux angles, deux types.*

Nos		Neufs.	Oblitérés.
1.	1 shahi noir	20f »	» »
2.	1 sénar noir	» »	» »
3.	1 abasi noir	» »	» »
4.	8 shahi violet . . .	» »	» »
5.	1 rupee violet . . .	» »	» »

1872-74. *Même genre, cercle avec petits ornements extérieurs, rien aux angles.*

6.	1 shahi noir	7f »	» »
7.	1 sénar noir	» »	» »
8.	1 abasi noir	» »	» »
9.	½ rupee noir	» »	» »
10.	1 » noir	» »	» »

1874-75. *Même genre, pas d'ornements extérieurs.*

11.	1 sénar noir	» »	» »

Nos	Neufs.	Oblitérés.
12. 1 sénar violet		
13. 1 abasi violet		

1875-76. *Même genre, plus petits, valeur dans un cartouche.*

Timbres noirs pour Caboul.
» violets pour Kholoom :

14. 1 shahi		
15. 1 sénar gris		
16. 1 abasi		
17. ½ rupee		
18. 1 »		

1875-76. *Même genre, valeur avec les autres inscriptions.*

Timbres gris pour Caboul.
» noirs pour Jellalabad.
» violets pour Kandahar.
» verts pour Kholoom.

19. 1 shahi		
20. 1 sénar gris		
21. 1 abasi		
22. ½ rupee		
23. 1 »		

1877. *Même genre, petits, tête entourée d'un cercle blanc.*

Timbres gris pour Caboul.

Timbres noirs pour Jellalabad.
» violets pour Kandahar.
» verts pour Kholoom,
» jaunes pour Lalpoura :

Nos	Neufs.	Oblitérés.
24. 1 shahi		
25. 1 sénar		
26. 1 abasi		
27. ½ rupee		
28. 1 »		

1878. *(Avril) Même genre, tête sur fond irrégulier.*

Timbres gris pour Caboul.
» noirs pour Jellalabad.
» violets pour Kandahar.
» verts pour Kholoom.
» jaunes pour Lalpoura :

29. 1 shahi		
30. 1 sénar		
31. 1 abasi		
32. ½ rupee		
33. 1 »		

1878. *(Juin) Même genre, tête sur fond rond régulier.*

Timbres gris pour Caboul.
» noirs pour Jellalabad.
» violets pour Kandahar.
» verts pour Kholoom,
» jaunes pour Lalpoura :

34. 1 shahi		

1881-86. *Type un peu différent pour chaque valeur. Les couleurs de ces timbres sont très variables et passent par de nombreuses dégradations de nuances, du vermillon au brun rouge, du brun au violet vif et au carmin,* *et de ces couleurs au noir ; ce qui semble résulter de l'indifférence de l'imprimeur.*

Nᵒˢ			Neufs.	Oblitérés.
35.	1 abasi		» »	» »
36.	½ rupee		» »	» »
37.	1 »		» »	» »

Nous avons en vente :

35.	1 abasi carmin	3f »	» »
36.	½ rupee rouge	5f »	» »
37.	1 » violet	10f »	» »

1886. *Les mêmes, imprimés en carmin sur papier de couleurs diverses : jaune, citron, orange, vert, violet, rose foncé, bleu.*

38.	1 abasi		» »	» »
39.	½ rupee		» »	» »
40.	1 »		» »	» »

Nous avons en vente :

38a. 1 abasi carmin s. vert. 3f » » »

ALLEMAGNE

ÉTATS DU NORD

Desservis par l'office du prince de TOUR ET TAXIS

Europe Centre

1852. *Chiffre, types divers, noir sur couleur.*

1.	½ sgr. fauve	8f »	4f50
2.	⅓ » chair	4f »	3f50

Nᵒˢ			Neufs.	Oblitérés.
3.	¼ sgr.	vert	» »	» 50
4.	1 »	bleu clair	» »	» 50
5.	1 »	bleu foncé	» »	1f »
6.	2 »	rose	» »	» 35
7.	3 »	jaune	» »	» 30

1859. *Idem, couleur sur blanc.*

8.	¼ sgr.	rouille	1f50	» 75
9.	½ »	vert	3f »	1f »
10.	1 »	bleu	3f »	» 50
11.	2 »	rose	2f50	» 35
12.	3 »	brun rouge	3f »	» 50
13.	5 »	lilas	» 60	1f25
14.	10 »	vermillon	1f »	» »

1862-64. *Idem.*

19.	¼ sgr.	noir	» 75	» »
20.	⅓ »	vert	1f25	» »
21.	½ »	orange	1f50	» 35
22.	1 »	rose	1f50	» 25
23.	2 »	bleu	1f50	» 35
24.	3 »	bistre	2f »	» 35
25.	3 »	bistre pâle	2f »	» 35

1865. *Idem, dentelés.*

30.	¼ sgr.	noir	» 35	» »
31.	⅓ »	vert	» 35	» »
32.	½ »	orange	» 35	» »
33.	1 »	rose	» 35	» 25
34.	2 »	bleu	» 35	» »
35.	3 »	bistre	» 35	» »
36.	5 »	lilas	» »	» »
37.	10 »	vermillon	» »	» »

ALLEMAGNE

ÉTATS DU SUD

Desservis par l'office du prince de TOUR ET TAXIS

Europe Centre

1852. *Chiffre, types divers, noir sur couleur.*

1.	1 kr.	vert	» »	» 30
2.	3 »	bleu	» »	» 30
3.	3 »	bleu foncé	» »	» 50
4.	6 »	rose	» »	» 25
5.	9 »	jaune	3f »	» 25

1859. *Idem, couleur sur blanc.*

Nos.   Neufs. Oblitérés.

6. 1 kr. vert . . . . » 60 » 15
7. 3 » bleu . . . . » » » 25
8. 6 » rose . . . . 2f50 » 35
9. 9 » jaune . . . . » » » 50
10. 15 » lilas . . . . » 60 1f »
11. 30 » vermillon . . . . 1f » » »

1862. *Idem.*

16. 3 kr. rose . . . . 1f50 » 15
17. 6 » bleu . . . . 2f » » 20
18. 9 » bistre . . . . . . 2f » » 25
19. 9 » bistre clair . . . 2f » » 25

1865. *Idem, dentelés.*

24. 1 kr. vert . . . . » 25 » 30
25. 3 » rose . . . . » 25 » 20
26. 6 » bleu . . . . » 50 » 40
27. 9 » bistre . . . . . . » 50 » 40
28. 15 » lilas . . . . » » » »
29. 30 » vermillon . . . . » » » »

ALLEMAGNE DU NORD

CONFÉDÉRATION

Europe Centre

1868. *Chiffre, dentelés.*

1. ¼ gr. violet . . . . » 25 » 20
2. ⅓ » vert . . . . . » 25 » 10
3. ½ » orange . . . . » 25 » 10
4. 1 » carmin . . . . » 25 » 05
5. 2 » bleu . . . . . » 25 » 10
6. 5 » bistre . . . . » 35 » 15

1868. *Même genre.*

7. 1 kr. vert . . . . . » 25 » »
8. 2 » orange . . . . » 50 1f »
9. 3 » carmin . . . . » 25 » 10
10. 7 » bleu . . . . . » 35 » 25
11. 18 » bistre . . . . 1f50 2f »

1869. *Chiffre, dentelés (pour con-trôle).*

Nos.   Neufs. Oblitérés.

20. 10 gr. gris . . . . . 2f50 1f »
21. 30 » bleu . . . . . » » » »

Timbres de service

1870. *Chiffre et inscriptions noires sur fond imprimé en couleur, dentelés.*

35. ¼ gr. chair . . . . . 1f » » »
36. ⅓ » chair . . . . . » 35 » »
37. ½ » chair . . . . . » 35 » »
38. 1 » chair . . . . . » 40 » 20
39. 2 » chair . . . . . » 50 » »
40. 1 kr. gris . . . . . » 75 » »
41. 2 » gris . . . . . » 75 » »
42. 3 » gris . . . . . » 50 » »
43. 7 » gris . . . . . » 50 » »

Timbres-télégraphe

1869. *Chiffre, dentelés.*

22. ¼ gr. bleu . . . . . » » » 35
23. 1¼ » bleu . . . . . » » » »
24. 2½ » bleu . . . . . » » » 10
25. 4 » bleu . . . . . » » » 25
26. 5 » bleu . . . . . » » » 05
27. 8 » bleu . . . . . » » » »
28. 10 » bleu . . . . . » » » 05
29. 30 » bleu . . . . . » » » 75

ALLEMAGNE

EMPIRE
Europe Centre

1871. *Aigle, relief et couleur, dentelés.*

Nᵒˢ				Neufs.	Oblitérés.
1.	⅓	gr.	violet	» 30	» 25
2.	⅓	»	vert	» 30	» 15
3.	½	»	orange	» 30	» 10
4.	1	»	rose	» 35	» 05
5.	2	»	bleu	1f »	» 10
6.	5	»	bistre	2f50	» 25
7.	1	kr.	vert	» 55	» 25
8.	2	»	orange	» 30	» 75
9.	3	»	rose	» 30	» 05
10.	7	»	bleu	1f »	» 30
11.	18	»	bistre	1f50	1f25

1871. *Chiffre, dentelés (pour contrôle).*

Nᵒˢ				Neufs.	Oblitérés.
16.	10	gr.	gris	» 25	» »
17.	30	»	bleu	» 35	» »

1872. *Même genre, gros aigle, relief et couleur, dentelés.*

Nᵒˢ				Neufs.	Oblitérés.
22.	⅓	gr.	violet	» 15	» »
23.	⅓	»	vert	» 15	» 10
24.	½	»	orange	» 15	» 05
25.	1	»	rose	» 15	» 05
26.	2	»	bleu	» 15	» 05
27.	5	»	bistre	» 25	» 15

Nᵒˢ				Neufs.	Oblitérés.
28.	1	kr.	vert	» 15	» 10
29.	2	»	orange	1f50	» »
30.	3	»	rose	» 15	» 05
31.	7	»	bleu	» 25	» 50
32.	48	»	bistre	» 50	1f25
33.	2½	gr.	brun	» »	» 20
34.	9	kr.	brun	» 75	» 50

1874. *Idem, chiffre en surcharge sur le relief, dentelés.*

Nᵒˢ				Neufs.	Oblitérés.
66.	2½	gr.	brun	» 30	» 15
67.	9	kr.	brun	» 30	» 35

1875. *Couronne, chiffre et cor, pfennige avec e final, dentelés.*

Nᵒˢ				Neufs.	Oblitérés.
68.	3	pf.	vert	» 25	» 05
69.	5	»	violet	» 25	» 05

1875. *Idem, aigle, relief et couleur, dentelés.*

Nᵒˢ				Neufs.	Oblitérés.
70.	10	pf.	rose	» 50	» 05
71.	20	»	bleu	» 75	» 05
72.	25	»	brun	1f »	» 10
73.	50	»	gris	2f »	» 10
93.	50	»	gris vert 1876.	2f »	» 05

1875. *Chiffre, dentelé (pour contrôle).*

Nᵒˢ				Neufs.	Oblitérés.
74.	2 mark		violet	» »	» 15

1880. *Type 1875, pfennig sans e final, dentelés.*

                      Neufs. Oblitérés.

100. 3 pf. vert . . . . » 15 » 05
101. 5 » violet . . . . » 15 » 05
102. 10 » rose . . . . » 25 » 05
103. 20 » bleu . . . . » 50 » 05
104. 25 » brun . . . . » 60 » 10
105. 50 » gris vert . . 1f25 » 05

Timbres de retour

1873. *Aigle, inscriptions, noms de ville au bas, relief et couleur, festonné.*

Chacune des Directions supérieures de Poste emploie ce timbre ne différant que par le nom du bas.

90. bleu Hambourg . . . . » 25 » »
91. » » . . . . » » » »
92. » » . . . . » » » »

Timbres-télégraphe

1872. *Chiffre et groschen surchargés en noir, dentelés.*

39. ½ gr. bleu . . . . » » » 15
40. 1½ » bleu . . . . » » » 25
41. 2½ » bleu . . . . » » » 10
42. 4 » bleu . . . . » » » 25
43. 5 » bleu . . . . » » » 05
44. 8 » bleu . . . . » » » 35
45. 10 » bleu . . . . » » » 05
46. 30 » bleu . . . . » » »

1875. *Idem.*

                      Neufs. Oblitérés.

80. 3 pf. bleu . . . . » » » 10
81. 5 » bleu . . . . » » » 10
82. 10 » bleu . . . . » » » 10
83. 25 » bleu . . . . » » » 05
84. 40 » bleu . . . . » » » 05
85. 50 » bleu . . . . » » » 05
86. 80 » bleu . . . . » » » 35

Idem, surcharge rouge.

87. 1 mark bleu . . . . 2f25 » 10
88. 2 » bleu . . . . 4f » » 25
89. 3 » bleu . . . . 6f » » 40

POSTES LOCALES

1886. Depuis cette année, on a vu surgir un nombre considérable de timbres des postes locales privées des principales villes; nous nous abstiendrons de

les cataloguer, vu leur peu d'intérêt et la succession continuelle de leurs émissions, faites, presque uniquement en vue de la vente pour les collections; il est rare, d'ailleurs, que ces postes locales soient sérieusement établies, la plupart n'existent que sur le papier.

ALSACE-LORRAINE

ET DÉPARTEMENTS FRANÇAIS ENVAHIS

Émission allemande

1870-71. *Chiffre, dentelés.*

96. 1 cent. olive . . . . 1f50 » »
97. 2 » marron . . . . 2f50 » »
98. 4 » gris . . . . » » » »

Nᵒˢ				Neufs.	Oblitérés.
99.	5 cent.	vert	. . . .	» 75	» 75
100.	10 »	bistre	. . . .	» 25	» 25
101.	20 »	bleu	. . . .	» »	» 75
102.	25 »	brun	. . . .	1f75	1f75

ALWAR

ÉTAT INDIEN

Asie Sud

1877. *Inscriptions orientales, kandjiar (poignard), dentelés.*

1.	½	»	bleu	. . . .	» 25	» 25
2.	1	»	brun	. . . .	» 75	» 60

ANGOLA

POSSESSION PORTUGAISE

Afrique Occident

1870-77. *Couronne, dentelés.*

1.	5 reis	noir	. . . .	» 25	» »
2.	10 »	jaune	. . . .	» 50	» »
3.	20 »	bistre	. . . .	» 40	» »
4.	25 »	rose	. . . .	» 75	» 50
7.	40 »	bleu	. . . .	2f	» »
5.	50 »	vert	. . . .	1f25	» 50
6.	100 »	violet	. . . .	» 75	» »
8.	200 »	orange	. . . .	1f50	» »
9.	300 »	brun rouge	. . . .	2f	» »

1880-85. *Idem*

10.	10 reis	vert	. . . .	» 25	» »
13.	20 »	rose	. . . .	» 40	» »
14.	25 »	violet	. . . .	» 40	» 50
11.	40 »	jaune	. . . .	1f	» »
12.	50 »	bleu	. . . .	» 50	» 50

1886. *Effigie à gauche (Don Luis I), relief et couleur, dentelés.*

Nᵒˢ				Neufs.	Oblitérés.
18.	5 reis	noir	. . . .	» 15	» »
19.	10 »	vert	. . . .	» 25	» »
20.	20 »	rose	. . . .	» 35	» »
21.	25 »	violet	. . . .	» 40	» 30
22.	40 »	chocolat	. . . .	» 60	» »
23.	50 »	bleu	. . . .	» 75	» 25
24.	100 »	brun clair	. . . .	1f25	» »
25.	200 »	violet pâle	. . . .	2f50	» »
26.	300 »	orange	. . . .	4f	» »

ANNAM & TONKIN

PROTECTORAT FRANÇAIS

Asie Sud, Orient

1888. *Timbres des Colonies françaises (déesse), avec A-T ou A & T et valeur en surcharge noire.*

1.	4 sur	2 c.	brun rouge	.	» 60	» »
2.	1 sur	4 »	violet brun	.	» 75	» »
3.	5 sur	10 »	noir s. violet	.	» 60	» »

ANTIGUA

POSSESSION ANGLAISE

Amérique Centrale, Antilles

1862-73. *Effigie à gauche (Victoria I), dentelés.*

1.	1 penny	carmin	. . . .	» 40	» 25

N°s		Neufs.	Oblitérés.
2.	1 penny rouge . . .	1f »	» 50
3.	6 pence vert . . .	3f »	1f »

1880-86. *Même genre, dentelés.*

7.	½ penny vert . . .	» 25	» 20
4.	2½ pence brun rouge.	2f50	» »
5.	4 » bleu . . .	2f50	» 75
9.	1 shill. lilas . . .	» »	» »

1887. *Idem.*

10.	2½ pence bleu. . .	1f »	» »
11.	4 » brun . . .	1f50	» 75

1888. *Timbre fiscal, rectangulaire, grand, avec* POSTAGE & REVENUE *en surcharge noire.*

16.	1 penny bleu . . .	»	» »

ANTILLES

Amérique

Compagnie Anglaise.

(ROYAL MAIL STEAM PACKET COMP NY)

1875. *Drapeau, dentelés.*

1.	10 cents rose . . .	» »	» »

Cie Hambourgeoise-Américaine.

1875. *Inscriptions, armes en relief, dentelé.*

Net		Neufs.	Oblitérés.
1.	10 c. noir, jaune et bleu	» »	» »

ANTILLES   DANOISES

Amérique Centrale, Antilles

1860-67. *Couronne.*

1.	3 c. carmin sur brun	3f »	7 » »
2.	3 » carmin sur blanc	1f »	» »

1873. *Idem, dentelés.*

3.	3 cents carmin . . .	» »	» »
4.	4 » bleu . . .	» »	» »

1874-79. *Chiffre, couronne, dentelés.*

5.	1 c. violet et vert .	» 15	» 10
6.	3 » carmin et bleu .	» 40	» 25
7.	4 » bleu et brun .	» 60	» »
10.	5 » gris et vert .	» 75	» 25
8.	7 » jaune et lilas .	1f »	» 50
11.	10 » brun et bleu .	1f25	» 15
12.	12 » vert et lilas .	1f50	» 50
9.	14 » vert et lilas .	» »	» »
17.	50 » violet . . .	3f »	» »

1887. *Idem, avec valeur en surcharge noire.*

Nᵒˢ		Neufs.	Oblitérés.
22.	1 cent sur 7 c. jaune et lilas	1f25	1f50

ANTILLES ESPAGNOLES

Amérique Centrale, Antilles

1855. *Effigie à droite (Isabelle II) sur bleu, boucles en filigrane.*

 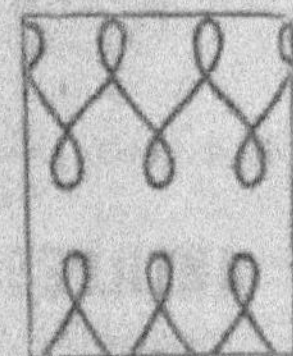

Nᵒˢ			Neufs.	Oblitérés.
1.	½ real	vert bleu . .	3f »	»25
2.	1 »	vert	2f50	»50
3.	2 »	carmin . . .	3f	1f50
3b.	2 »	brique. . . .	» »	»75

1855. *Idem avec surcharge noire Y ¼.*

4.	Y ¼ sur 2 r. carmin	» » 15f »

1856. *Idem, sur jaunâtre, lignes droites croisées en filigrane.*

5.	¼ real	verdâtre . . .	3f »	»25
6.	½ »	bleu	3f »	»25
7.	1 »	vert jaune . .	» »	1f50
8.	1 »	vert	» »	3f »
9.	2 »	rouge pâle . .	» »	»75

1857. *Idem sur blanc uni.*

10.	½ real	bleu	» 50	»10
11.	1 »	vert jaune . .	1f »	»15
12.	1 »	vert.	» 50	»10
13.	2 »	rouge	1f »	»25

1857. *Idem avec surcharge noire Y ¼*

14.	Y ¼ sur 2 r. carmin	4f »	4f »

1862. *Même effigie à gauche.*

15.	¼ real p. noir . . .	» 75	» »

1864. *Même effigie à gauche.*

Nᵒˢ				Neufs	Oblitérés.
16.	¼ r.	noir sur chamois		» 75	» »
17.	½ »	vert sur rose . .		» 50	» 15
18.	1 »	bleu sur chair .		» 50	» 25
19.	2 »	rouge sur rose .		» 75	1f25

1866. *Idem avec 66 en surcharge noire.*

20.	¼ r. noir sur chamois	2f50	» »

1866. *Type 1864 avec millésime.*

21.	5 cent.	violet . . .	1f50	5f »
22.	10 »	bleu	» 75	» 25
23.	20 »	vert	» 75	» 35
24.	40 »	rose	1f50	» »

1867. *Idem, millésime, dentelés.*

25.	5 cent.	violet . . .	» 50	» »
26.	10 »	bleu	» 50	» 25
27.	20 »	vert	» 50	» 35
28.	40 »	rose	» 50	» »

1868. *Même effigie à gauche, millésime, dentelés.*

29.	5 cent.	violet . . .	» 35	» 35
30.	10 »	bleu	» 50	» 25
31.	20 »	vert	» 50	» 25
32.	40 »	rose	» 75	1f25

1869. *Idem, millésime, dentelés.*

36.	5 cent.	rose	» 50	» »
37.	10 »	brun	» 50	» 20
38.	20 »	jaune bistre	» 50	» 25
39.	40 »	violet . . .	» 75	» »

1869. *Timbres de 1868 et 1869 avec* HABILITADO POR LA NACION *en surcharge noire.*

43.	. . . .	»	»	»

Nᵒˢ		Neufs.	Oblitérés.
44		» »	» p
45		» »	» »
46		» »	» »

1870. *Effigie de 3/4 à gauche (allégorie de l'Espagne), millésime, dentelés.*

47.	5 cent.	bleu	» »	» »
48.	10 »	vert . . .	1f »	» 20
49.	20 »	bistre . . .	» 50	» 25
50.	40 »	rose	» »	» »

1871. *Déesse assise, millésime, dentelés.*

59.	12 c. d. peseta	lilas .	1f »	» »
60.	25 »	bleu .	» 50	» 40
61.	50 »	vert .	1f »	» 40
62.	1 peseta	bistre jaune	2f »	1f »

1873. *Effigie de 3/4 à droite (Amédée I), dentelés.*

74.	12½ c. de p.	vert . .	1f »	» »
75.	25 »	lilas .	1f »	» 20
76.	50 »	brun . .	1f »	» 35
77.	1 p.	bistre *type différent*	3f »	2f »

CUBA

1874. *Type 1871 (Déesse assise), millésime, dentelés.*

Nᵒˢ			Neufs.	Oblitérés.
85.	12½ c. d. peseta	brun.	1f »	» »
86.	25 »	bleu .	» 50	» 20
87.	50 »	violet	1f »	» 35
88.	1 peseta	rose .	2f »	» »

1875. *Armes, millésime, dentelés.*

93.	12½ c. peseta	violet .	1f »	1f »
94.	25 »	bleu . .	» 50	» 20
95.	50 »	vert . .	» 50	» 35
96.	1 peseta	brun . .	2f »	» »

1876. *Effigie à droite (Alphonse XII), millésime, dentelés.*

102.	12½ c. peseta	vert . .	» 75	» »
103.	25 »	violet .	» 75	» 20
104.	50 »	bleu . .	» 75	» 30
105.	1 peseta	noir . .	2f »	» »

1877. *Même type, avec* CUBA *au lieu de* ULTRAMAR, *millésime, dentelés.*

111.	10 c. peseta	vert . .	» »	» »
112.	12½ »	violet .	» 75	» »
113.	25 »	vert .	» 75	» 20
114.	50 »	noir .	1f »	» 25
115.	1 peseta	bistre .	2f »	» »

1878. *Idem, millésime, dentelés.*

119.	5 c. peseta	bleu . .	» 75	» »
120.	10 »	noir .	1f50	» »
121.	12½ »	bistre .	» 75	» »
122.	25 »	vert . .	» 50	» 20
123.	50 »	vert foncé	» 50	» 25
124.	1 peseta	carmin.	2f »	» »

1879. *Idem, millésime, dentelés.*

Nᵒˢ			Neufs.	Oblitérés.
128a. 5	c. peseta noir . .	» 50	»	»
128b. 10	» chair .	1f »	»	»
129. 12½	» rose .	» 75	»	»
130. 25	» bleu .	» 50	» 45	
131. 50	» lilas gris	1f »	» 20	
132. 1	peseta bistre vert	2f »	»	»

1880. *Même genre, millésime, dentelés.*

			Neufs.	Oblitérés.
136. 5	cent p. vert . .	» 25	» 35	
137. 10	» rose .	2f »	»	»
138. 12½	» gris violet	» 75	» 35	
140. 25	» bleu . .	» 60	» 40	
141. 50	» brun . .	1f25	» 20	
142. 1	peseta brun clair	2f »	»	»

1881. *Idem, millésime, dentelés.*

150. 1	cent p. vert . .	» 25	» 15
151. 2½	» bistre gris	» 35	» 35
152. 5	» bleu . .	» 50	» 10
153. 10	» brun . .	» 50	» 20
154. 20	» brun noir	1f50	» »

1882. *Idem, sans millésime, dentelés.*

162. 1	c. de p. vert . .	» 20	» 15
163. 2	» rose . . .	» 35	» »
164. 2½	» brun . .	» 30	» 25
165. 5	» bleu ciel .	» 60	» 10
166. 10	» bistre gris	1f25	» 15
167. 20	» brun . .	3f »	2f »

1883. *Idem, avec les vignettes ci-dessous en surcharge; chaque va-*

leur existe avec les cinq variétés de surcharges.

Nᵒˢ			Neufs.	Oblitérés.
178. 5 c. bleu surch. rouge.			» 50	» 35
179. 10 » bistre surch. bleue			1f »	» 35
180. 20 » brun surch. noire.			4f »	7f »

1883. *Type 1882, dentelé.*

182. 2½ c. de p. bistre gris	» 75	» 75

1884. *Idem.*

183. 2½ c. de p. violet . .		» 35	» 25
184. 10 » brun clair		1f »	» 10
184a. 20 » bistre gris		» »	1f »

1888. *Idem.*

188. 2½ c. de p. brun clair .		» 35	» 35
189. 10 » bleu . . .		1f »	» 15
190. 20 » gris . . .		1f »	1f »

1888. *Idem (pour imprimés).*

191. ½ mil. de p. noir . . .	» 10	» »
192. 1 » noir . .	» 10	» »
193. 2 » noir . .	» 10	» »
194. 3 » noir . .	» 15	» »
195. 4 » noir . .	» 15	» »
196. 8 » noir . .	» 20	» »

PORTO-RICO

1873. *Timbres de 1873, ULTRAMAR, effigie d'Amédée I, avec paraphe en surcharge noire.*

Nᵒˢ		Neufs.	Oblitérés.
83.	25 c. de p. lilas . . .	» »	» 30
84.	50 » brun . . .	» » 1f	»
84a.	1 peseta bistre . .	» » 2f	»

1874. *Timbre de 1874, déesse assise, avec deux paraphes en surcharge noire.*

89.	25 c. d. peseta bleu.	1f »	» 35

1875. *Timbres de 1875, armes, mêmes paraphes en surcharge noire.*

97.	25 cent. p. bleu . .	» 50	» 25
98.	50 » vert . .	» »	» 75
98a.	1 peseta brun . . .	» »	3f »

1876. *Timbres de 1876, effigie d'Alphonse XII, avec deux paraphes en surcharge noire.*

106.	25 c. peseta violet.	» »	» 25
107.	50 » bleu .	2f »	1f »
107a.	1 peseta noir .	» »	2f »

Idem avec trois paraphes noirs.

106b.	25 c. peseta violet .	2f »	» 35
107d.	1 peseta noir . .	» »	3f50

1877. *Type 1876 sans surcharges, PTO-RICO et millésime, dentelés.*

200.	5 c. peseta brun .	» »	» »
201.	10 » rose .	1f50	1f50
202.	15 » vert .	» »	» »
203.	25 » bleu .	» 75	» 10
204.	50 » brun	1f »	» 35

1878. *Idem, millésime, dentelés.*

Nᵒˢ		Neufs.	Oblitérés.
211.	5 c. peseta bistre .	» »	2f50
211a.	10 » brun .	» »	» »
208.	25 » vert .	» 75	» 15
209.	50 » bleu .	1f »	» 25
210.	1 peseta bistre .	3f »	1f »

1879. *Idem, millésime, dentelés.*

214.	5 c. peseta carminé	» 50	» »
215.	10 » brun . .	» 60	» »
216.	15 » noir vert	» 75	» »
217.	25 » bleu . .	» 50	» 15
218.	50 » vert . .	1f »	» 50
219.	1 peseta gris perle .	» »	1f50

1880. *Effigie à droite, millésime dentelés.*

231.	¼ cent. p. vert . . .	» »	» »
232.	½ » rose . . .	2f »	» »
233.	1 » lilas pâle.	» »	» »
234.	2 » gris violet	2f »	» »
235.	3 » jaune .	2f »	» »
236.	4 » noir . .	2f »	» »
222.	5 » vert . .	» 25	» »
223.	10 » rose . .	» 50	» 35
224.	15 » brun . .	» 75	» »
225.	25 » bleu . .	» 50	» 15
226.	40 » gris . .	1f »	» 25
227.	50 » brun noir.	1f »	» »
228.	1 peseta bistre vert	2f50	1f »

1881. *Idem, millésime, dentelés.*

237.	½ m. de peso carminé	» 10	» »
238.	1 » violet .	» 10	» »
239.	2 » rose . .	» 10	» »
240.	4 » vert vif.	» 20	» »
241.	6 » lilas gris	» 20	» »
242.	8 » bleu ciel	» 20	» »
243.	1 c. de peso vert . .	» 20	» »
244.	2 » carmin.	» 35	» 20
245.	3 » br. noir.	» 50	» »
246.	5 » bleu ciel	» 60	» 10
247.	8 » brun .	» 80	» 25
248.	10 » viol. gr.	» »	» »
249.	20 » bist. vert	2f50	» 75

1882. *Idem, sans millésime, dentelés.*

Nos.   Neufs. Oblitérés.
251. ½ m. de peso rose . . . » 10 » »
252. 1   »   carminé   » 10 » »
253. 2   »   violet . » 10 » 10
254. 4   »   lilas .   » 15 » 10
255. 6   »   brun . . » 20 » 10
256. 8   »   vert vif. » 20 » 15
257. 1 c. de peso vert . .   » 20 » 15
258. 2   »   carmin.   » 35 » 20
259. 3   »   orange.   » 50 » 25
260. 5   »   bleu ciel » 60 » 10
261. 8   »   br. noir » 80 » 15
262. 10   »   vert bleu 1f25 » 30
263. 20   »   violet gr. 2f50 » 40
264. 40   »   bleu . . 4f » » 75
265. 80   »   bist. vert 8f » 2f50

1884-85. *Idem.*

266. ¼ m. de peso carminé. » 10 » 10
267. 1   »   rose . . » 10 » 10
268. 3 c. de peso brun . . » 75 » 40

CUBA
Timbres-télégraphe

1868. *Effigie à gauche, millésime, dentelés.*

33. 200 m. bleu s. chamois . » 50 » »
34. 500 » brun sur jaune .   » 25 » »
35.   1 es. orange sur bleu   » 25 » »

1869. *Idem, dentelés.*

40. 200 mill. de esc. bleu . . » 75 » »
41. 500   »   brun .   » 75 » »
42.   1 escudo orange.   » 75 » »

1869. *Idem, avec* HABILITADO POR LA NACION *en surcharge noire.*

40b. 200 m. de esc. bleu . . » » » »
41b. 500   »   brun   » » » »
42b.   1 escudo orange .   1f50 » »

1870. *Couronne murale, armes, millésime, dentelés.*

Nos.   Neufs. Oblitérés.
51. 200 mil. de esc. brun .   » » » »
52. 500   »   rose .   1f » » »
53.   1 escudo   bleu .   1f50 » »
54.   2 pesetas lilas .   » » » »

1870-71. *Idem, millésime, dentelés.*

55. ½ peseta vert . . . .   » » » »
56. 1   »   bleu. . . .   » » » »
57. 2   »   mauve. .   » » » »
58. 4   »   rouge pâle.   » » » »

1871. *Genre 1870, millésime, couronne royale, dentelés.*

63. 50 c. d. p. vert . . .   » » » »
64. 1 peseta rose . . .   » » » »
65. 2   »   mauve . .   » » » »
66. 4   »   brun . . .   » » » »

1872. *Idem, millésime, écu de Savoie (croix au centre), dentelés.*

68. 50 c. d. p. lilas . . . 1f50 » »
69. 1 peseta bleu . . .   1f50 » »
70. 2   »   vert . . .   1f50 » »
71. 4   »   lilas pâle.   1f » » »

La série de 4. . . . . . .   4f » » »

1873. *Idem, millésime, dentelés.*

78. 1 peseta vert. . . .   2f » » »
79. 2   »   bleu . . .   1f » » »
80. 4   »   lilas. . .   » » » »

1874. *Genre 1870, grande couronne murale, millésime, dentelés.*

90. 1 peseta carminé. .   » » » »
91. 2   »   bistre . . 2f » » »
92. 4   »   brun. . .   » » » »

1875. *Armoiries, dentelés.*

Nos   Neufs. Oblitérés.

99.   1 peseta vert .... 2f » » »
100.   2 » bleu .... 2f » » »
101.   4 » carmin .. 2f » » »

1876. *Type des timbres 1876, effigie, millésime, dentelés.*

108.   1 peseta vert ... 1f50 » »
109.   2 » bleu .. 1f50 » »
110.   4 » carmin .. 2f » » »

1877. *Genre 1875, armes, millésime, dentelés.*

116.   1 peseta bleu .. 1f » » »
116a. 1 » bistre .. 1f50 » » »
117.   2 » vert ... 1f » » »
118.   4 » bistre .. » » » »

1878. *Idem, millésime, dentelés.*

125.   1 peseta vert ... 1f » »
126.   2 » bleu .. 1f » » »
127.   4 » bistre... 1f50 » »

1879. *Idem, millésime, dentelés.*

133.   1 peseta carminé .. 1f » »
134.   2 » bleu ... 2f » » »
135.   4 » vert foncé. 2f50 » »

1880. *Idem, millésime, dentelés.*

143.   1 peseta vert ... 1f50 » »
144.   2 » carminé.. 1f » » »
145.   4 » bleu .... 1f » » »

1881. *Idem, millésime, dentelés.*

155. 20 cent. p. brun .. 2f » »
156. 40 » rose .. 1f50 » »
157. 80 » vert ... 1f » »

1882. *Idem, sans millésime, dentelés.*

168. 20 cent. p. vert .. 1f50 » »
169. 40 » bleu ciel . 2f » »
170. 80 » bistre vert 2f50 » »

1883. *Timbre-télégraphe de 1882, avec vignette (cinq variétés, voir nos 178 à 180) en surcharge rouge.*

181. 40 cent. bleu ..... 3f » »

1884. *Type 1882, dentelés.*

Nos   Neufs. Oblitérés.

185. 20 cent. p. bistre. .. » » » »
186. 40 » vert ... 4f » » »
187. 80 » bleu.. » » » »

1888. *Idem.*

197. 20 c. de peso vert .. » » »
198. 40 » gris .. » » »
199. 80 » brun .. » » »

PORTO-RICO

Timbres-télégraphe

1871. *Couronne murale, armes, type de Cuba 1870 avec* TELEGRAFOS, *millésime, dentelés.*

66a. 2 pesetas lilas .... » » » »
67.   4 » bistre .. » » » »

1872. *Couronne royale, millésime, écu de Savoie (croix au centre), type Cuba 1872, dentelés.*

72.   2 pesetas bleu .. » » » »
73.   4 » vert ... » » » »

1873. *Idem, millésime, dentelés.*

81.   2 pesetas bleu .. » » » »
82.   4 » violet .. » » » »

1874. *Idem, couronne murale, millésime, dentelés.*

89a. 2 pesetas vert. .. » » » »
89b. 4 » carmin .. » » » »

1875. *Type des timbres-poste 1875, armes,* TELEGRAFOS, *dentelés.*

98d. 2 pesetas noir .... 3f » »
98f. 4 » brun clair. 3f » »

1876. *Type des timbres-poste 1876, effigie,* TELEGRAFOS, *millésime, dentelés.*

107f. 2 pesetas bleu .... 2f » » »
107g. 4 » jaune .. 2f » » »
107h. 2 » bleu avec un paraphe noir. » » »

1877. *Armes, millésime, dentelés.*

Nos		Neufs.	Oblitérés.
206.	2 pesetas vert . . .	» »	» »
207.	4 » brun clair	2f »	» »

1878. *Idem, millésime, dentelés.*

| 212. | 2 pesetas bleu . . . | 3f50 | » » |
| 213. | 4 » vert . . . | 3f50 | » » |

1879. *Idem, millésime, dentelés.*

| 220. | 2 pesetas rose . . . | 3f | » » » |
| 221. | 4 » gris . . . | 3f | » » » |

1880. *Idem, millésime, dentelés.*

| 229. | 2 pesetas gris . . . | » » | » » |
| 230. | 4 » rose . . . | » » | » » |

1881. *Idem, millésime, dentelé.*

| 250. | 40 c. de peso rose . | 2f50 | » » |
| 250a. | 80 » gris . . | 5f | » » |

ARGENTINE

REPUBLIQUE

Amérique du Sud, Centre

1858. *Soleil, rayons formés de points, armes, grand chiffre.*

| 1. | 5 cent. rouge . . . . | 3f » 16f » |

Idem, rayons formés de points et de lignes, petit chiffre.

2.	5 cent. rouge	» 50 1f »
3.	10 » vert	1f » » »
4.	15 » bleu	1f » » »

1862. *Armes.*

Nos		Neufs.	Oblitérés.
5.	5 cent. rose . . .	1f »	» 35
5a	5 » rougeâtre .	3f »	» 75
6.	10 » vert . . .	2f50	1f50
7.	15 » bleu . . .	» »	» »

1864. *Effigie de 3/4 à gauche (Rivadavia), cadres divers.*

8.	5 cent. carminé . . .	» » 2f »
9.	10 » vert	» » » »
10.	15 » bleu	» » » »

1864. *Les mêmes, dentelés.*

11.	5 cent. rougeâtre . .	1f50 » 75
12.	5 » carmin . . .	» » » 40
13.	10 » vert	2f50 1f50
14.	15 » bleu	3f » 2f50

1867. *Effigies diverses, dentelés.*

| 15. | 5 c. rouge *Rivadavia* | » 50 » 16 |
| 16. | 10 » vert *Belgrano* . . | 1f25 » 25 |

Nos   Neufs. Oblitérés.

17. 15 c. bleu *Martino* . . 1f50 » 35

1873. *Même genre, types divers, dentelés.*

18. 1 c. violet *Balcarce* . » 15 » 10
19. 4 » brun *Moreno* . . » 50 » 15

20. 30 c. jaune *Alvear* . . 4f » 1f »
21. 60 » noir *Posadas* . 6f » » 75
22. 90 » bleu *Saavedra* . 9f » 1f »

1877. *Timbres de 1867 avec gros chiffre en surcharge noire.*

24. 1 sur 5 c. rouge . 1f » » 75
25. 3 » 5 » rouge . » » » »
26. 8 » 10 » vert . . 2f » 1f50

1877. *Types divers, dentelés.*

Nos   Neufs. Oblitérés.

27. 2 c. vert *Lopez* . . . . . » 25 » 10
28. 8 » carmin *Rivadavia* » 75 » 05
29. 16 » vert *Belgrano* . 1f75 » 15
30. 20 » bleu *Saarsfield* . 2f » » 50
31. 24 » bl. foncé *Martino*. 2f50 » 35
32. 25 » carmin *Alvear* . . 2f50 » »

1882. *Timbre de 1867 avec ½ et* PROVISORIO *en surcharge noire, dentelé au milieu.*

41. ½ sur 5 c. rouge . . . » 50 » »

Idem, non dentelé au milieu.

42. ½ sur 5 c. rouge . . . » 25 » 20

1882. *Soleil, lettre, chiffre, imprimés en typographie, dentelés.*

45. ½ cent. brun . . . . . » 10 » 10
46. 1 » rouge . . . . . » 15 » 10
47. 12 » bleu ciel . . . 1f25 » 13
47a. 12 » bleu Prusse . » » » 35

1884. *Timbres de 1867 avec 1884 et valeur en surcharge.*

54. ½ noir sur 5 c rouge. » 35 » 35
55. ½ noir sur 15 » bleu. 2f » » »
56. ½ rouge s. 15 » bleu. . 1f » » »
57. 1 c. rouge s. 15 » bleu. 1f » » »
58. CUATRO c. noir sur 5 c. rouge . . . . . . 1f50 » 75

1884-85. *Type 1882, soleil, lettre, imprimés en taille-douce, dentelés.*

Nos		Neufs.	Oblitérés.
59.	½ cent. brun rouge	» 10	» 05
60.	1 » rouge	» 15	» 05
62.	12 » bleu	1f25	» 20

1888. *Genre de 1867, légende :* CORREOS ARGENTINOS, *lithographiés, dentelés.*

64.	½ c. bleu *Urquiza*	» 10	» 05
65.	2 » vert *Lopez*	» 20	» 10
66.	3 » vert *Celman*	» 30	» 15
67.	5 » carmin *Rivadavia*	» 50	» 15

68.	6 c. rouge *Sarmiento*	»	» »
69.	10 » brun *Avellaneda*	1f »	» 20
70.	15 » jaune *Martino*	1f50	» 30

71.	30 c. chocolat *Dorrego*	3f »	» 75
72.	40 » bleu gris *Moreno*	4f »	1f »
73.	50 » bleu *Mitre*	5f »	1f50

1888. *Effigie de face, légende :* CORREOS Y TELEGRAFOS, *dentelé.*

85.	1 c. brun *Saarsfield*	» 15	» 05

Timbres de service

1883-84. *Tous les timbres en cours, avec* OFICIAL *en surcharge noire (deux sortes de caractères).*

Nos		Neufs.	Oblitérés.
52.	1 cent. rouge	» 35	» »
53.	2 » vert	» 50	» »
53a.	4 » brun	» 75	» »
	etc.	etc.	

Timbres télégraphe

1888. *Armes et soleil, lithographiés, dentelés.*

74.	10 centavos rouge	1f »	» »
75.	40 » bleu	4f »	1f »

BUÉNOS-AYRES

ÉTAT DE LA RÉPUBLIQUE ARGENTINE

Timbres-télégraphe

1888. *Armes, lithographiés, dentelés.*

17.	10 centavos bistre	1f50	» 75
18.	40 » orange	4f »	» 75

CORDOBA

ÉTAT DE LA RÉPUBLIQUE ARGENTINE

1860. *Fort.*

1.	5 cent. bleu	6f »	» »
2.	10 » noir	» »	» »

CORRIENTES

ÉTAT DE LA RÉPUBLIQUE ARGENTINE

1856. *Liberté à gauche, noir sur couleur.*

Nos — Neufs. Oblitérés.

1. 1 real m. c. bleu . . 20f » 20f »

1861. *Idem, valeur effacée.*

2. bleu clair . . . . 5f » 1f50
2a. bleu foncé . . . . 2f » 1f50

1868. *Idem.*

3. vert . . . . . . 5f » » »
4. vert bleu . . . . » » » »
5. jaune 3f50 1f50

1874-75. *Idem.*

6. rose rouge . . . 3f50 2f »
7. rose . . . . . . 2f50 1f »

AUSTRALIE OCCIDENTALE

POSSESSION ANGLAISE

Océanie Australasie

1854-55. *Cygne, angles coupés, types divers.*

1. 2 pence gris s. rouge . » » » »
2. 6 » bronze . . . . » » » »
3. 4 » bleu . . . . . » » » »
4. 1 shill. brun ovale . » » » »
5. 1 » rougeâtre . . . » » » »

1860-61. *Même genre rectangulaires.*

6. 1 penny noir . . . » » 2f50

Nos — Neufs. Oblitérés.

7. 2 pence rouge . . . » » » »
8. 4 » bleu . . . . » » » »
9. 6 » vert jaune . . » » » »

1861. *Timbres de 1854-55, dentelés.*

10. 2 pence gris s. rouge » » » »
11. 6 » bronze . . . » » » »
12. 4 » bleu . . . . » » » »
13. 1 shill. brun . . . » » » »

1861. *Timbres de 1860-61, dentelés.*

14. 1 penny noir . . . » » » »
15. 2 pence rouge . . . » » » »
16. 4 » bleu . . . . » » » »
17. 6 » vert jaune . . » » » »

1862. *Idem.*

18. 1 penny carmin . . 2f50 1f50
19. 2 pence bleu . . . 2f » » »
20. 4 » rouge . . . » » » »
21. 6 » violet brun . » » » »
22. 1 shill. vert foncé . » » » »

1864. *Idem.*

23. 1 penny carmin foncé » 75 » »
24. 6 pence violet foncé . » » » »

1865. *Idem.*

25. 1 penny bistre jaune . » 35 » 15
26. 2 pence jaune . . . » 75 » 15
27. 4 » carmin . . . 2f » » 75
28. 6 » violet . . . 2f50 » 75
29. 6 » violet clair . 1f50 » 50
30. 1 shill. vert . . . » » » »
31. 1 » vert clair . . 3f50 1f50

1871. *Même genre, dentelé.*

32. 3 pence brun . . . » 75 » »

1875. *Timbre de 1865, avec ONE PENNY en surcharge verte.*

33. 1 p. sur 2 p. jaune . » » » 50

1884. *Idem, avec surcharge rouge.*

39. ½ p. sur 1 p. bistre . 1f25 » 50

1885. *Type 1871, dentelé.*

40. ½ penny vert . . . » 15 » 15

1885. *Timbre de 1871, avec surcharge verte.*

Nos   Neufs. Oblitérés.

41. 1 d. sur 3 p. brun . . 1f25 » »

Timbres de service

1864-1865. *Tous les timbres, avec trou rond à l'emporte-pièce.*

Nous avons en vente :

23a. 1 p. carmin (1864). » » » »
25a. 1 » bistre j. (1865). » » » 25
26a. 2 » jaune » » » » 25
31a. 1 shill. vert clair . . . » » » »

Le prix des autres valeurs est à peu près le même que celui des timbres ordinaires.

Timbres-télégraphe

1879. *Effigie à gauche (Victoria I), dentelés.*

36. 1 penny bistre . . . » 35 » »
37. 6 pence lilas . . . . 1f50 » »

AUSTRALIE DU SUD

POSSESSION ANGLAISE

Océanie Australasie

1855. *Effigie à gauche (Victoria I) non dentelés.*

1. 1 penny vert . . . » » » »
2. 2 pence rouge brun . . » » 2f »
3. 2 » rouge . . . » » 3f »
4. 6 » bleu foncé . . » » » »

5. 1 shill. orange . . . » » » »

1860. *Même genre, sans* POSTAGE, *effigie dans un ovale, dentelé.*

Nos   Neufs. Oblitérés.

6. 9 pence gris lilas . . . 4f » 3f50

1861-63. *Timbres de 1855, dentelés.*

7. 1 penny vert . . . . 1f » » »
8. 2 pence brun rouge . » » » 75
9. 2 » rouge . . . 1f » » 60
10. 6 » bleu . . . . » » » 25
11. 6 » bleu ciel . . . » » » 75
12. 6 » violet . . . » » » 75
13. 1 shill. orange . . . » » » »
14. 1 » jaune . . . » » » »
15. 1 » brun . . . 2f50 » 35

1866-69. *Timbre de 1860, avec* TEN PENCE *en surcharge bleue ou noire.*

16. 10 p. sur 9 p. orange . . » » » »
18. 10 » sur 9 p. jaune . . » » » »

1867-68. *Même effigie, dentelés.*

19. 2 pence orange foncé » 50 » 05
20. 4 » violet . . . 2f » » 50
20a. 4 » lilas . . . 1f » » 35
21. 2 shill. carmin . . . 2f » » 60

1870. *Idem, avec* 3 PENCE *en surcharge.*

22. 3 p. rouge s. 4 p. bleu » » » »
23. 3 » noir sur 4 p. bleu 2f » » 75

1873. *Type 1860, dentelé.*

24. 9 pence violet vif . . 2f50 1f25

1875. *Timbres en cours avec* TOO LATE *en surcharge noire (pour lettres en retard).*

34. » » . . . . » » » »

1875. *Même effigie, dentelé.*

35. 1 penny vert . . . . » 25 » 05

1876. *Timbre de 1860 avec* 8 PENCE *en surcharge.*

Nos   Neufs. Oblitérés.

36. 8 p. noir s. 9 p. orange 2f 25 » 50

1882. *Timbre de 1875 avec* HALF PENNY *en surcharge noire.*

40. ½ p. sur 1 p. vert . . » 40 » »

1882. *Même effigie, petit, dentelé.*

41. ½ penny brun rouge. » 15 » 15

1887. *Même effigie, inscription* POSTAGE & REVENUE, *dentelés.*

44. 3 pence vert . . . . . » 75 » »
45. 6 » bleu pâle . . . 1f 50 » 25

Idem, grands.

46. 2 shill. 6 p. violet . . . 6f » 2f 50
47. 5 » rose . . . . 12f » 3f »
48. 10 » vert gris . . » » » »
49. 15 » orange . . . » » » »
50. (*) 1 pound bleu . . . . » » » »
51. 2 » brun rouge . » » » »
52. 50 shill. rouge rose . » » » »
53. 3 pounds olive . . . » » » »
54. 4 » jaune . . . » » » »
55. 5 » gris violet . » » » »

(*) Ces timbres de fortes valeurs sont surtout destinés à l'usage fiscal.

Nos   Neufs. Oblitérés.

56. 10 pounds bronze . . . . » » » »
57. 15 » argent . . . . » » » »
58. 20 » lilas . . . . . » » » »

Timbres de service

1868-73. *Timbres ordinaires, avec une ou deux lettres majuscules en surcharge noire, bleue ou orange, dentelés.*

25. 1 penny vert . . . . » » » 25
26. 2 pence orange foncé » » » 25
27. 4 » violet . . . » » » 75
28. 6 » bleu . . . . » » » 50
29. 1 shill. brun . . . . » » 1f 25

AUTRICHE

EMPIRE

Europe Centre

1850. *Armes (aigle).*

1. 1 kr. orange . . . . . » » 1f »
2. 1 » jaune . . . . . » » 1f »
3. 2 » noir . . . . . » » » 60
4. 3 » rouge . . . . » » » 05
5. 6 » brun . . . . . » » » 05
6. 9 » bleu . . . . . » » » 05

1850. *Mercure à gauche (pour imprimés).*

7. bleu . . . . *» 50 » »
8. jaune . . . . *» 50 » »
9. rose . . . . *» 50 » »
10. rouge . . . . *» 50 » »

*Les timbres neufs dont le prix est précédé d'un astérisque, sont réimprimés.

1858-59. *Petite effigie à gauche,
(François-Joseph I), relief et couleur, dentelés.*

N°s				Neufs.	Oblitérés.
15.	2 kr.	orange		» »	» »
16.	2 »	jaune		» »	» 35
17.	3 »	noir		» »	» 75
18.	3 »	vert		2f »	» 75
19.	5 »	rouge		» »	» 10
20.	10 »	brun		» »	» 10
21.	15 »	bleu		» »	» 10

1858-60. *Petite effigie à gauche,
relief et couleur (pour imprimés).*

22.	bleu	1f50	» 50
23.	violet	» 50	» 25

1861. *Petite effigie à droite, relief
et couleur (pour imprimés).*

29.	violet	» 35	» »
30.	gris	» 20	» 10

1861. *Ovale, effigie à droite, relief
et couleur, dentelés.*

24.	2 kr.	jaune	» 50	» 25
25.	3 »	vert	» 75	» 25
26.	5 »	rouge	» 75	» 10

N°s				Neufs.	Oblitérés.
27.	10 kr.	brun		1f »	» 10
28.	15 »	bleu		1f25	» 10

1863. *Aigle, relief et couleur, dentelés.*

39.	2 kr.	jaune	» 25	» 20
40.	3 »	vert	» 25	» 20
41.	5 »	rose	» 40	» 05
42.	10 »	bleu	» 50	» 05
43.	15 »	brun	» 75	» 05

1863. *Aigle, relief et couleur (pour
imprimés.)*

49.	violet	» 10	» 10

1867. *Effigie à droite (François-
Joseph I), dentelés.*

50.	2 kr.	jaune		» 15	» 05
51.	3 »	vert		» 15	» 05
52.	5 »	rose		» 25	» 05
53.	10 »	bleu		» 50	» 05
54.	15 »	brun		» 75	» 05
55.	25 »	violet		1f25	» 15
56.	50 »	chair (grand)		2f50	» 35

1867. *Mercure à gauche (pour imprimés).*

Nos   Neufs. Oblitérés.

62. violet . . . . » 25 » 10
63. violet brun . . . . » 10 » 05

1880. *Même genre.*

107. ½ kr. vert pâle. . . . . » 10 » 10

1883. *Aigle, chiffre et inscriptions noires, dentelés.*

108. 2 kr. bistre . . . . . » 15 » 05
109. 3 » vert. . . . . . » 15 » 05
110. 5 » rose. . . . . . » 25 » 05
111. 10 » bleu. . . . . . » 50 » 05
112. 20 » gris. . . . . . 1f » 10
113. 50 » lilas. . . . . . 2f » 25

Timbres-taxe pour journaux

1850. *Aigle.*

11. 2 kr. vert . . . . . . » » 75

1858. *Idem.*

12. 1 kr. bleu . . . . . » 25 » 40
13. 2 » brun . . . . . » 40 » 40
14. 4 » brun . . . . . » » »

Timbres-télégraphe

1873. *Effigie à droite, lithographiés, dentelés.*

Nos   Neufs. Oblitérés.

76. 5 kr. brun . . . . . 1f » »
77. 20 » bleu. . . . . 2f50 » 75
77a. 25 » noir . . . . . 15f » »
78. 40 » vert . . . . . 3f50 » 75
79. 50 » gris lilas . . . » » »
80. 60 » carmin . . . 5f » » 50
81. 1 fl. jaune . . . . . » »
82. 2 » violet . . . . » » 2f50

1874-76. *Idem, gravés, dentelés.*

83. 5 kr. brun . . . . . » 25
84. 20 » bleu. . . . . » 20
85. 25 » noir . . . . . » »
86. 40 » vert . . . . . » 15
87. 50 » lilas pâle. . . » 10
88. 60 » carmin . . . » 20
89. 1 fl. jaune . . . . . » 10
90. 2 » violet . . . . » 15

La collect. de 8 timb. neufs 1f50 » »

1870. *(Compagnie de* **VIENNE**). *Armes, deux couleurs.*

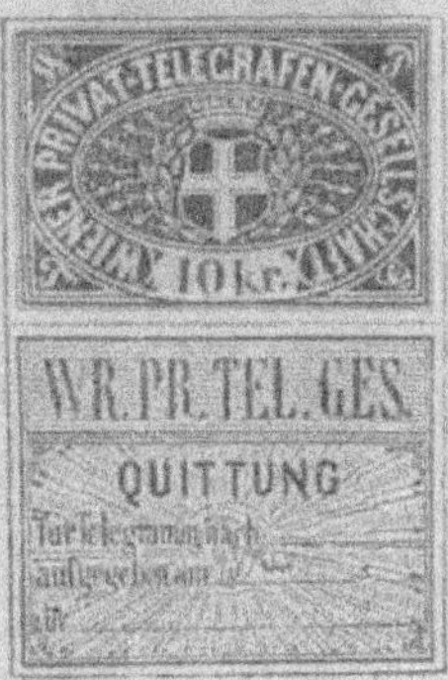

65. 10 kr. rouge et gris. » » » 50

Nᵒˢ			Neufs.	Oblitérés.
66.	20 kr.	rouge et bleu.	» »	» »
67.	40 »	rouge et vert.	» »	» 50
68.	80 »	rouge et lilas.	» »	1f25
69.1fl.20»		rouge et or.	» »	1f25

BADE

GRAND-DUCHÉ

Europe Centre

1851. *Chiffre, noir sur couleur.*

1.	1 kr.	chamois	» »	3f »
2.	3 »	orange	» »	» 50
3.	3 »	jaune.	» »	» 15
4.	6 »	vert.	» »	» 25
5.	9 »	rose	1f »	» 15

1853. *Idem.*

| 6. | 1 kr. | blanc. | » » | » 35 |
| 7. | 3 » | vert | » » | » 15 |

1857. *Idem.*

| 8. | 6 kr. | jaune. | » » | » 15 |
| 9. | 3 » | bleu. | » » | » 20 |

1860. *Armes sur fond de couleur, dentelés.*

15.	1 kr.	noir	1f »	» 35
16.	3 »	bleu ciel	1f50	» 35
17.	3 »	bleu terne	» »	» 35
18.	6 »	orange	2f »	» »
19.	6 »	jaune.	2f »	» »
20.	9 »	rose	2f »	1f »

1862. *Idem.*

| 21. | 6 kr. | bleu | 1f50 | » » |
| 22. | 9 » | bistre. | 1f50 | » 75 |

1862-64. *Idem, armes sur fond blanc, dentelés.*

Nᵒˢ			Neufs.	Oblitérés.
23.	1 kr.	noir	» 30	» 20
24.	3 »	rose	» 35	» 10
25.	6 »	bleu	» 75	» 35
26.	9 »	bistre	1f »	» 50
27.	18 »	vert	10f »	10f »
28.	30 »	jaune	1f50	» »

1868. *Armes, grosses inscriptions, dentelés.*

35.	1 kr.	vert	» 25	» 15
36.	3 »	rose	» 50	» 10
37.	7 »	bleu	» 50	» »

Timbres-taxe

1862. *Chiffre, noir sur couleur, dentelés.*

29.	1 kr.	jaune	» 10	» »
30.	3 »	jaune	» 10	» »
31.	12 »	jaune	» 25	» »

BAHAMAS

POSSESSION ANGLAISE

Amérique Centrale, Antilles

1859. *Effigie de trois quarts à gauche (Victoria I), non dentelé.*

| 1. | 1 penny | carminé | » » | » » |

1859. *Idem, cadres divers, dentelés.*

Nos		Neufs.	Oblitérés.
2.	1 penny carminé	» »	» »
3.	4 pence rose	» »	» »
4.	6 » gris lilas	» »	» »

1862-63. *Idem.*

5.	1 penny carminé foncé	» 75	»
6.	6 pence violet	2f »	» 75
7.	1 shill. vert. (profil)	2f50	» 75

1875. *Idem.*

| 8. | 1 penny rouge | » 50 | » 35 |
| 9. | 4 pence lilacé | 2f » | » |

1883. *Timbre de 1863, avec* FOUR PENCE *en surcharge noire.*

| 12. | 4 p. sur 6 p. violet | » » | » » |

1884-85. *Effigie de profil à gauche, dentelés.*

14.	1 penny rose	» 25	» 20
19.	2½ pence bleu ciel	» 60	» 30
15.	4 » jaune	1f »	» 50
16.	5 shill. vert olive	12f »	6f »
17.	1 pound brun rouge	» »	12f »

LA BARBADE

POSSESSION ANGLAISE

Amérique Centrale, Antilles

1852. *Déesse assise, papier bleu.*

1.	vert	» »	» »
2.	bleu	» »	» »
3.	brun rouge	» »	5f »

Idem sur blanc.

Nos		Neufs.	Oblitérés.
4.	vert	» »	1f50
5.	bleu	» »	1f »
6.	carmin	» »	» »

1859. *Idem,* BARBADOS *en haut, valeur en bas.*

| 7. | 6 pence carmin | » » | » » |
| 8. | 1 shill. violet noir | » » | » » |

1861. *Type 1852, dentelés.*

9.	vert	» 75	» »
10.	vert foncé	1f »	» 50
11.	bleu	» 50	» 25
12.	carmin	» »	1f50
13.	rouge	» »	1f50

1861. *Type 1859, dentelés.*

14.	6 pence carmin	» »	1f50
15.	6 » rouge	» »	1f »
16.	1 shill. brun noir	» »	1f25

1873. *Même genre, grand, dentelé.*

| 17. | 5 shill. rosé | » » | » » |

1873-74. *Type 1859, dentelés.*

18.	½ penny vert foncé	» 50	» »
19.	1 » bleu foncé	» 60	» 35
20.	3 pence lie de vin	» »	» »

1875-78. *Idem, dentelés.*

21.	½ penny vert jaune	» 35	» 20
22.	1 » bleu ciel	» 35	» 20
23.	4 pence rouge	2f »	1f »
24.	6 » jaune foncé	3f »	» 60
25.	1 shill. violet vif	5f »	1f »
26.	3 pence violet (1878)	» »	» »

1878. *Timbre formé de la moitié d'un timbre de 5 sh. coupé en hauteur et surchargé 1d en noir, dentelé.*

| 27. | 1 p. sur 5 sh. rose | » » | » » |

1882. *Effigie à gauche (Victoria I). dentelés.*

Nᵒˢ			Neufs.	Oblitérés.
29.	½ penny	vert	» 20	» 10
30.	1 »	rose	» 35	» 10
31.2½	pence	bleu	» 75	» 25
39.	4 »	gris	» »	» 50

1885-86. *Idem.*

40.	3 pence	violet	1f50	» »
41.	4 »	brun	1f50	» 35
43.	6 »	brun verdâtre	2f »	» »
44.	1 shill.	orange	3f50	» »
45.	5 »	bistre	15f »	» »

BAVIÈRE

ROYAUME

Europe Centre

1849. *Chiffre dans un carré.*

1. 1 kr. noir . . . . . . » » » »

1850-58. *Même genre, chiffre dans un rond.*

2.	1 kr.	rose	1f50	» 35
3.	3 »	bleu	1f »	» 05
4.	6 »	brun	1f »	» 10
5.	9 »	vert	1f50	» 15
6.	12 »	rouge	4f »	2f50
7.	18 »	jaune	5f »	3f »

1862. *Idem.*

9.	1 kr.	jaune	» 35	» 20
10.	3 »	rose	» 75	» 05
11.	6 »	bleu	» 75	» 05
12.	9 »	bistre	2f »	» 10
13.	12 »	vert	3f50	1f25
14.	18 »	rouge	4f »	2f »

1867. *Armes, relief et couleur.*

Nᵒˢ			Neufs.	Oblitérés.
18.	1 kr.	vert	» 50	» »
19.	1 »	vert clair	» 35	» 10
20.	3 »	rose	» 75	» 05
21.	6 »	bleu	2f50	» 50
22.	9 »	bistre	3f »	1f »
23.	12 »	violet	6f »	2f50
24.	18 »	rouge	8f »	2f50

1868. *Idem.*

25.	6 kr.	brun	2f50	» 50
26.	7 »	bleu	2f50	» 50

1870-72. *Idem, dentelés.*

43.	1 kr.	vert	» 15	» 10
44.	3 »	rose	» 25	» 05
45.	6 »	bistre	» 50	» 25
46.	7 »	bleu	» 25	» 10
49.	9 »	brun	» 25	» 10
50.	10 »	jaune	» 25	» 25
47.	12 »	violet	» »	15f »
48.	18 »	vermillon	» 50	» 35

1874-75. *Genre 1867, plus grand, armes, relief et couleur.*

68.	1 mark	violet	» »	1f25
69.	1 »	violet, *dentelé.*	2f50	» 35

1876. *Genre 1867, dentelés.*

74. 3 pf. vert . . . . . . » 15 » 05

Nos	Neufs.	Oblitérés.
75. 5 pf. vert bleu	» 25	» 10
76. 10 » rose	» 25	» 05
77. 20 » bleu	» 50	» 05
78. 25 » bistre	1f »	» 10
79. 50 » vermillon	» »	» 25
80. 2 mark rouge	3f »	» 50

1879. *Idem, dentelés.*

101. 5 pf. violet	» 25	» 03
102. 50 » bistre	2f »	» 20

Timbres-taxe

1862. *Chiffre.*

8. 3 kr. noir	4f »	» »

1871. *Même genre, dentelés.*

51. 1 kr. noir	» 15	» »
52. 3 » noir	» 25	» »

1876. *Timbres-poste de 1876 avec* Vom Empfänger zahlbar, *en surcharge rose.*

83. 3 pf. gris	» 10	» »
84. 5 » gris	» 15	» »
85. 10 » gris	» 25	» 15

Timbres de retour

1865-70. *Armes.*

Nos	Neufs.	Oblitérés.
15. Augsburg noir	» 15	»
16. Bamberg noir	» 15	» »
17. Wurzburg noir	» 15	» »

27. Nurnberg noir	» 15	» »
28. Munchen noir	» 15	» »
29. Speyer noir	» 15	» »

1869. *Composition typographique,* Kgl. Oberpostamt, *oblong.*

Retourbrief.
Kgl. Oberpostamt
Regensburg.

39. Regensburg noir	» 15	» »

1870. *Même genre, plus petits.*

Commission
für
Retourbriefe
Regensburg.

40. Augsburg noir	» 15	» »

N°s   Neufs. Oblitérés.

41. Nurnberg   noir... » 15 » »
42. Regensburg noir... » 15 » »

1872. *Idem, grands, avec Kgl. Oberamt.*

58. Bamberg   noir... » 15 » »
59. München   noir... » » » »
60. Nurnberg   noir... » 15 » »
61. Regensburg noir... » » » »
62. Wurzburg   noir... » 15 » »

1878-83. *Idem, retourbrief en gothique.*

100. Nurnberg noir... » 15 » »
114. München noir... » 15 » »

Timbres-télégraphe

1870. *Armes, relief et couleur, dentelés.*

31. ½ sgr. noir... » » » »
32. 1 » noir... » » » »
33. 7 kr. 25 c. violet... » » » »
34. 14 » 50 » bleu... » » » »
35. 28 » 1 fr. vert... » » » »
36. 1 fl. 24 kr., 3 fr. orange » » » »
37. 4 fl. 40 kr., 10 fr. carmin » » » »
38. 23 fl. 50 kr., 50 fr. gris. » » » »

1876. *Idem.*

86. 10 pf. bleu clair... » 25 » »
87. 20 » violet... » 25 » »
88. 25 » carmin... » 25 » »
89. 40 » bleu... » 25 » »
90. 80 » vert... » 25 » »
91. 1 mark jaune... » 50 » »
92. 2 » bistre... » 75 » »
93. 4 » rouge... » 75 » »
94. 10 » argent... 10f » » »
95. 20 » or... 3f » » »
La col. des 10 timbres-télég. 12f » » »

BÉCHUANALAND BRITANNIQUE

Afrique Sud

1886-87. *Timbres du Cap de Bonne-Espérance avec British Bechuanaland en surcharge noire.*

N°s   Neufs. Oblitérés.

1. ½ p. gris surch. rouge » » » »
11. ½ » gris surch. noire » 25 » »
2. 1 » carmin... » 35 » »
3. 2 » bistre... » 75 » »
4. 3 » carminé... 1f25 » »
5. 4 » bleu... » » » »
6. 6 » violet... 2f » 1f »
7. 1 sh. vert... 3f50 1f50

1887. *Timbre de la Grande-Bretagne de 1887 avec* BRITISH BECHUANALAND *en surcharge noire.*

25. ½ penny rouge brun. » 25 » 25

1887. *Effigie à gauche (Victoria I), inscriptions en noir, types divers, dentelés.*

15. 1 penny lilas... » 50 » 25
16. 2 pence lilas... » 75 » 35
17. 3 » lilas... 1f50 » »
18. 4 » lilas... 2f » »
19. 6 » lilas... 3f » 1f »

20. 1 shill. vert... 4f » 1f50
21. 2 » vert... 6f » »
22. 2 s. 6 p. vert... » » » »
23. 5 shill. vert... » » » »
24. 10 » vert... » » » »

1888. *Même genre, très grands, ins-*
criptions en noir, dentelés.

Nos		Neufs.	Oblitérés.
30. 1 pound lilas		» »	» »
31. 5 » lilas		» »	» »

1888. *Timbres de 1887 avec chiffre*
en surcharge noire ou rouge.

32. 1 d. sur 1 p. lilas		» 30	» »
33. 2 » sur 2 » lilas		» 60	» »
35. 4 » sur 4 » lilas		» »	» »
36. 6 » sur 6 » lilas		1f 75	» 60
37. 1 s. sur 1 s. vert		3f »	» 75

PROTECTORAT ANGLAIS

Timbres employés pour les correspon-
dances entre **Wryburg** et les villes de
**Kanya, Molepolole, Shoshong,
Gubuluways,** etc.

1888. *Timbres du Béchuanaland*
avec Protectorate en surcharge noire,
les timbres 1 à 6 p. ont en plus la
valeur en chiffre en surcharge.

1. ½ penny rouge brun . .		» 20	» »
2. 1 » lilas		» 35	» »
3. 2 pence lilas		» 60	» »
4. 3 » lilas		1f »	» »
5. 4 » lilas		1f 25	» »
6. 6 » lilas		» »	» »
7. 1 shill. vert		» »	» »
8. 2 » vert		» »	» »
9. 2 s. 6 p. vert		» »	» »
10. 5 shill. vert		» »	» »
11. 10 » vert		» »	» »

BELGIQUE

ROYAUME

Europe Centre, Occident

1849. *Effigie de face (Léopold I),*
sans cadre.

1. 10 cent. brun noir . .	10f	» 50

Nos			Neufs.	Oblitérés.
2. 20 cent. bleu			10f »	» 35

1850-51. *Idem, dans un cadre ovale.*

3. 1 cent. vert	1f 50	» »
4. 10 » brun	2f 50	» 05
5. 20 » bleu	2f 50	» 05
6. 40 » rouge	3f »	» 20

1863. *Idem, dentelés.*

7. 1 cent. vert	» 50	» »
8. 1 » vert clair . .	» 35	» »
9. 10 » brun	» 75	» 05
10. 20 » bleu	1f »	» 05
11. 40 » rouge carmin	1f 50	» 10

1865. *Effigie à gauche, cadres divers,*
dentelés.

12. 10 cent. gris	» 50	» 05
13. 20 » bleu	» 75	» 05
14. 20 » bleu ciel . .	1f »	» 10
15. 30 » brun	1f 50	» 15
16. 40 » rose	1f 75	» 20
17. 1 franc violet	3f 50	1f 75

1866. *Lion, dentelés.*

21. 1 cent. gris	» 35	» 15
22. 2 » bleu	1f »	» 75
23. 2 » bleu ciel	1f 50	1f »
24. 5 » brun	» 75	» 40
25. 1 » gris *non dentelé*	» »	1f 50

1869-70. *Chiffre, armes, lion, dentelés.*

Nᵒˢ				Neufs.	Oblitérés.
31.	1 cent.	vert . .	. .	» 05	» 05
32.	2 »	bleu . .	. .	» 10	» 05
33.	5 »	orange .	.	» 15	» 05
34.	8 »	violet .	.	» 75	» 35

1869-70. *Effigie à gauche (Léopold II), cadres divers, dentelés.*

26.	10 cent.	vert .	. .	» 20	» 05
27.	20 »	bleu .	. .	» 50	» 05
28.	30 »	orange	.	» 75	» 10
29.	40 »	rosé .	.	1f »	» 20
30.	1 franc	violet	.	2f »	» 25

1875-78. *Mêmes gravures.*

46.	25 cent.	jaunâtre .	.	» 50	» 05
47.	50 »	gris . .	.	1f »	» 10
48.	5 francs	rouge brun .		15f »	5f »

1883-84. *Type 1869 (chiffre).*

65.	1 cent.	vert gris .	.	» 25	» 15
66.	1 »	gris . .	.	» 05	» 05
73.	5 »	vert . .	.	» 10	» 05

1883. *Effigie à gauche, cadres divers, dentelés.*

Nᵒˢ				Neufs.	Oblitérés.
67.	10 cent.	rose . .	.	» 50	» 15
68.	20 »	gris bleu .		» 50	» 10
69.	25 »	bleu . .	.	» 50	» 20
70.	50 »	violet . .		1f25	» 35

1884-86. *Même effigie plus petite, papier teinté, dentelés.*

71.	10 c.	rosé sur azuré .		» 20	» 05
75.	20 »	gris vert . .		» 40	» 15

74.	25 c.	bleu sur rose .		» 40	» 05
76.	50 »	jaune bistre .		1f »	» 10

78.	1 fr.	rouge sur vert .		2f »	» 20
77.	2 »	violet clair .	.	3f50	» 60

Timbres-taxe

1870. *Chiffre, attributs, dentelés.*

N^{os}   Neufs. Oblitérés.

39. 10 cent. vert . . . . . . » 25 » »
40. 20 » bleu . . . . . . » 50 » 35

Timbres-télégraphe

1865. *Effigie à gauche (Léopold I), cadres divers, dentelés.*

18. 50 cent. gris . . . . . . » » »
20. 1 franc vert . . . . . . » » »

1871-88. *Effigie à gauche (Léopold II), dentelés.*

49. 10 cent. violet . . . . » 25 » 20
35. 25 » vert . . . . . . » 30 » 35
36. 50 » bistre . . . . 1f » » 30
37. 1 franc rose . . . . 2f » » 20
38. 5 » bleu . . . . 10f » 2f »
80. 50 cent. olive *1888* . . 1f25 » » 30

1879. *Même genre, chiffre dentelé.*

N^{os}   Neufs. Oblitérés.
57. 5 cent. gris . . . . . . » 15 » »

BERGEDORF

Ville dépendant de
LUBECK et de HAMBOURG
Europe Centre

1861. *Armes (aigle et tour), dimension grandissant avec la valeur.*

1. ½ sch. noir sur violet *5f » » »
2. 3 » noir sur rose . *5f » » »

1861. *Idem.*

3. ½ sch. noir sur bleu . » 50 » »
4. 1 » noir sur blanc » 50 » »
5. 1½ » noir sur jaune » 50 » »
6. 3 » bleu sur rose » 50 » »
7. 4 » noir sur fauve » 50 » »

La collection de 5 timbres
réimprimés . . . . *» 50 » »

BERMUDES

POSSESSION ANGLAISE

Amérique du Nord, Orient

1865. *Effigie à gauche (Victoria I), dentelés.*

1. 1 penny carmin . . . » 25 » 15

*Les timbres marqués d'un astérisque sont réimprimés.

Nos — Neufs. Oblitérés.

2. 2 pence bleu . . . . » 50 » »

3. 6 pence violet . . . . 1f50 » »
4. 1 shill. vert . . . . 2f50 » »

1873-75. *Timbres en cours avec* THREE PENCE *en surcharge noire.*

5. 3 p. noir sur 1 sh. vert . » » » »
6. 3 p. noir sur 1 p. carmin » » » »
6a. 3 p. noir sur 2 p. bleu . . » » » »

1873. *Genre de 1865, dentelé.*

7. 3 pence jaune . . . . 1f50 » »

1875. *Timbres en cours avec* ONE PENNY *en surcharge noire.*

8. 1 p. noir sur 1 sh. vert . » » » »
9. 1 p. noir sur 2 p. bleu . » » » »
9a. 1 p. noir sur 3 p. jaune . » » » »

1880-86. *Effigie à gauche, types divers, dentelés.*

10. ½ penny bistre. . . . » 25 » »
15. 2½ pence bleu . . . . » 60 » 25
17. 3 » gris bleu . . » 75 » »
11. 4 » orange . . . . 1f » 35

BHOPAL

ÉTAT INDIEN

Asie Sud

1871. *Caractères orientaux en relief,* cadre couleur, valeur en bas dans deux cartouches.

Nos — Neufs. Oblitérés.

1. ¼ anna noir . . . . » 50 » »
2. ½ » rouge . . . 1f » »

1878-79. *Même genre, plus petits, caractères en relief et caractères en couleur au centre.*

4. ¼ anna vert . . . . » 50 » »
3. ½ » rouge . . . . » » » »

1880. *Idem, dentelés.*

5. ¼ anna vert . . . . » 40 » »
6. ½ » rouge . . . . » » » »

1881. *Genre 1871, grand, valeur inscrite en bas dans un seul cartouche.*

7. ¼ anna noir . . . . » 35 » »
8. ½ » rouge . . . . » 50 » »
9. 1 » brun . . . . » 75 » »
10. 2 » bleu . . . . 1f25 » »
11. 4 » orange . . . 2f25 » »

1884. *Genre 1878, bleu dans les angles, dentelés.*

12. ¼ anna vert. . . . » 20 » »
13. ½ » noir . . . . » 35 » »

1886. *Idem, non dentelés.*

14. ¼ anna vert. . . . » 15 » »
15. ½ » rouge . . . . » 25 » »

1886. *Type 1881, grand. refait.*

No°		Neufs.	Oblitérés.
16. ½ a. rouge *non dentelé*.		» 50	» »
17. 4 » jaune *dentelé large*		2f25	» »

BHORE

ÉTAT INDIEN

Asie Sud

1879. *Inscriptions orientales, couleur sur blanc.*

1. ½ a. carmin *ovale*		» 35	» »
2. 1 » carmin *rectang.*		» 60	» »

1880. *Même genre, carrés, noir sur couleur.*

3. 2 annas violet.		» »	» »
4. 4 » rose		» »	» »
5. 8 » vert		» »	» »
6. 1 rupee jaune.		» »	» »

BIKANIR

ÉTAT INDIEN

Asie Sud

1880. *Inscriptions européennes et orientales, types divers.*

1. ¼ anna noir		» »	» »

No°		Neufs.	Oblitérés.
2. ½ anna rouge		» »	» »

BOLIVIE

RÉPUBLIQUE

Amérique du Sud, Centre

1867. *Aigle.*

1.	5 centav.	vert	» 50	» »
2.	50 »	jaune.	3f »	» »
3.	100 »	bleu	9f »	12f »
4.	5 »	violet.	» »	» »
5.	10 »	brun	30f »	» »
6.	50 »	bleu	» »	» »
7.	100 »	vert	» »	» »

1868. *Armes, neuf étoiles, dentelés.*

8.	5 centav.	vert	1f »	» 60
9.	10 »	rouge	1f50	» »
10.	50 »	bleu	2f50	» »
11.	100 »	orange	10f »	» »
12.	500 »	noir.	» »	» »

1871. *Idem, onze étoiles, dentelés.*

13.	5 centav.	vert	1f »	» 50
14.	10 »	rouge	1f25	» 50
15.	50 »	bleu	» »	» »
16.	100 »	orange	3f »	» »
17.	500 »	noir	» »	» »

1879. *Armes, livre, dentelés.*

Nos			Neufs.	Oblitérés.
18.	5 centav.	bleu	» »	» 35
19.	10 »	orange	» »	» 20
20.	20 »	vert	» »	» 40
21.	50 »	carmin	» »	1f30

1887. *Type 1871, onze étoiles, dentelés.*

			Neufs.	Oblitérés.
22.	1 centavo	rose	» 20	» 15
23.	2 »	violet	» 30	» 20
24.	5 »	bleu	» 60	» 15
25.	10 »	orange	1f25	» 20

BORNÉO

(Cie Anglaise du Nord de :)

Océanie Malaisie

1883-86. *Armoiries, dentelés.*

			Neufs.	Oblitérés.
1.	½ cent	rose violet	» »	» »
2.	1 »	orange	» »	» »
3.	2 »	brun	» 50	» »
4.	4 »	rose	» 75	» »
5.	8 »	vert	1f25	» »
6.	10 »	bleu	3f	» »

Même genre, grands, dentelés.

			Neufs.	Oblitérés.
7.	50 cents	violet	6f »	» »
8.	1 dollar	rouge	11f »	» »

1883-86. *Timbres de 1883 avec surcharge noire.*

Nos			Neufs.	Oblitérés.
9.	8 c. sur 2 c.	brun	» »	» »
9a.	EIGHT C. s. 2 c.	brun	» »	3f50
10.	3 c. sur 4	rose	» »	» »
11.	5 » sur 8	vert	» »	» »

1886. *Idem, avec surcharge and Revenue en noir.*

			Neufs.	Oblitérés.
12.	½ cent	rose violet	1f »	» »
13.	10 »	bleu	» »	» »

POSSESSION ANGLAISE

1886. *Mêmes types sauf l'inscription qui est : BRITISH NORTH BORNEO. Petits :*

			Neufs.	Oblitérés.
14.	½ cent	rose violet	» 25	» »
15.	1 »	orange	» 25	» »
16.	2 »	brun	» 35	» »
17.	4 »	rose	» 60	» »
18.	8 »	vert	1f	» »
19.	10 »	bleu	1f25	» »

Idem, grands.

			Neufs.	Oblitérés.
20.	25 cents	gris bleu	2f50	» »
21.	50 »	violet foncé	5f	» »
22.	1 dollar	rouge	10f	» »
23.	2 »	vert olive	20f	» »

1887-88. *Idem, avec inscription POSTAGE & REVENUE, dentelés.*

			Neufs.	Oblitérés.
26.	3 cents	violet	» 40	» »
27.	5 »	gris	» 60	» »

BOSNIE ET HERZÉGOVINE

Europe Sud, Orient

1879. *Armes, dentelés.*

Nos				Neufs.	Oblitérés.
1.	1	»	violet gris.	» 10	» »
2.	2	»	jaune	» 15	» 15
3.	3	»	vert.	» 20	» 15
4.	5	»	rose.	» 35	» 10
5.	10	»	bleu.	» 50	» 10
6.	15	»	brun	» 75	» 25
7.	25	»	violet	1f 25	» 50

BRÊME

VILLE LIBRE

Europe Centre

1855. *Armes (clef), chiffres, types divers.*

1.	3 grote	noir sur bleu.	6f » » »
2.	5 »	noir sur rose.	3f » » »
3.	7 »	noir sur jaune	7f » » »
4.	5 silbgr.	vert sur blanc	7f » » »

1861-67. *Types 1855, dentelés.*

7.	2 gr. orange sur blanc 12f » » »

Nos				Neufs.	Oblitérés.
8.	3 gr.	noir sur bleu.	8f »	» »
9.	5 »	noir sur rose.	8f »	» »
10.	7 »	noir sur jaune	» »	» »
11.	10 »	noir sur blanc	» »	» »
12.	5 silb.	vert sur blanc	» »	» »

BRÉSIL

EMPIRE

Amérique du Sud, Centre, Orient

1843. *Grands chiffres.*

1.	30 reis	noir	» » 8f »
2.	60 »	noir	10f » 4f »
3.	90 »	noir	» » » »

1844. *Chiffres italiques.*

4.	10 reis	noir	1f50 » 75
5.	30 »	noir	1f50 » 75
6.	60 »	noir	1f50 » 60
7.	90 »	noir	3f » 2f »
8.	180 »	noir	» » » »
9.	300 »	noir	» » » »
10.	600 »	noir	» » » »

1850. *Petits chiffres droits.*

11.	10 reis noir	1f25 1f »

Nᵒˢ				Neufs.	Oblitérés.
12.	20 reis	noir	. . .	1f50	1f25
13.	30 »	noir	. . .	» 25	» 10
14.	60 »	noir	. . .	» 40	» 10
15.	90 »	noir	. . .	» 75	» 50
16.	180 »	noir	. . .	3f »	1f50
17.	300 »	noir	. . .	4f »	2f »
18.	600 »	noir	. . .	5f »	2f50

1854-61. *Idem.*

Nᵒˢ				Neufs.	Oblitérés.
19.	10 reis	bleu	. . .	» 50	» 50
20.	30 »	bleu	. . .	1f »	» »
21.	280 »	rouge	. . .	» »	4f »
22.	430 »	jaune	. . .	» »	6f »

1866. *Idem, dentelés.*

Nᵒˢ				Neufs.	Oblitérés.
23.	10 reis	noir	. . .	» »	» »
24.	10 »	bleu	. . .	» »	» »
25.	20 »	noir	. . .	» »	» »
26.	30 »	bleu	. . .	» »	» »
27.	30 »	noir	. . .	» »	» »
28.	60 »	noir	. . .	2f50	1f50
29.	90 »	noir	. . .	» »	» »
30.	180 »	noir	. . .	» »	» »
31.	280 »	rouge	. . .	» »	» »
32.	300 »	noir	. . .	» »	» »
33.	430 »	jaune	. . .	» »	» »
34.	600 »	noir	. . .	» »	» »

1866. *Effigie de trois quarts ou à gauche (Don Pedro II), types divers, dentelés.*

Nᵒˢ				Neufs.	Oblitérés.
35.	10 reis	rouge	. . .	» 15	» 05
36.	20 »	violet	. . .	1f »	1f »
37.	20 »	lie de vin	.	» 25	» 15
38.	50 »	bleu	. . .	» 35	» 15

Nᵒˢ				Neufs.	Oblitérés.
39.	80 reis	violet	. . .	» 50	» 20

Nᵒˢ				Neufs.	Oblitérés.
40.	100 reis	vert	. . .	» 75	» 05
41.	200 »	noir	. . .	1f25	» 15
42.	500 »	jaune	. . .	4f »	» 35

1878. *Même effigie, dentelés.*

Nᵒˢ				Neufs.	Oblitérés.
55.	20 reis	violet	. . .	» 25	» 10
58.	300 »	vert et jaune	.	2f »	» 35

1878-79. *Même effigie de trois quarts à droite, cadres divers, dentelés.*

Nᵒˢ				Neufs.	Oblitérés.
54.	10 reis	rouge	. . .	» 15	» 05
59.	50 »	bleu	. . .	» 35	» 15
60.	80 »	carmin	. . .	» 50	» 20
56.	100 »	vert	. . .	» 75	» 05
61.	200 »	noir	. . .	1f25	» 15
57.	260 »	brun	. . .	1f75	» 50
62.	300 »	bistre jaune		2f »	» 50

N°s		Neufs.	Oblitérés.
63.	700 reis brun rouge.	6f »	3f »
64.	1000 » violet . . .	6f »	1f »

1881-82. *Même effigie, types divers, dentelés.*

65.	10 reis noir.	» 15	» 10
66.	50 » bleu.	» 75	» 35
67.	100 » vert *1er type*.	1f »	» 25
67a.	100 » vert *2e type*.	» 60	» 10
68.	200 » carmin. . . .	1f25	» 25

1883-84. *Même genre, dentelés.*

71.	100 reis violet clair	» 75	» 05
72.	100 » violet clair *petit*.	» 60	» 05

73.	20 reis vert gris *chiffre*	» 20	» 05

1885. *Mêmes genres, dentelés.*

87.	10 reis orange *effigie*.	» 10	» 10
88.	50 » bleu	» 35	» 25
89.	200 » rose	1f25	» 20

90.	100 r. violet pâle *chiffre*	» 50	» 05

1887-88. *Types divers, petits, dentelés.*

N°s		Neufs.	Oblitérés.
93.	50 reis bleu ciel.	» 35	» 10
91.	300 » bleu ciel.	2f »	» 50

92.	500 reis gris vert	3f »	» 75

94.	1000 reis gris bleu. . .	5f »	1f »

1888. *Timbre n° 90 refait, chiffres de couleur sur fond blanc, dentelé.*

95.	100 reis violet pâle . . .	» 50	» 10

Timbres-télégraphe

1870. *Appareil télégraphique, chiffres sur fond blanc.*

46.	200 reis vert	1f »	» 35

Idem, chiffres carrés sur fond de couleur.

Nos		Neufs.	Oblitérés.
47.	500 reis chair	1f50	» 35
48.	1000 » bleu	2f »	» 35

1873. *Idem sur carton, sur les côtés on lit :* VALE PARA TRANSMISSAO *et* FR. A. KIEFFER.

49.	200 reis noir sur vert	» 50	» »

1873. *Idem, chiffres ronds sur fond de couleur.*

50.	200 reis vert clair . .	» »	» »
51.	500 » rouge	» »	» »
52.	1000 » bleu	» »	» »
53.	2000 » bistre	1f »	» 35

BRUNSWICK

DUCHÉ

Europe Centre

1852. *Cheval.*

1.	1 silb. rose	» »	» »
2.	2 » bleu	» »	» »
3.	3 » rouge	» »	» »

1853-56. *Idem.*

4.	½ gros. noir sur brun .	» »	» »
5.	⅓ » noir sur blanc .	5f »	» »
6.	1 silb. noir sur orange	» »	1f50
7.	2 » noir sur bleu .	5f »	» 75
8.	3 » noir sur rose .	» »	3f »

1857. *Timbre en 4 quarts, chiffre et couronne.*

14.	4/4 gut. noir s. brun.	» 40	» »

1861-63. *Type 1852.*

Nos		Neufs.	Oblitérés.
15.	½ gros. noir sur vert .	» 50	» »
16.	1 silb. noir sur jaune .	3f50	» 75
17.	3 » rose sur blanc .	10f »	3f »

1865. *Idem. dentelés.*

18.	½ gros. noir s. blanc .	» »	» »
19.	¼ » noir s. vert . .	» »	» »
20.	1 silb. jaune s. blanc.	» »	» »
21.	2 » noir sur bleu .	» »	» »
22.	3 » rose sur blanc .	» »	» »

1866. *Cheval, relief et couleur, dentelés.*

23.	½ gros. noir	» 50	» »
24.	1 » rose	» 10	» »
25.	2 » bleu	» 25	» »
26.	3 » brun	» 25	» »

1866. *Type 1857.*

30.	4/4 gut. brun s. blanc.	» »	» »

BUÉNOS-AYRES

RÉPUBLIQUE

Amérique du Sud, Orient

1858. *Bateau à vapeur.*

1.	2 pesos bleu (DOS Pⁿ).	» »	» »
2.	3 » vert	» »	» »
3.	4 » rouge	» »	» »
4.	5 » jaune	» »	» »
5.	4 » brun	» »	» »
6.	1 » bistre (UN Pⁿ).	» »	» »

1859. *Idem.*

7.	1 peso bleu (UN Pⁿ).	» »	» 15f
8.	1 » bleu (TO Pⁿ).	» »	» »

1859. *Effigie de la Liberté.*

Nos			Neufs	Obliterés
9.	1 peso	bleu	3f »	2f50
10.	2 »	rouge	12f »	» »
11.	4 reales	vert sur azuré	» »	» »

1860. *Idem, tirage moins soigné.*

12.	1 peso	bleu	3f50	2f50
13.	2 »	rouge	» »	» »
14.	4 reales	vert sur azuré	12f »	8f »

1862. *Idem.*

15.	1 peso	rose	7f »	5f »
16.	2 »	bleu	7f »	5f »

(Voir aussi à ARGENTINE.)

BULGARIE

Europe Sud, Orient

1879. *Lion, dentelés.*

1.	5 сант.	noir et jaune	» 75	» »
2.	10 »	noir et vert .	1f »	» »
3.	25 »	noir et lilas .	1f »	» »
4.	50 »	noir et bleu .	1f50	» »
5.	1 фран.	noir et rouge	3f »	» »

1881. *Idem, valeur en стотн., dentelés.*

7.	3 cro	rouge et gris .	» 15	» 10
8.	5 »	noir et jaune .	» 40	» 25
9.	10 »	noir et vert .	» 50	» 25
10.	15 »	carmin et vert .	» 50	» 20
11.	25 »	noir et violet .	» 60	» 15
12.	30 »	bleu et bistre .	» 75	» 35

1883-85. *Idem, dentelés.*

27.	1 cro	violet terne . .	» 10	» 10
28.	2 »	vert gris . . .	» 10	» 10
14.	3 »	orange et jaune .	» 15	» 10
15.	5 »	vert et v. pâle .	» 15	» 10

Nos			Neufs	Obliterés
16.	10 cro	rose et chair . .	» 25	» 10
17.	15 »	lilas et lil. pâle	» 35	» 20
18.	25 »	bleu et bl. pâle	» 50	» 15
19.	30 »	violet et vert . .	» 60	» 25
20.	50 »	bleu et chair . .	1f »	» 35

1884. *Idem avec valeur en surcharge.*

21.	3 noir sur 10 c. rose .	2f50	» »
22.	5 rouge s. 30 bleu bistre.	2f50	» »
23.	15 rouge sur 25 c. bleu .	2f50	» »
29.	50 noir sur 1 fr. rouge .	» »	» »

1886-87. *Timbres antérieurs, valeurs orthographiées différemment :* ВАНА et АВІ.

32.	1 cro	violet terne . . .	» 10	» 10
33.	2 »	vert gris . . .	» 15	» 15
38.	1 фрм.	noir et rouge . .	2f50	1f50

Timbres-taxe

1884-87. *Chiffre, dentelés.*

24.	5 cro	jaune foncé . . .	» 25	» 25
25.	25 »	carmin	1f »	» 60
26.	50 »	bleu	» »	» »

1886. *Idem, non dentelés.*

35.	5 cro	jaune foncé . .	» 35	» 25
36.	25 »	carmin	1f »	» 60
37.	50 »	bleu	2f »	1f »

BULGARIE DU SUD

(Suite de Roumélie Orientale)

1885. *Timbres de Roumélie avec lion, sans cadre, en surcharge noire ou bleue.*

17.	5 paras	noir et jaune	» »	» »
18.	5 »	violet et viol.	» 75	» »

N⁰ˢ				Neufs.	Oblitérés.
19.	10	paras vert et vert .	» 75	»	»
20.	20	» rose et rose.	1f »	»	»
21.	1	piastre noir et bleu.	1f25	»	»
22.	5	» bleu et rouge	» »	»	»

1885. *Idem, avec lion et inscriptions dans un cadre en surcharge noire.*

23.	5	paras noir et jaune	» »	»	»
24.	5	» violet et viol.	» 50	»	»
25.	10	» vert et vert.	» 75	»	»
26.	20	» noir et rose.	» »	»	»
27.	20	» rose et rose.	1f50	»	»
28.	1	piastre noir et bleu.	» »	»	»
29.	5	» bleu et rouge	» »	»	»

CANADA

POSSESSION ANGLAISE

Amérique du Nord, Nord

1851-57. *Types divers.*

1.	½ p.	rose *Victoria*	» »	»	»
2.	3 »	rouge *castor* .	1f »	2f	»
3.	6 »	violet *Pce Albert*	» »	»	»
4.	6 »	violet noir *id.*	» »	»	»
5.	6 et 7 ½ p.	vert *Victoria.*	» »	»	»
6.	10 p.	bleu *J. Cartier.*	» »	»	»
7.	12 »	noir *Victoria.*	» »	»	»

1858. *Idem, dentelés.*

8.	½ penny rose		» »	»	»
9.	3 pence rouge		» »	»	»
10.	6 » violet		» »	»	»

1858-64. *Idem, valeur en cents, dentelés.*

				Neufs.	Oblitérés.
11.	1 c.	rose *Victoria* .	» 50	» 25	
12.	2 »	rose *id.* .	2f50	2f »	
13.	5 »	rouge *castor.* .	» 75	» 25	
14.	10 »	violet *P. Albert*	3f »	1f25	
15.	10 »	violet brun *id.*	3f »	1f25	
16.	12½ »	6 p. vert *Victoria*	3f »	1f »	
17.	17 »	bleu *J. Cartier.*	4f »	2f »	

DOMINION

1868. *Effigie à droite, cadres divers, grands, excepté le 1/2, dentelés.*

20.	½	cent	noir.	» 20	» »
21.	1	»	orange foncé.	» 75	» 50
22.	1	»	jaune .	» 75	» 50
23.	2	»	vert.	» 75	» 20
24.	3	»	rouge foncé.	» 30	» 15
25.	6	»	brun .	1f »	» 25
26.	12½	»	bleu .	2f »	» 75
27.	15	»	violet .	1f75	» 50

1870-75. *Même genre, petits, dentelés.*

28.	1 cent	jaune		» 15	» 05

Nᵒˢ				Neufs.	Oblitérés.
29.	2 cents	vert		» 25	» 10
30.	3 »	rouge carminé		» 50	» 10
31.	3 »	rouge		» 30	» 05
32.	6 »	brun		» 75	» 15
33.	10 »	lilas		1f 25	» 25

35. 5 cents gris vert 1875 » » 1f »

1876-82. *Même genre, dentelé.*

40. 5 cents gris vert . . » 60 » 10
48. ¼ » noir 1882 . . » 10 » »

Timbres pour chargements

1875. *Inscriptions, dentelés.*

37. 2 cents rouge . . . » 25 » 05
38. 5 » vert . . . . » 60 » 25
39. 8 » bleu . . . . » » » »

Timbre de retour

1879. *Inscriptions, dentelé.*

Nᵒˢ		Neufs.	Oblitérés.
45.	brun	» »	» »

CAP DE BONNE-ESPÉRANCE

POSSESSION ANGLAISE

Afrique Sud

1853. *Déesse assise, papier bleu.*

1. 1 penny rouge . . . » » 3f »
2. 4 pence bleu . . . . » » 3f »

1857-64. *Idem, papier blanc.*

3. 1 penny rouge brun . 3f » » »
4. 1 » carminé . . 3f » 2f 50
5. 4 pence bleu . . 3f » 1f »
6. 6 » violet . . . » » » »
7. 6 » lilas . . . » » 4f »
8. 1 shill. vert foncé . » » 15f »
9. 1 » vert clair . . » » » »

1861. *Idem provisoires, gravure grossière.*

10. 1 penny carmin . . » » » »
11. 1 » rouge . . . » » » »
12. 4 pence bleu . . . » » » »

1863-65. *Déesse assise, bélier, etc., dentelés.*

Nos.		Neufs.	Oblitérés.
13.	1 penny carmin . . .	» 25	» 10
14.	4 pence bleu	1f »	» 20
15.	6 » violet . . .	1f50	» 20
16.	1 shill. vert	2f50	» 25

1868. *Idem avec* FOUR PENCE *en surcharge rouge.*

17. 4 p. sur 6 p. violet . » » 1f75

1871. *Idem sans surcharge.*

18. 5 shill. orange . . . 10f » » 50

1874. *Idem, avec 1 d. en surcharge manuscrite carmin.*

19. 1 p. sur 4 p. bleu . . » » » »

1874. *Idem avec* ONE PENNY *en surcharge imprimée rouge.*

20. 1 p. sur 6 p. violet . » » » »

1876. *Idem, sans surcharge.*

21. ¼ penny gris noir . » 15 » 10

1877. *Idem avec* ONE PENNY *en surcharge noire.*

22. 1 p. sur 1 sh. vert . 2f50 » »

1879. *Type 1863, avec* THREE PENCE *en surcharge rouge.*

24. 3 p. sur 4 p. bleu . . 2f » » 50

1880. *Idem avec* THREE PENCE *en surcharge noire.*

25. 3 p. sur 4 p. lilas . . 1f50 » 35

1880. *Idem sans surcharge.*

26. 3 pence lilas . . . . » » » 75

1880. *Idem avec chiffre 3 en surcharge noire.*

27. 3 p. sur 3 p. lilas . . 1f25 » 35

1881-82. *Type 1863, dentelés.*

32. 2 pence bistre . . . » 50 » 10
28. 3 » carmin . . . » 75 » 25

1882. *Idem avec One Half penny en surcharge noire.*

Nos.		Neufs.	Oblitérés.
30.	½ sur 3 p. carminé .	» 50	» 40

Timbres-télégraphe

1888. *Timbres-poste de 1863-65 avec* Military Telegraphs *en surcharge noire.*

34. 6 pence violet . . . » » » »
35. 1 shill. vert . . . . » » » »

CAP VERT

POSSESSION PORTUGAISE

Afrique Occident

1877. *Couronne, dentelés.*

1.	5 reis	noir . . .	» 25	» »
2.	10 »	jaune . . .	» 75	» »
3.	20 »	bistre . . .	» 35	» »
4.	25 »	rose . . .	» 30	» 30
5.	40 »	bleu . . .	1f50	» »
6.	50 »	vert . . .	1f50	» 50
7.	100 »	violet . . .	» 75	» 50
8.	200 »	orange . . .	1f50	2f »
9.	300 »	brun rouge .	2f50	2f »

1881-85. *Idem.*

10.	10 reis	vert . . .	» 25	» »
13.	20 »	rose . . .	» 40	» »
14.	25 »	violet . . .	» 50	» »
11.	40 »	jaune . . .	1f »	» »
12.	50 »	bleu . . .	» 75	» 50

1886. *Effigie à gauche (Don Luis I), relief et couleur, dentelés.*

18. 5 reis noir . . . » 15 » 15

Nᵒˢ				Neufs.	Oblitérés.
19.	10	reis	vert	» 25	» 20
20.	20	»	carmin	» 35	» 25
21.	25	»	violet	» 40	» 15
22.	40	»	brun rouge . .	» 60	» 50
23.	50	»	bleu	» 75	» 20
24.	100	»	brun	1f25	» 75
25.	200	»	ardoise . . .	2f50	» »
26.	300	»	orange	4f »	1f50

CEYLAN

POSSESSION ANGLAISE

Asie Sud

1857-61. *Effigie à gauche (Victoria I), cadres divers, non dentelés.*

1.	½	penny	violet s. bleu	» » »
2	¼	»	lilas s. blanc	10f » » »

3.	1	penny	bleu	» » 1f »
4.	2	pence	vert	4f » 2f50
5.	5	»	roux	» » » »
6.	6	»	brun s. bleu	» » » »
7.	6	»	brun s. blanc	» » 10f »
8.	10	»	rouge	» » » »
9.	1	shill.	violet . . .	» » » »

1857-61. *Même genre, octogones.*

10.	4	pence carmin rouge	» » » »
11.	8	» marron . . .	» » » »
12.	9	» brun	» » » »
13.	1 sh.9 p. vert . . .		» » » »
14.	2 shill. bleu . . .		» » » »

1861. *Les mêmes, étoile en filigrane ou pas de filigrane, dentelés (*).*

Nᵒˢ				Neufs.	Oblitérés.
25.	½	penny	lilas	» »	» »
26.	1	»	bleu	» »	» 75
27.	2	pence	vert	» »	» »
28.	4	»	carmin rouge	» »	» »
29.	5	»	roux	» »	4f »
30.	6	»	brun	» »	» »
31.	8	»	marron . . .	» »	» »
32.	9	»	brun	» »	» »
33.	10	»	rouge	» »	2f50
34.	1	shill.	violet. . . .	» »	2f50
35.	2	»	bleu clair . .	» »	» »

1864-66. *Les mêmes, o o et couronne en filigrane, dentelés.*

36.	½	penny	lilas vif .	1f50	» »
37.	1	»	bleu vif . .	» 75	» 50
38.	2	pence	vert bleu .	» »	2f »
39.	4	»	carmin . .	6f »	3f50
40.	5	»	chocolat . .	» »	» »
41.	6	»	brun roux .	3f »	2f »
42.	8	»	brun	» »	» »
43.	9	»	brun foncé	7f »	» »
44.	10	»	orange . . .	6f »	2f50
45.	1	shill.	violet vif .	6f »	2f50
46.	2	»	bleu foncé	10f »	3f50

1867-69. *Idem.*

47.	2	pence	jaune. . . .	5f »	2f50
48.	2	»	bistre . . .	5f »	3f »
49.	5	»	vert jaune	3f50	2f50

1867-69. *Même effigie, dentelés.*

50.	3 pence rose	» » » »
51.	1 penny bleu	» 50 » 35

1872. *Même effigie à gauche, cadres divers, dentelés.*

54.	2	cents	brun clair .	» 15	» 10
55.	4	»	gris	» 30	» 05

(*) Nous indiquons exceptionnellement ici les filigranes, parce qu'ils aident à classer les nuances.

Neufs. Oblitérés.

56. 8 cents jaune . . . . . » 50 » 20

57. 16 cents violet . . . . 1f » » 35
58. 24 » vert . . . . . 1f25 » 60

59. 36 cents bleu . . . . 2f » » »
60. 48 » rose . . . . . 2f50 » 60
61. 96 » gris vert . . 5f » » 75

1877. *Même genre.*

63. 32 cents bleu gris . . 2f » » »
64. 64 » brun rouge . . 4f » » »

1879. *Même genre, grand, dentelé.*

66. 2 rup. 50 c. rouge brun » » » »

1880-84. *Types 1872, dentelés.*

94. 2 cents vert . . . . . » 15 » 10
71. 4 » lilas rose . . . . » 30 » 05

1882. *Timbres de 1872-77 avec valeur en surcharge noire.*

88. 16 sur 24 c. vert . . . 2f » » »
89. 20 sur 64 » br. rouge 2f50 1f »

1885. *Idem, surcharge noire en lettres, le 5 c. a. en plus, les mots Postage & Revenue (*).*

Nos   Neufs. Oblitérés.

97. 5 c. sur 4 ou 8 c. . » 50 » 35
98 à 101. 5 c. sur 16, 32, 36, 64 c. . . » » » 50
102. 5 c. sur 24, 48, 96 c. » » » »
103. 10 » sur 24 ou 64 c. » » » »
104. 10 » sur 16 ou 36 c. » » » »
105. 15 » sur 16 c. . . . 1f25 » »
106. 20 » sur 24, 32 c. . » » » »
107. 25 » sur 32 c. . . . 2f » » »
108. 28 » sur 48 c. . . . 4f » » »
109. 30 » sur 36 c. . . 2f50 » »
110. 56 » sur 96 c. . . 3f50 » »
111. 1 r.12c. sur 2 r. 50 c. 7f » 2f50

1885. *Idem, surcharge noire en chiffres, le 5 c. a. en plus, les mots* REVENUE AND POSTAGE.

118. 5 sur 8 c. lilas . . . » 50 » 20
119. 10 » 24 » brun viol. 1f » » »
120. 15 » 16 » jaune . . 1f25 » »
121. 28 » 32 » bleu gris 2f » 1f25
122. 30 » 36 » lustre vert » » 1f25
123. 56 » 96 » gris vert. » » 1f50
124. 1 r. 12 c. sur 2 r.50 br. rouge 13f » » »

1886. *Petite effigie, valeur en bas, dentelés.*

125. 15 cents olive . . . . » » » 35
126. 25 » lustre . . . 1f50 » 35
127. 28 » gris bleu . . 1f75 » 35

1886-87. *Types divers, dentelés.*

128. 5 cents lilas . . . . » 35 » 05
129. 4 rup. 12 c. rouge carminé type du 2 r. 50 de 1879 . . . . . » » 3f »

(*) Voir le *Catalogue descriptif des timbres surchargés.*

1888. *Timbre de 1880 avec valeur en surcharge.*

Nos   Neufs. Oblitérés.

135. two c. s. 4 c. lilas rose » 25 » »

Timbres de service

1869. *Tous les timbres en cours avec* SERVICE *en surcharge noire.*

Timbres-télégraphe

1881. *Timbres-télégraphe des Indes anglaises (*) avec* CEYLON *en surcharge noire, dentelés.*

72. 2 annas carminé . » » 2f »
73. 4 » bleu . . » » 2f »
74. 8 » brun . . » » 2f »
75. 1 rupee gris . . » 1f50
76. 2 r. 8 an. bistre . . » 2f »
77. 5 rupees brun rouge » » 2f50
78. 10 » vert . . » 2f50
79. 25 » lilas . . » » » »
79a. 50 » rose . . » » » »

1881. *Timbres doubles (*), effigie à gauche, cadres divers, dentelés.*

80. 12 cents bistre . » 75 » 35
81. 25 » vert . . » » » 1f
82. 50 » bleu . . » » » 40
83. 1 rupee carminé . » » 1f »
84. 2 r. 50 c. gris bleu . » » » 50

* La partie inférieure de ces timbres est appliquée sur le télégramme, l'autre moitié sur le récépissé; on n'obtient comme timbres oblitérés que cette partie supérieure.

Nos   Neufs. Oblitérés.

85. 5 rupee orange . . » » » 50
86. 10 » violet . . » » 2f »
87. 25 » rose . . » » 1f50
87a.50 » rouge violet » » » »

1882. *Même genre (types nouveaux), dentelés.*

94a.25 cents vert jaune . . 1f50 » 40
95. 1 rupee brun . . » » » 30
96. 10 » lilas . . » » » 60

1882-88. *Timbres-télégraphe de 1881, avec valeur en surcharge rouge ou noire, petits ou grands chiffres (*).*

136. 20 c. sur 50 c. bleu . . 2f50 1f »
90. 40 » sur 50 c. 1 r. . . » » » 50
91. 50 » s. 1 r. 2 r. 50, 50 r. » » » »
92. 60 » s. 1 r. 2 r. 50, 50 r. » » 2f50
93. 80 » s. 1 r. 5 r. 10 r. 25 r.
50 r. . . . . . . » » 2f50

1888. *Idem, mêmes valeurs qu'en 1882 avec des variétés dans la surcharge.*

CHAMBA

ÉTAT INDIEN

Asie Sud

1886-88 *Timbres des Indes anglaises, en cours, avec* CHAMBA STATE *en surcharge noire.*

1. ½ anna vert . . » 35 » »
2. 1 » brun . . » 60 » »
3. 2 » bleu . . 1f » » »
7. 3 » orange . . 1f50 » »
4. 4 » gris vert . . 1f75 » »
8. 8 » violet . . 2f50 » »
9. 1 rupee gris . . 6f » » »

(*) Voir le *Catalogue spécial des surcharges.*

Timbres de service

1886. *Les mêmes ayant en plus la surcharge noire* SERVICE.

CHILI

RÉPUBLIQUE

Amérique du Sud, Occident

1852. *Effigie à gauche (Christophe Colomb), papier bleu.*

Nos			Neufs	Oblitérés
1.	5 centav.	brun rouge.	» »	» 75

1853. *Idem, papier blanc.*

Nos			Neufs	Oblitérés
2.	1 centav.	jaune	1f »	» 75
3.	5 »	rouge brun	» »	» 75
4.	5 »	rouge	» 75	» 15
5.	10 »	bleu foncé	» »	» 35
6.	10 »	bleu	1f25	» 20
7.	20 »	vert	3f50	2f »

1867. *Même genre, dentelés.*

			Neufs	Oblitérés
8.	1 centav.	orange	» 30	» 25
9.	2 »	noir	» 35	» 25
10.	5 »	rouge	» 50	» 05
11.	10 »	bleu	1f »	» 10
12.	20 »	vert	2f »	» 30

1877-78. *Petite effigie à gauche, chiffre, dentelés.*

Nos			Neufs	Oblitérés
22.	1 centavo	gris	» 15	» 15
23.	2 »	orange	» 25	» 15
24.	5 »	carminé	» 50	» 05
25.	10 »	bleu	1f »	» 10
26.	20 »	vert	2f »	» 20

1880. *Timbre fiscal (armes du Chili) servant provisoirement, par décret, comme timbre-poste.*

			Neufs	Oblitérés
28.	5 centav.	bleu	» 60	» 50

1878-81. *Type 1877-78,* centavo sous *le chiffre, dentelés.*

			Neufs	Oblitérés
29.	1 centavo	vert	» 15	» 10
30.	2 »	carmin	» 25	» 15
31.	5 »	carminé	» 50	» 05
27.	50 »	violet	5f »	» 50

1883-86. *Idem, dentelés.*

			Neufs	Oblitérés
38.	5 centavos	bleu	» 60	» 05
43.	10 »	jaune	1f »	» 15
47.	20 »	gris	2f »	» 25

Timbre de retour

1886. *Armes, dentelé.*

N°s		Neufs.	Oblitérés.
46.	rouge	» »	» »

Timbres-télégraphe

1884. *Armes, dentelés.*

39.	2 cent.	bistre	» 35	» 20
40.	10 »	vert jaune . .	1f »	» 50
41.	20 »	bleu	2f »	» 50
42.	1 peso	brun foncé . .	5f »	2f »

CHINE

EMPIRE

Asie Orient

1878. *Dragon, dentelés.*

1.	1 candarin	vert	» »	» »
2.	3 »	rouge . . .	» 60	» »
3.	5 »	jaune . . .	1f »	» »

1885. *Idem, petits, dentelés.*

N°s		Neufs.	Oblitérés.
4.	1 candarin vert jaune .	» 25	» »
5.	3 » violet . . .	» 50	» »
6.	5 » jaune pâle .	» 75	» 25

CHYPRE

POSSESSION ANGLAISE

Asie Occident

1880. *Timbres de la Grande-Bretagne, en cours, avec CYPRUS en surcharge noire.*

1.	½ penny carmine . . .	» »	» »
2.	1 » carminé . .	» 35	» »
3.	2½ pence carminé cl.	» 60	» »

4.	4 pence vert pâle	» »	» »
5.	6 » gris	» »	» »
6.	1 shill. vert	» »	» »

1881. *Idem, avec CYPRUS et valeur en surcharge noire.*

12.	½ penny s. 1 p. carminé	1f50	» »
13.	30 paras s. 1 p. carminé	» »	» »

1881-82. *Même effigie, dentelés.*

Nᵒˢ				Neufs.	Obliteres.
14.	30	paras	violet	» 30	» »
15.	½	piastre	vert	» 15	» 10
16.	1	»	rose	» 25	» 15
17.	2	»	bleu	» 50	» 20
18.	4	»	vert jaune..	1f »	» 35
19.	6	»	gris vert ..	1f50	» 60

1882. *Idem avec valeur en surcharge noire.*

25.	½ sur ½ piast. vert, .	» 25	» 20
26.	30 pa. sur 1 pi. rose .	» »	5f »

1886. *Type de 1881, valeur en chiffres.*

29.	12 piastres orange ...	3f50	» »

COCHINCHINE

POSSESSION FRANÇAISE

Asie Sud, Orient

1886. *Timbre des Colonies françaises avec chiffre en surcharge noire.*

1.	5 sur 25 c. jaune ...	1f50	» »

1886-87. *Idem avec 5 c. cn. en surcharge noire.*

2.	5 sur 25 c. jaune	» 75	» »
3.	5 sur 2 c. brun rouge.	» 35	» »

Idem, avec chiffre gras seulement en surcharge noire.

4.	5 sur 25 c. noir s. rose	» 75	» »

COLOMBIE

RÉPUBLIQUE

Amérique du Sud, Nord

NOUVELLE-GRENADE

1859. *Armes.*

Nᵒˢ				Neufs.	Obliteres.
1.	5	cent.	lilas	7f »	7f »
2.	5	»	lilas gris ..	7f »	» »
3.	10	»	jaune	6f »	6f »
4.	20	»	bleu	» »	» »

1860. *Idem, chiffres petits.*

5.	2½	cent.	vert ..	6f »	» »
6.	2½	»	vert jaune .	6f »	» »
7.	5	»	bleu violet.	6f »	» »
8.	5	»	violet ..	» »	6f »
9.	10	»	orange ..	» »	6f »
10.	10	»	bistre ..	5f »	4f »
11.	20	»	bleu ..	1f50	2f »
12.	20	»	bleu foncé.	2f50	2f »
13.	1 peso		carm. foncé	4f »	» »
14.	1	»	rose s. azuré	» »	» »

1861. *Armes.*

15.	2½	cent.	noir ..	» »	» »
16.	5	»	jaune ..	» »	15f »
16a.	5	»	bistre ..	» »	15f »
17.	10	»	bleu ..	» »	15f »
18.	20	»	rouge ..	» »	» »
19.	1 peso		rose ..	» »	» »

COLOMBIE

1862. *Armes, étoiles autour.*

20.	10 cent.	bleu ..	» »	» »
21.	20	» rose ..	» »	» »
22.	50	» vert ..	» »	» »

Nos.   Neufs. Oblitérés.

23. 1 peso lilas. . . . . . . » » » »

1863. *Armes, neuf étoiles en haut, feuillage.*

24. 5 cent. jaune . . . . » » » »
25. 10 » bleu. . . . » » 1f50
26. 20 » rouge . . . » » 6f
29. 50 » vert. . . . » » » »
30. 10 » bleu s. azuré. » » 2f50
31. 50 » vert s. azuré. » » 15f »

1864. *Idem, fond plein, coins ornés.*

32. 5 cent. jaune . . 2f » » »
33. 10 » bleu. . . . 2f » »75
34. 20 » rouge . . 4f » » »
35. 50 » vert . . . 6f » » »
36. 1 peso lilas. . . » » 20f »

1865. *Vautour, armes.*

37. 5 c. jaune . . . . . 3f » 1f »
38. 5 » orange . . . . 2f » »75
39. 10 » violet . . . . 3f » »50
40. 10 » lilas . . . . 3f » »50
41. 20 » bleu . . . . 3f » »75
42. 50 » vert . . . . » » 1f50
43. 50 » vert, *chif. petits* 6f » 1f »
44. 1 p. carmin . . . 15f » 1f50
45. 1 » rouge . . . 10f » »75

1865. *Même genre.*

46. 1 cent. rose . . . . . » 30 » 30

1865. *Inscriptions (pour chargements).*

Nos.   Neufs. Oblitérés.

48. R 5 cent. noir . . . » » » »
49. A 5 » noir . . . » » » »

1867. *Armes, types divers.*

57. 5 cent. jaune . . . . 2f » »75
58. 10 » violet . . . . 3f » »35

59. 20 cent. bleu . . . 5f » »75
60. 50 » vert . . . 7f » »75
61. 1 peso rouge . . 12f » 1f »
62. 1 » carmin . . 12f » 1f »

63. 5 pesos noir sur vert. 50f » 7f »
64. 10 » noir s. rouge 80f » 12f »

1868-70 *Même genre.*

N°s   N. ufs. Oblitérés.

66. 5 cent. jaune .... » » 1f »
67. 10 » lilas .... 2f » » 15
68. 10 » violet .... 2f50 » » 15

69. 20 cent. bleu .... 3f » » 25
70. 50 » vert .... 6f » » 50

71. 1 peso rouge .... 12f » » 50
72. 5 » noir s. vert . 50f » 10f »
73. 10 » noir s. rouge 80f » 4f »

1870. *Même genre.*

74. 5 cent. jaune .... 1f » » 30
74a. 5 » orange .... 1f » » 25

1870. *Inscriptions (pour charge-ments).*

N°s   Neufs. Oblitérés.

77. R 5 cent. noir .... 1f » » 75
78. A 5 » noir .... 1f » 1f »

1871-74. *Types divers.*

80. 1 cent. vert foncé .... » 50 » »
81. 1 » vert clair .... » 35 » »

82. 1 cent. rose .... » 20 » »
83. 2 » brun *chiffre* .... » 35 » 25

84. 10 cent. violet .... 1f25 » 15

1876. *Types divers.*

85. 5 cent. lilas *condor*. 1f » » 25
86. 10 » brun *Liberté* . 1f25 » 25
87. 20 » bleu » 2f50 » 40
88. 20 » violet » » »

1880. *Les mêmes ainsi que les nᵒˢ 70 et 71, sur papier azuré.*

Nᵒˢ		Neufs	Oblitérés.
85a.	5 cent. lilas	» »	» 75
86a.	10 » brun	» »	» 30
87a.	20 » bleu	» »	» 75

1877. *Type 1870 (nᵒ 73).*

89. 10 pesos noir sur rose   » » 5f »

1881. *Effigie à droite (Liberté), noir sur couleur.*

93. 1 cent. vert clair ... » 25 » 20
93a. 2 » lilas ..... » 35 » »
94. 5 » violet clair ... » 75 » 25

1881. *Timbres pour l'Union postale. Armes, couleur sur blanc.*

95. 1 cent. vert ..... » 15 » 10
96. 2 » rouge ..... » 50 » 25
96a. 2 » rose ..... » » 30
97. 5 » bleu ..... » 60 » 25
98. 10 » violet ..... 1f25 » 25
99. 20 » noir ..... 2f50 » 50

1881. *Armes (pour chargements).*

101. 10 cent. violet ... 5f » » »

1883. *Idem, refaits, le 2 est penché.*

Nᵒˢ		Neufs	Oblitérés.
109.	2 cent. carmin	» 30	» 20
110.	5 » bleu ciel	» 60	» 20

1883. *R et inscriptions, dentelés (pour chargements).*

111. 10 c. rouge sur jaune. 2f » » 50

1883-86. *Armes, condor à droite ou à gauche, papier teinté, dentelés.*

112. 1 cent. vert ..... » 15 » 10
113. 2 » rouge ..... » 25 » 15
114. 5 » bleu ..... » 30 » 05
115. 10 » orange ..... 1f » » 15
116. 20 » violet ..... 2f » » 35
117. 50 » brun ..... 5f » 2f »
118. 1 peso carmin ..... 10f » 2f »
132. 5 » orange ..... » » 25f »
119. 10 » noir s. rose » 70f » 30f »

1886. *Types de 1870, grands dentelés.*

142. 5 pesos orange ..... » » » »
142a. 10 » noir s. rose, 70f » » »

1886-88. *Légende :* REPUBLICA DE COLOMBIA, *types divers, dentelés.*

137. 1 c. vert armes t. 112 » 15 » 10

Nos		Neufs.	Oblitérés.
138.	2 c. rouge *Sucre*. . .	» 25	» 20
130.	5 » bleu s. az. *Bolivar*	» 50	» 05
131.	10 » orange *Nunes*. .	1f »	» 15

139. 20 c. violet *Nariño*. . 2f » » »

1887. *Armes, inscription* RETARDO *en travers, dentelé (pour lettres en retard).*

136. 2 ½ c. noir sur violet. » 35 » »

Vignettes pour chargements
(Voir Catalogue des enveloppes)
Timbres-taxe
1865. *Trois écussons.*

47. 2½ c. noir sur violet 1f » » 75

1865. *Condor, armes, noir sur couleur.*

54.	25 cent. bleu	5f	» » »
55.	50 » jaune. . . .	10f	» » »
56.	1 peso rose	15f	» » »

1870. *Armes.*

Nos		Neufs.	Oblitérés.
76.	2½ c. noir sur violet	» 50	» »

1870. *Armes.*

75. 25 cent. noir sur bleu 2f50 1f25

1879. *Idem.*

90. 25 cent. vert sur blanc 5f » » »

Timbres-télégraphe
1881. *Armes, cadres divers.*

102.	5 cent.	violet . . .	» 75	» »
103.	10 »	vert . .	1f25	» 50
104.	20 »	rouge	2f50	» 75
105.	50 »	bleu . .	» »	» »

107. 1 peso bistre *effigie* . » » » »

1883. *Mêmes types.*

N°s				Neufs.	Oblitérés.
125.	5 cent.	bleu.		» »	» 25
126.	10 »	rouge		1f 25	» 25
127.	20 »	brun		2f »	» 35
128.	50 »	bleu ciel.		» »	» »
129.	50 »	violet.		» »	» 75
133.	1 peso	noir s. vert cl.		3f »	2f »

1886. *Timbre-télégraphe de 1881, dessin refait, la roue ailée se présente de 3/4 au lieu d'être de face.*

| 134. | 20 c. | brun rouge. | | » » | » 35 |

1888. *Armes, cadres divers, légende:* REPUBLICA DE COLOMBIA, *papier teinté.*

143.	5 cent.	lustre		»	»	»
144.	10 »	brun clair		»	»	» 50
145.	20 »	bleu.		»	»	» 15
146.	50 »	noir sur jaune		»	»	» 75
147.	1 peso	vert.		»	»	»

ANTIOQUIA

1867? *Condor, armes, types divers.*

| 1. | 2½ cent. | bleu. | | » | » | » |
| 2. | 5 » | vert | | » | » | » |

| 3. | 10 cent. | lilas. | | » | » | » |
| 4. | 1 peso | rouge. | | » | » | » |

1869. *Même genre.*

N°s				Neufs.	Oblitérés.
5.	2½ cent.	bleu		1f »	» »
6.	5 »	vert		2f »	» »
7.	10 »	lilas		2f »	» 60

8.	20 cent.	brun		3f 50	» 75
9.	1 peso	carmin		8f »	8f »
10.	1 »	rouge		12f »	» »

1873. *Idem, chiffres ombrés.*

| 11. | 5 cent. | vert. | | » | » |

1874. *Inscriptions et armes, types divers.*

| 12. | 1 cent. | vert. | | » | » | » |
| 13. | 5 » | vert. | | » | » | » |

| 14. | 10 cent. | violet | | » | » | » |
| 15. | 20 » | brun | | » | » | » |

Nos   Neufs. Oblitérés.

16. 50 cent. bleu . . . . . 1f » » »

17. 1 peso rouge . . . . 8f » » »

18. 2 pesos noir sur jaune 15f » » »
19. 5 » noir sur rose. 40f » » »

1875-76. *Types divers.*

20. 1 c. noir s. vert glacé » 50 » »
24. 1 » noir s. vert mat » 50 » »
25. 1 » noir sur blanc. » 50 » »
21. 2½ » bleu condor. . » 75 » »
22. 5 » vert Liberté. . » » » »

22a. 5 c. id. chif. pleins. » » 1f »
23. 10 » bleu J. Berrio. » » » »

1878-82. *Types divers.*

Nos   Neufs. Oblitérés.

26. 2½ c. bleu condor. . » 75 » »
27. 5 » vert *Liberté* . 1f50 » 35
28. 10 » violet armes . » » » »

1882. *Aigle ou Liberté.*

32. 2½ c. vert condor . . . » 75 » »
31. 5 » violet *Lib. à dr.* » » 1f »
29. 10 » bleu *Lib. à g.* » » 1f25
30. 20 » bistre *Lib. à dr.* 4f » 1f50

1883. *Types divers.*

33. 10c. rouge type nº 29. 4f » » »

34. 5 c. brun . . . . . 1f50 » »
35. 10 » vert . . . . . » » » »

1884. *Idem.*

36. 1 c. violet *type* nº 20. » 50 » »
37. 5 » jaune *type* nº 34. 1f50 » »
38. 10 » bleu *type* nº 35. » » » »

1885. *Idem.*

39. 1 c. vert bl., t. nº 20. » 50 » »
39a. 1 » noir s. vert pâle. » » » »

Nos		Neufs.	Oblitérés.
40.	2½ c. noir *aigle*	» »	» »
41.	5 » vert bl. *eff. à g*..	» »	» »
42.	10 » lilas	2'50 »	» »

43. 20 c. bl. ciel *eff. à g*.. 4f » » »

1886. *Armes.*

44.	1 c. vert sur rose ...	» 20	» »
45.	2½ » noir sur jaune.	» 35	» »
46.	5 » bleu s. chamois.	» 60	» »
47.	10 » rose s. chamois.	1'25	» »
48.	20 » violet s. chamois	2f »	» »
49.	50 » bistre s. chamois	3f »	» »
50.	1 peso jaune sur vert.	10f »	» »
51.	2 » vert sur lilas..	20f »	» »

1888. *Idem.*

52.	1 c. rouge sur lilas..	» »	» »
53.	2½ » lilas sur rose ..	» »	» »
54.	5 » carmin s. chim..	» »	» »
55.	10 » brun sur vert..	1'50	» 75

BOLIVAR

1863-66. *Légende, armes.*

1. 10 cent. rouge .... 10f »'5f »
2. 10 » vert ...... » »'50 »
3. 1 peso rouge ..... 2f » » 75

1873. *Armes, types divers.*

Nos		Neufs.	Oblitérés
4.	5 cent. bleu	» »	» »
5.	10 » violet	» 3f	» »
6.	20 » vert	» »	» »
7.	80 » rouge	» »	» »

1874. *Armes, inscriptions.*

9. 5 cent. bleu ...... 2f » 1'75

1877-79. *Types divers.*

11. 5 cent. bleu .... » 1'50

10. 10 cent. lilas ...... 2f » 1f »

1879-82. *Effigie à gauche (Bolivar), cadres divers, millésime 1879, dentelés.*

Idem, millésime 1880.

13. 5 cent. bleu ..... » 75 » 35

N^{os}		Neufs.	Oblitérés.

14. 10 cent. violet . . . . . 1f25 » 35
15. 20 » carmin . . . . 2f » » 75
16. 40 » brun . . . . 4f » 1f »
17. 80 » vert . . . . . 8f » 2f50
18. 1 peso orange . . . . 10f » 2f50

1879-82. *Les mêmes sur papier azuré*

1882. *Même effigie de face, dentelés.*

19. 5 pesos carmin et bleu » » » »
20. 10 » bleu et rouge » » » »
    La série des deux . . » » » 25f »

1882. *Genre 1879, effigie à gauche, cadres divers, dentelés.*

21. 5 cent. bleu . . . . . » 75 » 35
22. 10 » violet . . . . 1f25 » 35
23. 20 » carmin . . . 2f25 » 60
24. 40 » brun . . . . 4f » 1f »
25. 80 » vert . . . . . 8f » 2f50
26. 1 peso orange . . . 10f » 2f50

1883-84. *Tous les timbres de 1882 changent de millésime en 1883 et en 1884.*

CUNDINAMARCA

1870. *Condor, armes, types divers.*

1. 5 cent. bleu . . . . . 3f » » »
2. 10 » rouge . . . . . » » » »

1877. *Même genre.*

N^{os}		Neufs.	Oblitérés.

3. 10 cent. rouge . . . . . 3f » » »
4. 20 » vert . . . . . . 5f » » »

1882. *Idem, grands.*

5. 50 cent. lilas . . . . » » » »
6. 1 peso brun clair . . . . » » » »

1884. *Armes.*

7. 5 cent. bleu . . . . 1f » » »

1885. *Même genre.*

8. 5 centavos bleu . . . . » 75 » »
9. 10 » rouge . . . 1f25 » »
10. 20 » vert . . . . 2f25 » »
11. 50 » violet . . . 5f » »
12. 1 peso brun . . . 10f » »

PANAMA

1879. *Armes.*

N^{os}				Neufs.	Oblitérés
1.	5 cent.	vert	1f25	»	»
2.	10 »	bleu	2f50	»	»
3.	20 »	carmin	1f	»	»
4.	50 »	orange *grand*	»	»	»

CANAL DE PANAMA

1887-88. *Carte de l'isthme de Panama, noir sur couleur, dentelés.*

				Neufs.	Oblitérés
1.	1 cent.	vert	» 15	» 15
2.	2 »	rose	» 25	»
3.	5 »	bleu	» 50	» 20
4.	10 »	jaune	1f »	» 35
5.	20 »	violet	2f »	1f »
6.	50 »	bistre sur blanc	5f »	1f50

1888. *Grand R, inscriptions, dentelé (pour chargements).*

7.	10 cent. noir sur gris	»	»	1f50

SANTANDER

1884. *Armes.*

N^{os}				Neufs.	Oblitérés
1.	1 centavo	bleu	» 25	» »
2.	5 »	rouge	» 60	» »
3.	10 »	lilas	1f25	» »

1886. *Même genre.*

5.	1 centavo	bleu	» 25	» »
6.	5 »	rouge	» 60	» »
7.	10 »	violet	1f25	» »

1887-88. *Type de 1884 avec* REPU-BLICA DE COLOMBIA.

8.	1 centavo	bleu	» 20	» »
9.	5 »	rouge	» 75	» »
10.	10 »	violet	1f50	» »

TOLIMA

1867? *Cadre fleuronné, inscriptions.*

1.	5 c.	noir sur azuré	»	»	»	»
2.	5 »	noir sur chamois	»	»	»	»
3.	5 »	noir sur blanc	»	»	»	»
4.	10 »	noir sur blanc	»	»	»	»

1870. *Condor, armes, types divers.*

N⁰ˢ				Neufs.	Oblitérés.
5.	5 cent.	brun.		» »	» »
6.	10 »	bleu.		1f25	1f »

7.	50 cent.	vert.		8f »	» »
8.	1 peso	rose.		15f »	» »

1878-80. *Mêmes armes, types divers.*

				Neufs	Oblitérés
10.	5 cent.	brun.		» 75	» 60
11.	10 »	bleu.		1f25	1f »
12.	50 »	vert.		3f »	» »
13.	1 peso	rouge		5f »	» »
9.	5 »	bistre		» »	» »

1884. *Armes.*

18.	1 centav.	gris		» 20	» »
19.	2 »	lilas		» 35	» »

N⁰ˢ				Neufs.	Oblitérés.
20.	2½ centav.	rouge brun.		» 40	» »
21.	5 »	brun.		1f	» »
22.	10 »	bleu.		» »	» »
23.	10 »	bleu ciel.		1f50	» »
24.	20 »	jaune.		2f50	» »
25.	25 »	noir.		3f	» »
26.	50 »	vert.		» »	» »
27.	1 peso	brique.		» »	» »
28.	2 »	violet.		» »	» »
29.	5 »	orange.		» »	» »
30.	10 »	rose.		» »	» »

1884. *Types 1878.*

31.	5 centavos	jaune.		» 75	» »
32.	10 »	rouge.		1f25	» »

1886. *Armes, dentelés.*

33.	5 centavos	brun.		» 75	» »
34.	10 »	bleu.		1f25	» 75
35.	50 »	vert.		5f »	» »
36.	1 peso	rouge.		10f »	» »

Autre type, non dentelé.

37.	20 centavos	lilas.		2f »	» »

1887. *Même genre, dentelés.*

41.	1 centavo	gris.		» »	» »
42.	2 »	lilas rosé		» »	» »
43.	2½ »	orange.		» »	» »
43a	10 »	bleu.		» »	» »
44.	20 »	jaune citron.		» »	» »
45.	25 »	noir.		» »	» »
46.	2 pesos	lilas.		» »	» »
47.	5 »	orange.		» »	» »
48.	10 »	rose.		» »	» »

1888. *Même genre,* REPUBLICA DE COLOMBIA, *dentelés.*

49.	5 centavos	rouge		» »	» »

Nos		Neufs.	Oblitérés.
50.	10 centavos vert	» »	» »
51.	50 » bleu	» »	» »
52.	1 peso brun clair . . .	» »	» »

COLOMBIE ET VANCOUVER

POSSESSIONS ANGLAISES

Amérique du Nord, Nord

1861. *Effigie à gauche (Victoria I),
dentelé.*

| 1. | 2¼ pence chair . . . . | 8f » | 6f » |

VANCOUVER

1865. *Effigie à gauche (Victoria I),
dentelé.*

| 1. | 5 cents rouge . . . . . . | » » | » » |
| 2. | 10 » bleu . . . . . . | » » | » » |

Idem, non dentelé.

| 3. | 10 cents bleu . . . . | » » | » » |

COLOMBIE BRITANNIQUE

1865. *Couronne, V, dentelé.*

| 1. | 3 pence bleu . . . . . | 2f » | » » |

1868. *Idem, valeur en surcharge de
diverses couleurs, dentelés.*

Nos				Neufs.	Oblitérés.
2.	2 c.	bistre surch.	noire.	2f50	» »
3.	5 »	chair »	noire.	» »	» »
4.	10 »	carmin »	bleue.	» »	» »
5.	25 »	jaune »	blas.	6f »	» »
6.	50 »	violet »	rouge.	» »	» »
7.	1 dol.	vert »	verte.	» »	» »

COLONIES FRANÇAISES

Asie, Afrique, Amérique, Océanie

1860-65. *Aigle.*

1.	1 centime	olive . . .	» 25	» 25
2.	5 »	vert . . .	» 25	» 20
3.	10 »	bistre . . .	» 25	» 10
4.	20 »	bleu . . .	» 75	» 25
5.	40 »	rouge . . .	» 75	» 15
6.	80 »	rose . . .	1f50	» 75

1872. *Timbres de France 1863 em-
pereur lauré (sauf le 5 c.) et république 1870, non dentelés, émis simultanément.*

7.	1 c. olive (empire)	» 50	» 50
8.	5 » vert	» »	» »
9.	30 » brun	» 50	» 50
10.	80 » rose	» »	2f »

11.	10 c. bistre (républ.).	» »	1f »
12.	20 » bleu	» »	1f »
13.	40 » rouge	» » 1f »	» 35

1873-76. *Timbres de France 1871-73 république, non dentelés.*

Nᵒˢ			Neufs.	Oblitérés.
14.	1 c. olive	*grands chif.*	» 25	» 05
21a.	2 »	marron »	» »	» »
31.	4 »	gris »	» »	» »
15.	5 »	vert »	» 10	» 05
16.	15 »	bistre *petits chif.*	1f »	» 15
17.	25 »	bleu »	» 75	» 10
18.	30 »	brun *gros chiffres*	1f »	» 50
19.	80 »	rose »	2f »	» 75
20.	15 »	bistre »	» »	» 75
32.	10 »	bist. s. rose »	» 75	» 15

1877. *Timbres de France 1876 (groupe allégorique), non dentelés.*

Nᵒ			Neufs.	Oblitérés.
21.	1 cent.	vert	» 25	» »
33.	2 »	vert	» 25	» 20
34.	4 »	vert	» 25	» »
22.	5 »	vert	» 35	» 05
23.	10 »	vert	» »	» 10
24.	15 »	gris	» »	» »
25.	20 »	marron . . .	» 60	» 10
26.	25 »	bleu	» 75	» 15
27.	30 »	brun	» »	» »
28.	40 »	rouge	1f »	» »
29.	75 »	rose	3f »	1f50
30.	1 franc olive		2f50	» 75

1878-79. *Idem.*

			Neufs.	Oblitérés.
35.	1 cent.	noir s. azuré.	» 15	» 15
36.	2 »	brun rouge .	» 50	» 50
38.	4 »	violet brun .	» »	1f50
39.	10 »	noir s. violet.	» »	» 20
40.	15 »	bleu.	» 40	» 20
42.	25 »	noir s. rouge.	» »	» »
41.	35 »	noir s. jaune.	1f25	» »

1880. *Idem.*

Nᵒˢ			Neufs.	Oblitérés.
43.	25 cent. jaune		»	1f50
45.	20 »	bistre sur vert.	» 75	» 15

1881-82. *Déesse assise, dentelés.*

Nᵒ			Neufs.	Oblitérés.
46.	1 cent.	noir sur bleu .	» 05	» 05
47.	2 »	brun rouge	» 05	» 05
48.	4 »	violet brun	» 10	» 10
49.	5 »	vert	» 10	» 05
50.	10 »	noir sur violet	» 20	» 05
51.	15 »	bleu	» 30	» 05
52.	20 »	bistre sur vert	» 40	» 10
53.	25 »	jaune . . .	» 50	» 10
54.	30 »	brun	» 60	» »
55.	35 »	noir sur jaune	1f »	» »
56.	40 »	rouge . . .	» 80	» 35
57.	75 »	rose . . .	1f50	» »
58.	1 franc olive		2f »	» 60

1886. *Idem.*

72.	25 cent. noir sur rose .		» 50	» 05

Timbres-taxe

1884-86. *Timbres-taxe de France 1881-82, non dentelés.*

Nᵒ			Neufs.	Oblitérés.
73.	1 centime	noir. . . .	» »	» »
74.	2 »	noir. . . .	» »	» »
75.	3 »	noir. . . .	» »	» »
76.	4 »	noir. . . .	» »	» »
60.	5 »	noir. . . .	» 25	» 25
61.	10 »	noir. . . .	» 35	» 25
62.	15 »	noir. . . .	» 50	» 25
63.	20 »	noir. . . .	» 60	» 30
64.	30 »	noir. . . .	» 75	» 25
65.	40 »	noir. . . .	1f »	» »
66.	60 »	noir. . . .	1f50	» »
67.	1 franc	brun rouge.	2f50	» »
68.	2 »	brun rouge.	4f50	» »
69.	5 »	brun rouge.	10f »	» »

Les 1, 2, 3 et 4 cent. noirs
4 timbres neufs. . . . . . 1f50 » »

ÉTAT INDÉPENDANT DU
CONGO
Afrique Occident

1886. *Effigie à gauche (Léopold II), cadres divers, dentelés.*

Nos			Neufs	Oblitérés
1.	5 cent.	vert	» 25	» »
2.	10 »	rose	» 30	» »
3.	25 »	bleu	» 60	» »
4.	50 »	gris vert	1f50	» »
6.	5 francs violet			

1887. *Même effigie de trois quarts à droite, dentelés.*

8.	50 cent. brun	1f50	» »
9.	5 francs violet	12f	» » » »

Timbres pour colis postaux

1887. *Timbres en cours avec* COLIS POSTAUX *et valeur en surcharge noire.*

10.	3.50 sur 5 fr. violet, *effigie à gauche*		» » » »
11.	3.50 sur 5 fr. violet, *effigie de 3/4*	7f	» » »

CORÉE
ROYAUME
Asie Orient

1885. *Armes, inscriptions orientales dentelés.*

1.	5 mun	rose	1f	» » »
2.	10 »	bleu	» 75	» »

COSTA-RICA
RÉPUBLIQUE
Amérique Centrale

1863. *Mer, montagnes, dentelés.*

Nos			Neufs	Oblitérés
1.	½ real	bleu	» 10	» 15
2.	2 »	rouge	» 50	» 50
3.	4 »	vert	1f50	2f »
4.	1 peso	orange	2f50	2f »

1881-82. *Idem, avec valeur en surcharge rouge.*

6.	1 c. sur ½ r. bleu	» 20	» »
5.	2 » sur ¼ r. bleu	» 35	» »

1882. *Idem, valeur et* u. r. u. *en surcharge.*

7.	5 c. rouge s. ½ r. bleu	» »	» »
8.	10 » noir s. 2 r. rouge	» »	» »
9.	20 » rouge s. 4 r. vert	» »	» »

1883. *Effigie (Fernandez), dentel.*

10.	1 centavo	vert	» 15	» 10
11.	2 »	rose	» 25	» 10
12.	5 »	violet	» 60	» 10
13.	10 »	orange	1f25	» 20
14.	40 »	bleu	4f »	1f50

1885. *Tous les timbres en cours avec* GUANACASTE *en surcharge noire ou rouge.*

17.	1 ou 2 c.	» 55	» 35

1887. *Effigie (don Bernardo Soto), dentelés.*

Nos		Neufs.	Oblitérés.
23.	5 centavos violet . . .	» 50	» 15
24.	10 » orange . . .	1f »	» 25

Timbres de service

1883-87. *Timbres de 1883 et 87, avec* OFICIAL *en surcharge de diverses couleurs.*

14a.	1 centavo vert . . .	» 25	» »
15a.	2 » rose . . .	» 35	» »
	etc. etc.		

COTE D'OR

POSSESSION ANGLAISE

Afrique Occident

1875-80. *Effigie à gauche (Victoria I), dentelés*

4.	½ penny bistre . . .	» »	» »
1.	1 » bleu . . .	» 35	» »
5.	2 pence vert bleu . .	» 75	» »
2.	4 » carminé . .	1f25	» 50
3.	6 » orange . .	1f50	» 75

1883. *Idem, avec surcharge noire.*

| 7. | 1 p. sur 4 p. carminé . | » » | » » |

1884-88. *Type 1875, dentelés.*

8.	½ penny vert . . .	» 15	» 15
9.	1 » rose . . .	» 25	» 15
10.	2 pence bleu gris . .	» 50	» 25
11.	1 shill. violet . . .	2f50	» »
12.	2 » brun . . .	5f »	2f50

CURAÇAO

POSSESSION HOLLANDAISE

Amérique Centrale, Antilles

1873-79. *Effigie à gauche (Guillaume III), dentelés.*

Nos		Neufs.	Oblitérés.
1.	2½ cent vert . . .	» 75	» »
2.	3 » bistre . . .	» »	» »
3.	5 » carmin . .	» 40	» 30
4.	10 » bleu . . .	» 75	» 35
5.	25 » brun jaune .	1f50	» 35
6.	50 » violet . . .	3f »	» 75
9.	2 gl.50 c. bistre et viol.	15f »	»

1886. *Idem.*

| 11. | 12½ cent jaune . . . | » 75 | » 50 |

DANEMARK

ROYAUME

Europe Nord, Occident

1851. *Chiffre.*

| 1. | 2 rigsb. sk. bleu . . . | » » | » » |

1851. *Couronne et armes, valeur en lettres.*

| 2. | 4 R. B. S. brun . . . | 3f » | » 20 |

1853-57. *Idem, valeur en chiffres, fond sablé.*

Nos			Neufs.	Oblitérés.
3.	2 s.	bleu	» 35	» 25
4.	4 »	brun	4f »	» 05
5.	8 »	vert	1f »	» 50
6.	16 »	lilas	4f »	2f »

1858. *Idem, fond ondulé.*

7.	4 s.	brun	» 50	» 05
8.	8 »	vert	1f50	» 75

1863. *Idem, dentelés.*

9.	4 s.	brun	» 75	» 20
10.	8 »	vert	» »	» »
11.	16 »	lilas (saoie)	» »	» »

1864-65. *Couronne et armes, dentelés.*

12.	2 s.	bleu	» 20	» 15
13.	3 »	lilas	» 35	» 25
14.	4 »	rouge	» 50	» 05
15.	8 »	bistre	» »	» 50
16.	16 »	olive	» »	» 50

1870-71. *Couronne, chiffre, dentelés.*

21.	2 sk.	gris et bleu	» 25	» 10
22.	3 »	gris et lilas	» 25	» 20
23.	4 »	gris et carmin	» 35	» 05
24.	8 »	gris et brun	» 50	» 20
25.	16 »	gris et vert	1f »	» 25
26.	48 »	brun et violet	» »	» »

1875-79. *Idem, dentelés.*

Nos			Neufs.	Oblitérés.
32.	3 ore	bleu et gris	» 15	» 05
33.	4 »	gris et bleu	» 20	» 05
34.	8 »	gris et carmin	» 35	» 05
35.	12 »	gris et lilas	» 60	» 10
36.	16 »	gris et brun	» 75	» 10
37.	25 »	gris et vert	1f »	» 15
38.	50 »	brun et violet	1f50	» 20

1876-79. *Idem.*

60.	5 ore	bleu et rose	» 30	» 25
55.	20 »	gris et rose	» 75	» 05
58.	100 »	orange et gris	2f50	» 35

1882-85. *Armes, dentelés.*

64.	5 ore	vert	» 15	» 05
66.	10 »	rose, 1885	» 25	» 05
65.	20 »	bleu	» 60	» 10

Timbres de service

1871. *Armes, dentelés.*

28.	2 sk.	bleu	» 35	» 25
29.	4 »	carmin	» 40	» 10
30.	16 »	vert	1f50	» 75

1875. *Idem.*

47.	3 ore	violet	» 15	» »
48.	4 »	bleu	» 20	» 15
49.	8 »	carmin	» 35	» 10
50.	32 »	vert	1f »	» 20

Timbre de retour

1878. *Couronne, fond guilloché bleu.*

Nᵒˢ		Neufs.	Oblitérés.
59.	brun	3f »	» »

POSTE LOCALE

HOLTE

1868. *Chiffre.*

1.	2 β. brun	» »	» »

1872. *Chiffre, dentelé.*

2.	2 vert	» »	» »

DANUBE

COMPAGNIE AUTRICHIENNE DE NAVIGATION

Europe Sud, Orient

1866. *Chiffre, ancres, dentelés.*

1.	10	violet	» 60	» 75
2.	17	rouge	» 60	1f »

1868-71. *Idem.*

Nᵒˢ			Neufs.	Oblitérés.
3.	10	vert	» 50	» 50
4.	10	rouge	» 60	1f »

DEUX-SICILES

ROYAUME

Europe Sud

NAPLES

1858. *Trinacrie, cadres divers.*

1.	½	grano	rose	5f	»	»	»
2.	1	»	rose	1f	»	»	50
3.	2	»	rose	1f	»	»	25
4.	5	»	rose	5f	»	»	75
5.	10	»	rose	7f	»	2f	»
6.	20	»	rose	»	»	»	»
7.	50	»	rose	»	»	»	»

GOUVERNEMENT PROVISOIRE

1860. *Même genre.*

8.	¼	tornese	bleu	» » » »

1860. *Idem, croix de Savoie remplaçant la trinacrie*

9.	¼	tornese	bleu	» » » »

SICILE

1859. *Effigie à gauche (Ferdinand II).*

10.	½	grano	orange	2f	»	» »
11.	1	»	vert bistre	»	»	1f50
12.	1	»	vert	1f25	»	»
13.	2	»	bleu clair	» 75	»	»
14.	2	»	bleu	» »	»	1f »
15.	5	»	carmin	4f	»	» »

Nos				Neufs.	Oblitérés.
16.	5 grani	rouge . . .	1f50	»	»
17.	10 »	bleu foncé.	2f	»	»
18.	20 »	violet noir.	3f	»	»
19.	50 »	chocolat. . .	5f	»	»
	La série des 7 valeurs. .		15f	»	»

NAPLES et SICILE

GOUVERNEMENT PROVISOIRE

1861. *Effigie à droite (Victor Emmanuel II), relief et couleur.*

				Neufs.	Oblitérés.
20.	½ tornese	vert . . .	» 25	»	»
21.	½ grano	brun. . .	» 25	»	»
22.	1 »	noir . . .	» 25	»	»
23.	2 »	bleu . .	» 25	»	»
24.	5 »	carmin . .	» 35	»	»
24a.	5 »	lilas. . .	3f50	»	»
25.	5 »	rouge . .	» 25	»	»
26.	10 »	jaune . .	» 30	»	»
27.	20 »	citron . .	» 35	»	»
28.	50 »	gris . .	» 75	»	»
29.	50 »	gris bleu .	2f	»	»
	La série des 8 valeurs. .		2f	»	»

DOMINICAINE

RÉPUBLIQUE

Amérique Centrale, Antilles

1862. *Armes, valeur écrite de bas en haut, cadre filets droits, noir sur couleur.*

			Neufs.	Oblitérés.
1.	¼ real	rose . . .	» »	» »
2.	1 »	vert . . .	» »	» »

1865. *Idem valeur écrite de haut en bas, filet imitant le dentelé.*

			Neufs.	Oblitérés.
3.	¼ real	vert. . . .	» »	» »
4.	1 »	jaune . . .	» »	» »

1866-68. *Armes, noir sur couleur.*

Nos				Neufs.	Oblitérés.
5.	½ real	chamois. . .	»	»	» »
6.	1 »	vert clair . .	»	»	» »
7.	½ »	rose . . .	»	»	5f »
8.	1 »	bleu . . .	»	»	» »
9.	½ »	rose pâle . .	»	»	» »
10.	1 »	lilas pâle . .	»	»	» »
11.	½ »	gris . . .	»	»	» »
12.	1 »	rose pâle . .	»	»	» »

1868-75. *Idem.*

				Neufs.	Oblitérés.
13.	½ real	saumon . . .		» »	» »
14.	½ »	lilas. . . .		» »	» »
15.	1 »	vert. . . .		» »	» »
16.	1 »	chair . . .		» »	» »
17.	½ »	vert. . . .		» »	» »
18.	1 »	carmin foncé		» »	» »
19.	1 »	violet . . .		» »	» »
20.	½ »	noir et bleu	sur rose . .	»	» »
21.	½ »	noir sur jaune		» »	3f »
22.	½ »	bleu sur rose		» »	» »
23.				» »	» »

1879. *Armes, couleur sur blanc, dentelés.*

			Neufs.	Oblitérés.
24.	¼ real	violet . . .	» 75	» »
25.	1 »	rose . . .	1f »	1f »

Idem, papier de couleur, dentelés.

			Neufs.	Oblitérés.
26.	½ r.	violet sur violet.	» 75	» »
27.	1 »	rose sur saumon	1f »	1f »

1880. *Armes, couleur sur blanc, dentelés.*

Nos — Neufs. Oblitérés.

Nos				Neufs	Oblitérés
28.	1 centavo	vert	» 15	»	»
29.	2 »	chair	» 25	»	»
30.	5 »	bleu	» 60	» 35	
31.	10 »	rose	1f25	» 50	
32.	20 »	bistre	2f25	1f »	
33.	25 »	violet	2f50	1f25	
34.	50 »	orange	5f »	»	
35.	75 »	bleu violet	7f50	» »	
36.	1 peso	or	10f »	» »	

1883. *Idem, avec valeur et* CENTIMOS *ou* FRANCO *en surcharge noire.*

55.	5 c.	sur 1 c. vert	» 35	» 25
56.	10 »	sur 2 » chair	» 40	» 35
57.	25 »	sur 5 » bleu	» 50	» 35
58.	50 »	sur 10 » rose	1f25	1f »
59.	1 fr.	sur 20 » bist.	2f50	» »
60.	1 fr. 25 s.	25 » viol.	» »	» »
61.	2 fr. 50 s.	50 » oran.	» »	» »
62.	3 fr. 75 s.	75 » bleu v.	10f »	» »
63.	5 fr.	sur 1 peso or.	» »	» »

1885. *Armes, dentelés.*

64.	1 cent.	vert	» 15	» 15
65.	2 »	rouge	» 25	» 15
66.	5 »	bleu	» 50	» 15
67.	10 »	jaune	1f »	» 25
68.	20 »	brun	2f »	» 75

Timbres-télégraphe
COMPAGNIE FRANÇAISE

1887-88. *Valeur au centre, dentelés.*

Nos			Neufs	Oblitérés
75.	25 centimos	vert	» »	» »
73.	50 »	jaune	» »	» »
74.	1 pesetas	brun	» »	» »
76.	5 »	bleu	» »	» »
77.	10 »	rouge	» »	» »
	La série des 5 timbres		1f50	1f50

LA DOMINIQUE
POSSESSION ANGLAISE
Amérique Centrale, Antilles

1874-79. *Effigie à gauche (Victoria I), dentelés.*

4.	½ penny	bistre vert	» 50	» »
1.	1 »	violet	» 50	» »
5.	2½ »	brun carmine	» »	2f »
6.	4 »	bleu	3f50	1f25
2.	6 »	vert	» »	» »
3.	1 shill.	carmin lilas	» »	» »

1882. *Timbres formés de la moitié d'un timbre de 1 p. coupé en hauteur et surcharge ½ en noir.*

8.	½ noir sur 1 p. violet	» »	» »
9.	½ rouge sur 1 p. violet	2f »	» »
10.	Half p. noir id.	» »	» »

1886. *Timbres de 1874 avec valeur en surcharge noire.*

12.	½ p. sur 6 p. vert	1f50	» »
13.	1 » sur 1 sh. carmin	1f50	» »
14.	1 » sur 6 p. vert	» »	» »

1886-88. *Même type, dentelés.*

Nos				Neufs.	Oblitérés.
15.	½ penny	vert		» 25	» »
22.	1	»	rose carminé .	» 35	» »
17.	4	»	gris	2f »	1f »
16.	2½	»	bleu	1f »	» »
24.	6	»	orange	» »	» »

ÉTATS DE L'ÉGLISE

Europe Sud

1852. *Tiare, clefs, cadres divers, noir sur couleur.*

Nos				Neufs.	Oblitérés.
1.	½	baj.	gris	» 75	» 60
2.	½	»	violet . . .	» 75	» »
3.	½	»	violet foncé	1f 50	» 50
4.	1	»	vert	» 25	» 15
5.	2	»	vert pâle .	» 25	» 10
6.	2	»	vert jaune .	» 25	» 10
7.	3	»	brun	» »	» 25
8.	3	»	brun jaune .	» 75	» »
9.	4	»	paille . . .	» 50	» 25
10.	4	»	brun	» »	» 35
11.	4	»	jaune . . .	» 50	» 25
12.	5	»	rose . . .	» 25	» 10
13.	6	»	gris vert . .	» 25	» 20
14.	6	»	gris perle .	» 25	» 20
15.	7	»	bleu . . .	» 50	» 40
16.	8	»	blanc . . .	» 35	» 25

Idem, grands, couleur sur blanc.

Nos				Neufs.	Oblitérés.
17.	50	baj.	bleu	» »	» »
18.	50	»	bleu foncé .	» »	» »
19.	1 scudo		chair . . .	6f »	» »

1867. *Mêmes genres, noir sur papier glacé de couleur.*

Nos				Neufs.	Oblitérés.
20.	2 cent.		vert	» 75	» 75
21.	3	»	gris violet . .	1f »	» »
22.	3	»	gris	1f »	» »
23.	5	»	bleu	» 75	» 60
24.	10	»	rouge . . .	1f »	» 25
25.	20	»	carmin foncé .	» 25	» »
26.	20	»	rouge carminé	1f 50	» 50
27.	40	»	jaune	2f »	» 75
28.	80	»	rose . . .	2f »	1f 50
	La série de 7 timb. réimp.			1f 50	» »

1868. *Les mêmes, dentelés.*

Nos				Neufs.	Oblitérés.
29.	2 cent.		vert	» 15	» »
30.	3	»	gris	» 25	» »
31.	5	»	bleu	» 20	» »
32.	10	»	rouge	» 25	» 10
33.	20	»	carmin . . .	» 75	» 60
34.	20	»	violet	» 50	» 25
35.	20	»	rouge carminé	» »	» 75
36.	40	»	jaune	1 25	1f »
37.	80	»	rose	1f 25	1f »
	La série de 7 timb., réimp.			1f 10	» »

ÉGYPTE

ROYAUME
Afrique Nord

1866. *Ornements, inscriptions arabes en surcharge noire, types divers, dentelés.*

Nos				Neufs.	Oblitérés.
1.	5 paras		gris vert . .	2f 50	» »
2.	10	»	brun	2f 50	» »
3.	20	»	bleu	2f 50	» »
4.	1 piastre		lilas	» 75	» 50
5.	2	»	jaune . . .	» »	» »
6.	5	»	rose . . .	» »	» »
7.	10	»	gris bleu . .	» »	» »

1867. *Pyramide, sphinx au milieu, dentelés.*

Nos		Neufs.	Oblitérés.
8.	5 paras jaune	» 50	» »
9.	10 » violet	» 75	» 50
10.	10 » violet vif	» 75	» »
11.	20 » vert.	» 75	» 20
12.	1 piastre carmin	» 50	» 10
13.	2 » bleu.	1f 25	» 50
14.	5 » brun	» »	5f »

1872. *Pyramide, sphinx sur le côte gauche, dentelés.*

15.	5 paras brun	» 25	» »
16.	10 » violet	» 35	» 10
17.	10 » lilas.	» 25	» 15
18.	20 » bleu.	» 35	» 10
19.	1 piastre carmin	» 50	» 05
20.	2 » jaune	1f »	» 20
21.	2½ » violet foncé.	1f »	» »
22.	5 » vert.	2f »	» »

1874-75. *Idem.*

23.	20 paras bleu ciel	» »	» 10
24.	1 piastre rouge	» 50	» 10
25.	5 paras brun *chiffres renversés*	» 35	» 10

1878. *Timbres de 1872 avec gros chiffre, PARAS et inscription arabe en surcharge noire.*

27.	5 pa. sur 2½ pi. violet	» 35	» »
28.	10 » » » violet	» 50	» »

1879. *Genre 1872, mieux gravé, cadres divers, dentelés.*

Nos		Neufs.	Oblitérés.
29.	5 paras brun	» 15	» 10
30.	10 » violet	» 20	» 10
31.	20 » bleu	» 25	» 10
32.	1 piastre rose	» 50	» 05
33.	2 » jaune	1f »	» 15
34.	5 » vert.	2f 25	» 35

1880-81. *Idem.*

36.	10 paras lilas.	» 25	» 10
37.	10 » gris.	» 20	» 10

1884. *Idem, avec surcharge noire.*

38.	20 pa. sur 5 pi. vert.	» 40	» 20

1885. *Idem, sans surcharge.*

45.	10 paras vert	» 15	» 10
46.	20 » rose	» 25	» 10
47.	1 piastre bleu	» 50	» 05
48.	5 » gris	2f 25	» 25

1888. *Genre de 1879, inscription française en bas, dentelés.*

49.	1 millième brun	» 10	» 10
50.	2 » vert	» 15	» 10
51.	5 » rose.	» 25	» 10

Timbres-taxe

1884. *Chiffre, dentelés.*

39.	10 paras rouge.	» »	» »
40.	20 » rouge.	» »	» »
41.	1 piastre rouge.	» 75	» »
42.	2 » rouge.	» 75	» 35
43.	5 » rouge.	5f »	» »

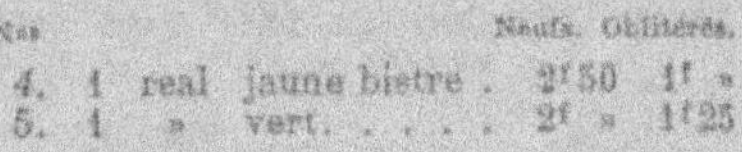

1888. *Idem, dentelés.*

Nos		Neufs.	Oblitérés.
55.	2 millièmes vert....	» 20	» 15
56.	5 » rouge....	» 30	» »
57.	1 piastre bleu....	» »	» »
58.	2 » jaune....	» »	» »
59.	5 » gris....	» »	» »

Timbres de service

Rond, inscriptions arabes et françaises, nom de ville en bas; plusieurs types, plus de 100 variétés.

26. chaque timbre.... » 15 » »

Canal Maritime de SUEZ

1868. *Navire.*

1.	1 cent. noir....	1f »	» »
2.	5 » vert....	» 50	» »
3.	20 » bleu....	» 15	» »
4.	40 » carmin....	» 60	» »
	La série des 4 timbres..	2f »	» »

ÉQUATEUR

RÉPUBLIQUE

Amérique du Sud, Occident

1865. *Armes.*

1.	½ real bleu foncé..	1f »	» 20
2.	½ » bleu clair...	1f75	» 25
3.	1 » jaune....	3f »	» 50

Nos			Neufs.	Oblitérés.
4.	1 real jaune bistre.		2f50	1f »
5.	1 » vert.....		2f »	1f25

1866. *Même genre.*

| 6. | 4 reales rosa.... | » » | » » |
| 7. | 4 » carminé... | » » | » » |

1872. *Type 1865.*

| 8. | 1 r. jaune sur azuré. | » » | 4f » |

1873. *Armes, types divers, dentelés.*

9.	½ real bleu....	» 75	» 10
10.	1 » orange...	1f25	» 20
11.	1 peso carmin...	» 75	» »

1881. *Même genre, types divers.*

12.	1 cent. bistre....	» 15	» 10
13.	2 » carminé...	» 15	» 10
14.	5 » bleu....	» 50	» 10
15.	10 » orange....	» 15	» 20
16.	20 » violet....	» 25	» 30
17.	50 » vert....	» 50	2f »

1883. *Timbre de 1881 avec surcharge noire.*

Nos		Neufs.	Oblitérés.
20. 10 c. sur 50 c. vert		» »	» »

1887. *Genre de 1881, types divers, dentelés.*

			Neufs.	Oblitérés.
31.	1 centavo	vert	» 15	» 10
32.	2 »	rouge	» 25	» 16
33.	5 »	bleu	» 50	» 25
35.	80 »	olive	1f »	3f »

Timbres de service

Tous les timbres en cours avec OFICIAL *en surcharge noire.*

ESPAGNE

ROYAUME

Europe Sud, Occident

1850. *Effigie (Isabelle II) à gauche pour le 6 c. et à droite pour les autres valeurs, millésime.*

			Neufs.	Oblitérés.
1.	6 cuartos	noir	3f »	» 20
2.	12 »	violet	15f »	» »
3.	5 reales	rouge brun certificado	» »	» »
4.	6 »	bleu	» »	» »
5.	10 »	vert	» »	» »

1851. *Même effigie à droite, millésime.*

Nos			Neufs.	Oblitérés.
6.	6 cuartos	noir	5f »	» 15
7.	12 »	violet	» »	5f »
8.	2 reales	rouge certificado	» »	» »
9.	5 »	rose	» »	» »
10.	6 »	bleu	» »	» »
11.	10 »	vert	» »	» »

1852. *Même effigie à gauche, millésime.*

			Neufs.	Oblitérés.
12.	6 cuartos	rose pâle	» »	» 15
13.	12 »	violet	» »	5f »
14.	2 reales	chair certificado	» »	» »
15.	5 »	vert	» »	3f50
16.	6 »	bleu	» »	20f »

1852-53. *Couronne, ours montant à l'arbre (pour **Madrid**).*

			Neufs.	Oblitérés.
17.	1 cuarto	bronzé	» »	» »
18.	3 »	bronzé	» »	» »

1853. *Même effigie à droite, millésime.*

Nᵒˢ				Neufs.	Oblitérés.
19.	6 cuartos	carmin	»	»	» 15
20.	12 »	violet	»	»	4f »
21.	2 reales	vermillon certificado	»	»	» »
22.	5 »	vert	»	»	3f50
23.	6 »	bleu	»	»	20f »

1854. *Armes, types divers, millésime, excepté au 2 cuartos.*

28.	2 cuart.	vert	30f	» 35f	»
29.	4 »	rose sur azure	»	»	» 20
30.	4 »	rose sur blanc	»	»	» 15
31.	6 »	carmin . . .	3f	»	» 10
32.	1 real	bleu foncé . .	»	»	5f »
33.	1 »	bleu pâle . .	»	»	» »
34.	2 »	rouge certificado	»	»	1f50
35.	3 »	vert	»	»	1f50
36.	6 »	bleu	»	»	12f »

1855. *Même effigie à droite, papier bleu, boucles en filigrane.*

 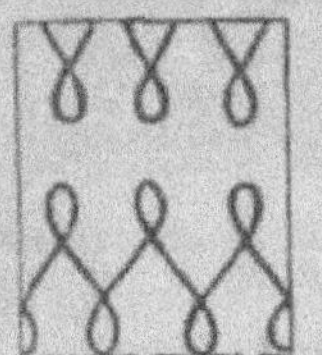

43.	2 cuartos	vert	»	»	2f50
44.	4 »	carmin . . .	»	»	» 15
45.	4 »	brun carm.	»	»	» 10

*Les timbres précédés d'un astérisque sont annulés de grosses barres noires, ils sont authentiques et anciens.

Nᵒˢ				Neufs.	Oblitérés.
46.	1	real	bleu . . .	»	» » 75
47.	2	»	brun violet	»	» » 40

1856. *Idem, papier blanc, lignes droites croisées en filigrane.*

48.	2 cuartos	vert . . .	»	» 3f	»
49.	4 »	carmin . .	»	»	» 15
50.	1 real	bleu . . .	»	»	1f25
51.	2 »	brun violet	5f	»	» 50

1857. *Idem, papier blanc uni.*

52.	2 cuartos	vert . . .	1f	»	» 25
53.	4 »	carmin . .	2f50	»	10
54.	4 »	rouge . .	2f50	»	05
55.	1 real	bleu . . .	1f25	»	35
56.	2 »	violet . . .	3f	»	1f »

1860. *Même genre.*

| 57. | 12 cuartos jaune . . . | » | » *» 75 |

1860. *Même effigie à gauche,* CORREOS *en haut, papier teinté.*

58.	2 cuartos	vert . . .	1f	»	» 25
59.	4 »	jaune . .	» 50	»	05
60.	12 »	carmin	1f	»	» 15
61.	19 »	brun	»	»	» »
62.	1 real	bleu	1f	»	» 40
63.	2 »	violet . . .	1f	»	» 20

1862. *Même effigie à gauche,* ESPANA *en haut, papier teinté.*

64.	2 cuartos	bleu s. jaune	» 75	» 50
65.	4 »	brun s. brun	» 75	» 10
66.	12 »	bleu s. rose	1f »	» 35
67.	19 »	rose s. azuré	7f »	6f »
68.	1 real	brun s. jaune	1f »	» 50
69.	2 »	vert sur rosé	1f »	» 25

1864. *Même effigie, millésime, papier teinté.*

| 70. | 2 cuartos bleu s. lilas | » 60 | » 50 |

Nos			Neufs.	Oblitérés.
71.	4 cuartos carm. s. chair		» 35	» 10
72.	12 » vert s. rosé.		» 50	» 35
73.	19 » violet s. lilas	6f	»	» »
74.	1 real brun s. vert		» 75	» 60
75.	2 » bleu s. rosé.	1f	»	» 35

1865. *Même effigie à gauche.*

80.	2 cuartos rose.		1f50	1f »
81.	12 » bleu et rose		2f50	» 66
82.	19 » brun et rose		» »	» »
83.	1 real vert		2f	» 75
84.	2 » lilas		3f	» 60
85.	2 » chair		3f	» 60

1865. *Idem, dentelés.*

90.	2 cuartos rose.		» »	» »
91.	4 » bleu.		» 50	» 10
92.	12 » bleu et rose		3f50	1f25
93.	19 » brun et rose		» »	» »
94.	1 real vert.		» »	» »
95.	2 » violet.		» »	» »
96.	2 » chair		» »	» »

1866. *Même effigie à gauche, dentelés.*

101.	2 cuartos rose		» 75	» 60
102.	4 » bleu		» 50	» 05
103.	12 » orange		1f50	» 50
104.	12 » jaune		» »	» »
105.	19 » brun		» »	» »
106.	10 c. de esc. vert.		1f50	» 50
107.	20 » lilas.		1f50	» 50

1866. *Type 1864, millésime, dentelé.*

| 108. | 20 cent. lilas | | 1f50 | » 50 |

1867. *Même effigie à gauche, cadres divers, dentelés.*

Nos			Neufs.	Oblitérés.
113.	2 cuartos brun		» 75	» 50
114.	4 » bleu		» 75	» 10
115.	12 » orange		1f25	» 10
116.	19 » rose		» »	» »
117.	10 c. de esc. vert		1f50	» 50
118.	20 » violet		1f50	» 25

1867. *Chiffre, dentelés (pour imprimés).*

| 119. | 5 mil. de esc. vert | | » 20 | » » |
| 120. | 10 » brun | | » 20 | » 10 |

1867. *Même effigie à gauche, dentelés.*

| 125. | 25 mil. bleu et rose | | » 75 | » 25 |
| 126. | 50 » brun clair | | » 75 | » 10 |

1868. *Idem.*

| 127. | 19 cuartos brun foncé | | » » | 25f » |

1869. *Idem.*

133.	25 mil. de esc. bleu		» 50	» 15
134.	50 » violet.		» 50	» 05
135.	100 » brun		1f »	» 35
136.	200 » vert		1f »	» 35

RÉPUBLIQUE

1868-69. *Timbres provisoires. Timbres de 1867-69 avec la surcharge noire:* HABILITADO POR LA NACION.

Nos				Neufs.		Oblitérés.	
142.	12 cuartos	orange		»	»	»	»
143.	19	»	rose.	»	»	»	»
144.	10	cent.	vert.	»	»	»	»
145.	20	»	violet	»	»	»	»
146.	5	mil.	vert.	»	»	»	»
147.	10	»	brun	»	»	»	»
148.	25	»	bl. et rose	»	»	»	»
149.	50	»	brun clair	»	»	»	»
150.	19 cuartos		brun	»	»	»	»
151.	25	mil.	bleu.	»	»	»	»
152.	50	»	violet	»	»	»	»
153.	100	»	brun	»	»	»	»
154.	200	»	vert.	»	»	»	»

1870-72. *Effigie (allégorie de l'Espagne) de 3/4 à gauche, dentelés.*

157.	1 m.	violet s. chair.	» 10	» »
158.	1 »	brun s. chamois	» 10	» »
159.	2 »	noir à. saumon	» 10	» »
160.	4 »	bistre	» 10	» »
161.	10 »	rose pâle.	» 15	» 05
162.	10 »	rose vif.	» 25	» 10
163.	25 »	violet pâle	» 35	» 10
164.	25 »	violet vif.	» 50	» 15
165.	50 »	bleu	» 25	» 05
166.	100 »	rosé	»	» 30
167.	100 »	rouge brun	» 75	» 25
168.	200 »	brun	» 50	» 15
169.	400 »	vert	2f » o	» 25
170.	1 esc. 600 m.	lilas.	6f »	1f »
171.	2 escudos	bleu.	5f »	» »
172.	12 cuartos	chair	» 75	» 05
173.	19 »	vert.	» »	» »

1872. *Couronne murale, chiffre (pour imprimés).*

174.	½ c. de p. vert.	» 05	» 05
174a.	¼ de ½ c. id.	» 20	» »

Les timbres précédés d'un o sont annulés d'un trou à l'emporte-pièce.

1872. *Grand chiffre, dentelés (pour imprimés).*

Nos		Neufs.	Oblitérés.
175.	2 c. de pes. violet.	» 10	» 10
176.	5 » vert.	» »	» »

ROYAUME

1872. *Effigie de 3/4 à droite (Amédée I) dentelés.*

177.	6 c.	bleu.	»	»	» 60
178.	10 »	violet	»	»	» »
179.	12 »	violet pâle.	» 25		» 10
180.	25 »	brun	» 50		» 35
181.	40 »	bistre	» 75		» 25
182.	50 »	vert.	» 75		» »

Idem, effigie de profil à droite, dentelés.

183.	1 peseta	violet	1f » o	» 10
184.	4 »	bistre	3f » o	» 50
185.	10 »	vert.	» »	» »

1873. *Idem, type de 3/4, dentelés.*

187.	5 cent.	rose	» 35	» »
188.	10 »	bleu	» 20	» 05
189.	20 »	violet	» »	» »
190.	20 »	violet pâle.	» »	» »

1873. *Type 1872, couronne royale (pour imprimés).*

186.	½ c. de p. bleu.	» 05	» 05
186a.	¼ de ½ c. id.	» 15	» »

RÉPUBLIQUE

1873. *Déesse à gauche assise, dentelés.*

N⁰ˢ			Neufs.	Oblitérés.
191.	2 c. de p.	orange .	» 10	» 05
192.	5 »	carmin .	» 20	» 15
193.	10 »	vert .	» 25	» 05
194.	20 »	noir .	» 75	» »
195.	25 »	brun .	» 50	» 25
196.	40 »	violet .	» 50	» 25
197.	50 »	bleu .	» 50	» 30
198.	1 peseta	lilas .	» 50 o	» 10
199.	4 »	bist. foncé	2f » o	» 50
200.	10 »	brun viol.	» » o	2f »

INSURRECTION CARLISTE

BISCAYE ET NAVARRE

1873. *Effigie à gauche (Don Carlos).*

| 202a. | 1 real | bleu sans tilde | 1f » | » |
| 202. | 1 » | bleu avec tilde | » 50 | » |

1874. *Même effigie laurée, à droite.*

203. 1 real violet . . . . . » 75 » »

1875. *Même genre.*

204. 1 real brun . . . . . » 25 » »
205. 50 c. vert . . . . . » 35 » »

CATALOGNE

1874. *Même effigie à droite.*

N⁰ˢ		Neufs.	Oblitérée.
206.	16 ms. vn. rose	» 50	» »

VALENCE

1874-75. *Même effigie à droite.*

207.	½ real rougeâtre .	»	»	» »
207a	1/2 » id (erreur)	»	»	» »
208.	¼ » carmin .	» 50	»	» »
209.	½ » id (2e type)	»	»	» »

Suite des émissions officielles.

1874. *Justice à droite assise, dentelés.*

211.	2 c. de p.	jaune .	» 10	» 10
212.	5 »	violet .	» 15	» 15
213.	10 »	bleu .	» 50	» 10
214.	20 »	vert foncé	» »	1f25
215.	25 »	brun clair	» 75	» 25
216.	40 »	lilas .	1f »	» 25
217.	50 »	orange .	1f »	» 25
218.	1 peseta	vert clair	1f50 o	» 15
219.	4 »	rose . .	» » o	» 50
220.	10 »	noir . .	» » o	1f50

1874. *Armes, dentelé.*

Nᵒˢ — Neufs. Oblitérés.
223. 10 cent. peseta brun. » 20 » 05

ROYAUME
1875. *Effigie à droite (Alphonse XII), dentelés.*

225. 5 c. peseta brun . . . » 10 » 10
226. 5 » lilas . . . » 15 » 10
227. 10 » bleu . . . » 15 » 05
228. 20 » bistre . . » » » »
229. 25 » rose . . . » 60 » 15
230. 40 » brun foncé » 75 » 20
231. 50 » violet . . 1f » o » 25
232. 1 peseta noir . . . 1f50 o » 25
233. 4 » vert foncé. 3f » o » 50
234. 10 » bleu ciel . » » » »

1876. *Même effigie de 3/4 à droite, dentelés.*

239. 5 c. peseta brun clair. » 10 » 10
240. 10 » bleu . . . » 20 » 05
241. 20 » vert foncé. » 50 » »
242. 25 » brun rouge » 50 » 05
243. 40 » brun gris. 1f50 » »
244. 50 » vert . . . » 50 » 15
245. 1 peseta bleu foncé 1f » » 35
246. 4 » carminé . 2f » o » 75
247. 10 » rouge . 3f » o 1f50

1877. *Type 1873, couronne royale (pour imprimés).*

Nᵒˢ — Neufs. Oblitérés.
248a. ½ c de p. vert . . » 05 » »
248b. 4 de ½ c. id . . » 15 » »

1878. *Même effigie de profil à droite, dentelés.*

249. 2 c. peseta lilas pâle. » 25 » 10
250. 5 » jaune . » 25 » »
251. 10 » brun gris » 20 » 05
252. 20 » noir. . » » » »
253. 25 » gris bistre » 50 » 10
254. 40 » brun . . » » » »
255. 50 » vert . . . » 50 » 10
256. 1 peseta gris lilas. » 75 » »
257. 4 » violet . . » » » »
258. 10 » bleu. . . 3f » » »

1879. *Même effigie à gauche,* CORREOS Y TELEGS, *dentelés.*

259. 2 centimos noir. . » 05 » 05
260. 5 » vert. . . » 10 » 05
261. 10 » carmin . » 20 » 05
262. 20 » brun clair » 40 » 20
263. 25 » bleu . . » 50 » 05
264. 40 » brun gris » 75 » 15
265. 50 » orange . 1f » » 15
266. 1 peseta rose vif. 1f75 » 10
267. 4 » gris violet 6f » » 50
268. 10 » gris bistre 14f » o » 75

1881. *Même genre, dentelés.*

271. 15 centimos chair . » 30 » 05
272. 30 » lilas . . » 60 » 15
273. 75 » violet . 1f25 » 15

Timbres de service

1854. *Armes, rectangle, millésime, noir sur couleur.*

Nos				Neufs.	Oblitérés.
24.	½	onza	jaune	» 15	» »
25.	1	»	rose	» 15	» »
26.	4	»	vert	» 15	» »
27.	1	libra	bleu	» 35	» »

1855. *Armes dans un ovale, noir sur couleur.*

				Neufs.	Oblitérés.
37.	¼	onza	jaune	» 10	» 10
38.	1	»	rose	» 15	» »
39.	1	»	rose pâle	» 25	» »
40.	4	»	vert	» 15	» 25
41.	4	»	vert bleu	» 20	» »
42.	1	libra	bleu violet	» 15	» »

Timbres-télégraphe

1864. *Armes, millésime.*

76.	1	real	brun	»	» » »
77.	4	»	rose	»	» » »
78.	16	»	vert	»	» » »
79.	20	»	noir	»	» » »

1865. *Effigie à gauche, papier de couleur.*

86.	1	real	bleu sur rose	»	» » »
87.	4	»	noir sur vert	»	» » »
88.	16	»	rouge sur jaune	»	» » »
89.	20	»	rose sur rose	»	» » »

1865. *Idem, papier blanc, millésime, dentelés.*

Nos				Neufs.	Oblitérés.
97.	1	real	violet	»	» » »
98.	4	»	bleu	»	» » »
99.	16	»	vert	»	» » »
100.	20	»	rouge	»	» » »

1866. *Même genre, millésime, dentelés*

109.	10 cent. de esc.	violet	1f	» » »
110.	40 »	bleu	2f	» o » 75
111.	1 esc. 60 c.	vert	2f	» o » 25
112.	2 escudos	carmin	»	» » »

1867. *Idem, millésime, dentelés.*

121.	10 cent. de esc.	violet	»	» o 1f »
122.	40 »	bleu	2f	» o » 50
123.	1 esc. 60 c.	vert	5f	» o » 75
124.	2 escudos	carmin	»	» » »

1868. *Idem, millésime, dentelés.*

128.	100 mil. de esc.	violet	1f	» » »
129.	400 »	bleu	2f	» o » 50
130.	800 »	brun	3f	» o » 75
131.	1 esc. 600 m.	vert	5f	» o » 50
132.	2 escudos	carmin	»	» » »

1869. *Idem, effigie, millésime, dentelés.*

137.	100 mil. de e.	bleu	1f	» o » 50
138.	800 »	carmin	»	» » »
139.	1 es. 000 m.	bistre	1f25	o » 50
140.	2 »	vert	»	» » »
141.	400 m. violet	armes	1f75	o » 35

Timbres-impôt de guerre

1873. *Armes, dentelé.*

Nos		Neufs.	Oblitérés.
201.	5 cent. peseta noir .	» 15	» 05

1875. *Même genre, dentelé.*

224.	5 cent. vert	» 10	05

1876. *Effigie à gauche, dentelé.*

248.	5 cent. peseta vert .	» 10	» 05

Timbre de retour

1875. *Couronne et armes.*

237.	noir sur azuré . . .	» 50	» »

ÉTATS CONFÉDÉRÉS D'AMÉRIQUE

RÉPUBLIQUE

Amérique du Nord, Centre

POSTES LOCALES PROVISOIRES.

CHARLESTON

1861. *Chiffre.*

Nos		Neufs.	Oblitérés.
1.	5 cents bleu	. . .	» » » »

1861. *Même genre.*

2.	5 cents bleu sur teinté	» »	» »

NOUVELLE-ORLÉANS

1861. *Chiffre.*

3.	2 cents	bleu	»	» »	»
4.	5 »	brun	»	» »	»
5.	2 »	rouge	»	» »	»
6.	5 »	brun sur azuré	»	» »	»

MEMPHIS

1861. *Chiffre.*

7.	2 cents bleu	» »	» »

8.	5 cents rouge	» »	» »

NASHVILLE

1861. *Chiffre.*

Nos		Neufs.	Oblitérés.
9.	3 cents rouge.	»	» » »
10.	5 » brun sur gris. . . »	» » »
11.	5 » carmin sur gris. . »	» » »

BATON-ROUGE

1861. *Chiffre.*

12.	5 cents rose et vert . . »	» » »

MOBILE

1861. *Étoile, chiffre.*

13.	2 cents noir	»	» » »
14.	5 » bleu	»	» » »

KNOXVILLE

1861. *Aigle dans cercles.*

15.	5 cents noir	»	» » »

GREENVILLE

1861. *Ornements.*

16.	5 rouge et bleu . . . . . »	» » »

On connaît encore un grand nombre de ces timbres des postes locales provisoires, mais leur authenticité n'est pas parfaitement établie.

1861. *Effigie (A. Jackson).*

Nos		Neufs.	Oblitérés.
51.	2 cents vert	15f »	»

1861-62. *Effigie (J. Davis).*

52.	5 cents bleu	3f »	2f50
53.	5 » vert	2f50	2f50

1862. *Même genre (Madison), cadre rond*

54.	10 cents bleu	6f »	4f »
55.	10 » rose	» »	» »

1862-63. *Effigies, types divers.*

56.	1 c. orange *Calhoun* .	» 75	» »
57.	5 » bleu *J. Davis* .	» 25	» »
58.	2 » carmin *Jackson*	» 50	» »
59.	ten c. bleu *J. Davis*	» »	» »

60. 10 c. bleu *J. Davis* » 25 » »

61. 10 c. bl. foncé *J. Davis* » 15 » »
62. 20 » vert *Washington* » 25 » »

ÉTATS-UNIS D'AMÉRIQUE

RÉPUBLIQUE

Amérique du Nord, Centre

TIMBRES DES DIRECTEURS DE POSTE

NEW-YORK

1842-43. *Buste de Washington, papier glacé ou non.*

1a. 3 c. noir sur brun . . » » »
1b. 3 » noir sur vert . . » » »
1c. 3 » noir sur bleu . . » » »

1844. *Effigie (Washington), signature rose manuscrite.*

1. 5 cents noir. . . . . » » »

1849. *Inscription dans un rond (droit des facteurs ou carriers) (*).*

1d. 1 c. noir sur rose . . » » »
1e. 1 » noir sur jaune ou brun . . . . » » »

SAINT-LOUIS

1845. *Ours et armes.*

5. 5 c. noir sur gris . . » » »
6. 10 » noir sur gris . . » » »

NEWHAVEN

1845. *Timbre ou enveloppe? Chiffre et inscriptions, imprimé à main, signature manuscrite.*

7. 5 cents rouge . . . . » » »

(*) Les timbres *carriers* représentaient la rétribution payée d'avance, due aux facteurs pour la distribution à domicile des lettres et imprimés.

PROVIDENCE

1846. *Inscriptions.*

Nos		Neufs.	Oblitérés.
2.	5 cents gris	» »	» »
3.	10 » gris	» »	» »

BRATTLEBORO

1846. *Signature et inscriptions.*

4.	5 c. noir sur chamois	» »	» »

BALTIMORE

1846. *Oblong, signature et valeur encadrées d'un simple filet.*

7a.	5 cent. noir	» »	» »

1851-60. *Cavalier (pour carriers).*

7b.	1 cent noir gris	» »	» »
7c.	1 » carmin	» »	» »

1842 à ? Timbres des Compagnies particulières.

Plusieurs centaines de ces timbres ont réellement été en usage dans différentes villes avant le monopole du gouvernement, les authentiques sont généralement très rares; par exception, ceux que nous offrons ci-dessous sont des imitations :

Nº 1. Cent variétés de timbres et d'enveloppes des offices particuliers d'Amérique . . . . 3 fr.

Nº 2. Cent variétés (différentes des précédentes) . . . . 3 fr.

1847. *Effigie, papier azuré.*

Nos		Neufs.	Oblitérés.
8.	5 c. brun *Franklin* .	8f »	4f »
9.	10 » noir *Washington*	» »	» »

1851. *Effigie, types divers, u. s. en haut, non dentelés.*

10.	1 c. bleu *Franklin* . .	2f	»	1f	»
11.	3 » rouge *Washington*	1f25	»	25	
12.	5 » brun *Jefferson* .	»	»	20f	»
13.	10 » vert *Washington*	»	»	2f50	
14.	12 » noir id.	»	»	»	»

1851. *Types divers (pour carriers).*

15. bleu s. rose *Franklin* . . » » »

16.	1 cent bleu *aigle* . . .	» »	» »

1857-60. *Type 1851, dentelés.*

25.	1 cent bleu	» 75	» »

Nos.				Neufs.	Oblitérés.
26.	3 cents	carmin		» 50	» 15
27.	5 »	brun		» »	6f »
28.	5 »	brun rouge		» »	» »
29.	10 »	vert		2f50	» 75
30.	12 »	noir		3f »	1f50

				Neufs.	Oblitérés.
31.	24 c.	violet *Washington*		» »	» »
32.	30 »	orange *Franklin*		» »	» »
33.	90 »	bleu *Washington*		» »	» »

1861. *Même genre, u. s. en bas, dentelés.*

48.	1 cent	bleu		» 50	» 15
49.	3 »	rose		» 50	» 10
50.	5 »	brun		2f »	1f »
51.	5 »	brun jaune		» »	» »
52.	10 »	vert		2f »	» 35
53.	12 »	noir		2f »	1f »
54.	24 »	violet		3f »	1f25
55.	24 »	violet gris		4f »	1f »

56.	30 cents	jaune		5f »	1f25
57.	90 »	bleu		15f »	7f »

1863-66. *Même genre.*

Nos.				Neufs.	Oblitérés.
65.	2 c.	noir *Jackson*		» 50	» 15
85.	15 »	noir *Lincoln*		2f50	» 75

1866. *Très grands, effigies, types divers, dentelés (pour imprimés).*

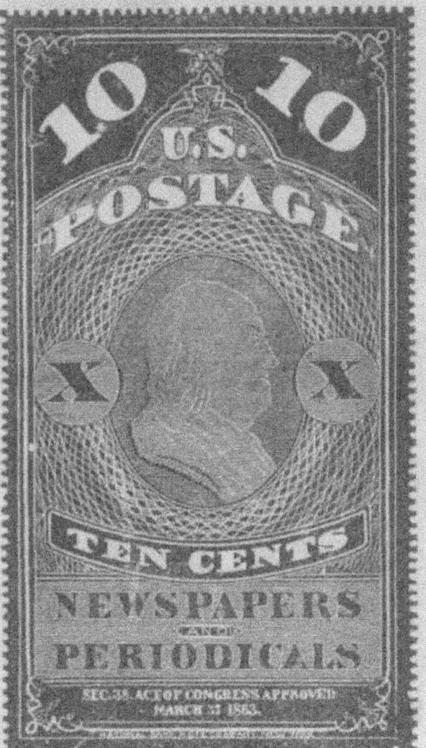

86.	5 c.	bleu *Washington*		» »	» »
87.	10 »	vert *Franklin*		» »	» »
88.	25 »	rouge *Lincoln*		» »	» »

1869. *Types divers, dentelés.*

Nᵒˢ		Neufs.	Oblitérés.
89.	1 c. bistre *Franklin*	1f »	» »
90.	2 » brun *courrier*	» 50	» 25

| 91. | 3 c. bleu *locomotive* | » 50 | » 25 |
| 92. | 6 » bleu *Washington* | » » 2f | » |

| 93. | 10 c. jaune *armoiries* | » » | 2f50 |
| 94. | 12 » vert *navire* | » » | 2f50 |

| 95. | 15 c. brun et bleu découverte de l'Amérique | » » | 5f » |
| 96. | 24 c. vert et violet déclaration de l'Indépen. | » » | » » |

Nᵒˢ		Neufs.	Oblitérés.
97.	30 c. rouge et bleu *arm.*	» » 10f	»
98.	90 » rose et noir *Lincoln*	» »	» »

1870-71. *Effigie, types divers, dentelés.*

| 99. | 1 c. bleu *Franklin* | » 15 | » 05 |
| 100. | 2 » brun *Jackson* | » 35 | » 10 |

| 101. | 3 c. vert *Washingt.* | » 25 | » 05 |
| 102. | 6 » carminé *Lincoln* | » 15 | » 05 |

| 103. | 7 c. rouge *Stanton* | 4f50 | 1f » |
| 104. | 10 » brun *Jefferson* | 1f » | » 05 |

Nos   Neufs. Oblitérés.

105. 12 c. violet foncé *Clay* » » » 75

106. 15 c. jaune *Webster* . 2f50 » 10

107. 24 c. violet vif *Scott* . » » 2f50
108. 30 » noir *Hamilton* . 4f » » 35

109. 90 c. carmin *Perry* . 12f » 1f50

1875. *Même genre.*

243. 5 c. bleu *Z. Taylor* » 50 » 10
244. 2 » rouge *Jackson* » 20 » 05

1875. *Indien en pied, dentelés (pour imprimés).*

Nos   Neufs. Oblitérés.

No				Neufs	Oblitérés
315.	1	cent	gris 1885	»	» » » »
251.	2	»	gris	1f	» » »
252.	3	»	gris	»	» » »
253.	4	»	gris	»	» » »
254.	6	»	gris	»	» » »
255.	8	»	gris	»	» » »
256.	9	»	gris	»	» » »
257.	10	»	gris	»	» » »

Même genre, décimes diverses, dentelés.

Nos				Neufs.	Oblitérés.
258.	12 cents	rose		» »	» »
259.	24 »	rose		» »	» »
260.	36 »	rose		» »	» »
261.	48 »	rose		» »	» »
262.	60 »	rose		» »	» »
263.	72 »	rose		» »	» »
264.	84 »	rose		» »	» »
265.	96 »	rose		» »	» »
266.	1 doll. 92 c	brun		» »	» »
267.	3 dollars	rouge		» »	» »
268.	6 »	bleu		» »	» »
269.	9 »	orange		» »	» »
270.	12 »	vert		» »	» »
271.	24 »	violet br.		» »	» »
272.	36 »	rouge		» »	» »
273.	48 »	brun		» »	» »
274.	60 »	violet cl.		» »	» »

La collection des 24 timbres pour imprimés (2 c. à 60 d.) . . 600ᶠ » » »

La même collection de 24 timbres imités, parfaitement gravés et imprimés en taille-douce, de la couleur des originaux, les 24 timbres 2ᶠ50

1882-83. *Types divers, dentelés.*

300. 2 c. brun rouge *Wash-
       ington* . . . . . » 20 » 65
301. 4 » vert *Jackson* . . . » 40 » 10

286. 5 c. brun foncé *Gar-
       field* . . . . . » 50 » 10

1885. *Facteur, inscriptions, dentelé
(pour lettres express).*

Nos			Neufs.	Oblitérés.
314.	10 cents	bleu	2ᶠ50	» »

1887-88. *Types antérieurs ou refaits,
dentelés.*

316.	1 c. bleu *Franklin* .	» 10	» 05
317.	2 » vert t. nº 300 . .	» 20	» 05
332.	3 » rouge t. nº 101 .	» »	» 50
333.	4 » carmin	4 50	» 15
334.	5 » bl. foncé t. nº 286	» 50	» 10
335.	30 » brun r. t. nº 108	3ᶠ »	» 50
336.	90 » violet t. nº 109 .	» »	2ᶠ50

Timbres-taxe

1879. *Chiffre, dentelés.*

278.	1 cent	brun	» 15	» 10
279.	2 »	brun	» 25	» 10
280.	3 »	brun	» 40	» 20
281.	5 »	brun	» 50	» 15
282.	10 »	brun	1ᶠ »	» 35
283.	30 »	brun	3ᶠ »	» »
284.	50 »	brun	5ᶠ »	» »

Timbres de service

1873. *Effigies des timbres de 1870-71 dentelés.*

Mêmes types pour chaque DÉPARTEMENT.

AGRICULTURE

Nᵒˢ				Neufs.		Oblitérés.	
175	1 cent	jaune		»	»	»	»
176.	2 »	jaune		»	»	»	»
177.	3 »	jaune		»	»	»	50
178.	6 »	jaune		»	»	»	»
179.	10 »	jaune		»	»	»	»
180.	12 »	jaune		»	»	»	»
181.	15 »	jaune		»	»	»	»
182.	24 »	jaune		»	»	»	»
183.	30 »	jaune		»	»	»	»

ÉTAT (State)

205.	1 cent	vert		»	»	»	»
206.	2 »	vert		»	»	»	»
207.	3 »	vert		»	»	»	»
208.	6 »	vert		»	»	»	»
209.	7 »	vert		»	»	»	»
210.	10 »	vert		»	»	»	»
211.	12 »	vert		»	»	»	»
212.	15 »	vert		»	»	»	»
213.	24 »	vert		»	»	»	»
214.	30 »	vert		»	»	»	»
215.	90 »	vert		»	»	»	»

Idem, grande dimension, effigie (Steward), dentelés.

216.	2 dol.	vert et noir		»	»	»	»

Nᵒˢ				Neufs.	Oblitérés.
217.	5 dol.	vert et noir		» »	» »
218.	10 »	vert et noir		» »	» »
219.	20 »	vert et noir		» »	» »

GUERRE (War)

231.	1 cent	rougeâtre		» 25	» 25
232.	2 »	rougeâtre		» »	» 25
233.	3 »	rougeâtre		» »	» 10
234.	6 »	rougeâtre		» »	» 15
235.	7 »	rougeâtre		» »	» »
236.	10 »	rougeâtre		» »	» »
237.	12 »	rougeâtre		» »	» 35
238.	15 »	rougeâtre		» »	» 35
239.	24 »	rougeâtre		» »	» »
240.	30 »	rougeâtre		» »	» 60
241.	90 »	rougeâtre		» »	» »

INTÉRIEUR (Interior)

160.	1 cent	rouge		» »	» 35
161.	2 »	rouge		» »	» 25
162.	3 »	rouge		» »	» 15
163.	6 »	rouge		» »	» 20
164.	10 »	rouge		» »	» »
165.	12 »	rouge		» »	» 1f
166.	15 »	rouge		» »	» 1f25
167.	24 »	rouge		» »	» 1f25
168.	30 »	rouge		» »	» »
169.	90 »	rouge		» »	» »

JUSTICE

195.	1 cent	violet		» »	» »
196.	2 »	violet		» »	» »
197.	3 »	violet		» 75	» »
198.	6 »	violet		1f »	» »
199.	10 »	violet		» »	» »
200.	12 »	violet		» »	» »

Nos				Neufs.	Oblitérés.
201.	15 cents	violet		» »	» »
202.	24 »	violet		» »	» »
203.	30 »	violet		» »	» »
204.	90 »	violet		» »	» »

MARINE (*Navy*)

Nos				Neufs.	Oblitérés.
184.	1 cent	bleu		» »	» »
185.	2 »	bleu		» »	» »
186.	3 »	bleu		» 75	» 35
187.	6 »	bleu		» »	» 35
188.	7 »	bleu		» »	» »
189.	10 »	bleu		» »	» »
190.	12 »	bleu		» »	» 75
191.	15 »	bleu		» »	» »
192.	24 »	bleu		» »	» »
193.	30 »	bleu		» »	» »
194.	90 »	bleu		» »	» »

PRÉSIDENCE (*Executive*)

Nos				Neufs.	Oblitérés.
170.	1 cent	carmin		» »	» »
171.	2 »	carmin		» »	» »
172.	3 »	carmin		» »	» »
173.	6 »	carmin		» »	» »
174.	10 »	carmin		» »	» »

TRÉSOR (*Treasury*)

Nos				Neufs.	Oblitérés.
149.	1 cent	brun		» »	» 40
150.	2 »	brun		» »	» 45
151.	3 »	brun		» »	» 05
152.	6 »	brun		» »	» 10
153.	7 »	brun		» »	2f50
154.	10 »	brun		» »	» 25
155.	12 »	brun		» »	» 20
156.	15 »	brun		» »	» 25
157.	24 »	brun		» »	» »
158.	30 »	brun		» »	» 40
159.	90 »	brun		» »	» 50

POSTE (*Post office*)

Chiffre, papier blanc ou azuré, dentelé.

Nos				Neufs.	Oblitérés.
139.	1 cent	noir		» »	» 50
140.	2 »	noir		» »	» »
141.	3 »	noir		» »	» 05
142.	6 »	noir		» »	» 10
143.	10 »	noir		» »	» »
144.	12 »	noir		» »	» 35
145.	15 »	noir		» »	» »
146.	24 »	noir		» »	» »
147.	30 »	noir		» »	» »
148.	90 »	noir		» »	» »

Timbre de service pour Chargements du département de la Poste.

1872. *Inscriptions, dentelé.*

Nos		Neufs.	Oblitérés.
135.	vert	» »	1f25

Timbre de retour

1877-79. *Liberté de face, dentelé, deux types.*

N°s		Neufs.	Oblitérés.
277b.	brun *fond guilloché*	» »	» »

Timbres-télégraphe

1871-84. *Inscriptions, chiffres en surcharge rouge, dentelés.*

134.	bleu		» »	» »
134a.	rouge		» »	» »
134b.	vert	4f	»	» »
134d.	brun	5f	»	» »
134e.	violet	1f50	»	»

1881. (Rapid tel. company). *Chiffre, dentelés.*

289.	1 cent. noir	» »	» »
290.	3 » orange	» »	» »

N°s		Neufs.	Oblitérés.
291.	5 cents brun	» »	» »
291a.	10 » violet	» »	» 25
292.	15 » vert	» »	» 25
293.	20 » rouge	» »	» 25
294.	25 » rose	» »	» »
295.	50 » bleu	» »	» »

1881. *Idem,* **Taxe.** *Même genre, doubles, l'un des timbres portant* DUPLICATE, *l'autre* COLLECT, *dentelés.*

296.	1 cent. gris violet	» »	» »
297.	5 » bleu	» »	» »
298.	15 » rouge brun	» »	» »
299.	20 » vert jaune	» »	» »
La série de 16 timb. et taxe		» »	5f »

FALKLAND

POSSESSION ANGLAISE

Amérique du Sud, Sud

1878-79. *Effigie à droite (Victoria I), dentelés.*

1.	4 penny carminé	» 35	» »
2.	6 pence vert	2f50	» »
3.	4 » gris	1f25	» »
4.	1 shill. jaune brun	3f	» »

FARIDKOT

ÉTAT INDIEN

Asie Sud

1882. *Petit, inscriptions orientales, impression grossière à main, non dentelé.*

Nos		Neufs.	Oblitérés.
1.	3 pies bleu	1f »	» »

1882. *Même genre, plus grand, rectangulaire, non dentelé.*

| 2. | 3 pies bleu . . . . . . | » 50 | » » |

1883 ? *Même genre, carré, non dentelé.*

| 3. | ½ anna *divers couleurs* | » 35 | » » |

1888. *Les trois types ci-dessus refaits plus finement et imprimés à la machine; changements fréquents et non justifiés de couleurs; dentelés ou non dentelés.*

20.	3 p. petit, div. coul. .	» 35	» »
21.	3 » rectang. div. coul.	» 35	» »
21ᵃ.	½ a. carré, div. coul. .	» 35	» »

1886. *Timbres des Indes anglaises de 1881-85 avec* FARIDKOT STATE *en surcharge noire.*

Nos			Neufs.	Oblitérés.
6.	½	anna vert	» 35	» »
7.	1	» brun	» 60	» »
8.	2	» bleu . . .	1f »	» »
9.	3	» orange	1f 25	» »
10.	4	» vert . . .	1f 50	» »
11.	6	» bistre . .	2f 50	» »
12.	8	» lilas . . .	3f »	» »
13.	1	rupee gris . . .	6f »	» »

Timbres de service

1886. *Timbres surchargés de 1886, ayant en plus la surcharge noire* SERVICE.

| 22. | ½ anna vert . . . . | » 35 | » » |
| 22 a. | 1 » brun . . . . | » 60 | » » |

FERNANDO-PO

POSSESSION ESPAGNOLE

Afrique Occident

1868. *Effigie à gauche (Isabelle II), dentelé.*

| 1. | 20 cent. de esc. brun . | » » | » » |

1880. *Effigie à droite (Alphonse XII), dentelés.*

2.	5 cent. peseta vert . .	» »	» »
3.	10	» carmin	» »	» »
4.	50	» bleu .	» »	» »

1882. *Même genre.*

5.	1 c. de peso vert . . .	» »	» »
6.	2	» rose . .	» »	» »
7.	5	» bleu . .	» »	» »

1884. *Idem, avec surcharge bleue* HABILITADO, *etc.*

| 8. | 50 c. sur 2 c. rose . . . | 6f » | 3f » |

ILES FIDJI

ROYAUME

Océanie Australasie

1871. *Service du FIJI TIMES, chiffre, noir sur couleur, dentelés.*

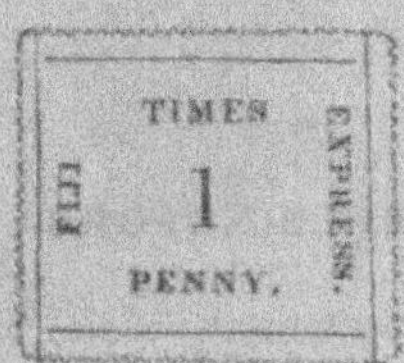

Nᵒˢ			Neufs	Oblitérés
1.	1 penny rose	. . .	» »	» »
2.	3 pence rose	. . .	» »	» »
3.	6 » rose	. . .	» »	» »
4.	9 » rose	. . .	» »	» »
5.	1 shill rose	. . .	» »	» »

1872. *Couronne, C. R. dentelés.*

6.	1 penny bleu	. . .	3f	» » »
7.	3 pence vert	. . .	3f	» » »
8.	6 » carmin	. . .	5f	» » »

1872. *Idem, avec valeur et cents en surcharge noire, dentelés.*

9.	2 c. sur 1 p. bleu	. .	» »	» »
10.	6 » sur 3 » vert	. .	» »	» »
11.	12 » sur 6 » carmin		» »	» »

POSSESSION ANGLAISE

1874. *Même type, v. r. en surcharge noire, dentelés.*

12.	2 c. sur 1 p. bleu	. .	» »	» »
13.	6 » sur 3 » vert	. .	» »	» »
14.	12 » sur 6 » carmin		» »	» »

Idem, avec en plus 2 d. en surcharge noire ou rouge.

| 13a. | 2 d. sur 6 c. 3 p. vert. | | » » | » » |

1875-78. *Type 1872, monogramme V. R. entrelacé en surcharge noire, dentelés.*

| 15. | 1 penny bleu | | » » | » » |

Nᵒˢ		Neufs	Oblitérés
17.	6 pence carmin . .	3f50	2f »
16.	2 p. noir s. 3 p. vert .	2f »	» »
18.	4 » » s. 3 p. violet.	2f50	1f »

1880. *Même type, V. R. gravé, sans surcharge, dentelés.*

19.	1 penny bleu . . .	» 25	» 20
19a.	2 » noir s. 3 p. vert	1f25	» »
20.	2 pence vert . . .	» 50	» 35
21.	6 » rose . . .	1f50	1f »

1881. *Effigie à gauche (Victoria I), dentelés.*

| 22. | 1 shill. brun . . . | 3f » | 2f50 |
| 23. | 5 » rouge et noir. | 15f » | » » |

1883. *Timbre de 1880 avec surcharge noire.*

| 24. | 4 pence sur 2 p. lilas . | » » | 4f » |

1883. *Timbres fiscaux servant comme timbres-poste.*

| 25. | divers . . . | » » | » » |

FINLANDE

PROVINCE RUSSE

Europe Nord, Orient

1856. *Armes.*

| 6. | 5 kop. bleu . . . | *2f » | » » |
| 7. | 10 » rose . . . | *2f | 2f » |

1860. *Armes, dentelés.*

| 11. | 5 k. bleu clair s. azuré | 2f » | » » |

* Les timbres neufs marqués d'un astérisque sont réimprimés.

N°s		Neufs.	Oblitérés.
12.	5 k. bleu foncé s. azuré	2f »	» »
13.	10 » rose sur rosé . .	2f »	» 40

1866-68. *Idem, valeur en penni, dentelés.*

14.	5 p. brun s. lilas . . .	» 75	» »
15.	5 » lie de vin s. lilas	» 50	» 35
16.	8 » noir s. vert . . .	» 50	» 35
17.	10 » noir s. chamois .	» 60	» 30
18.	20 » bleu s. azuré . .	» 75	» 20
19.	40 » rose s. rosé . . .	1f50	» 20

| 20. | 1 mark bistre . . . . . | » » | » » |

1875-77. *Même genre, dentelés.*

35.	2 penni gris	» 10	» 10
36.	5 » jaune	» 15	» 10
37.	8 » vert	» 50	» »
38.	20 » bleu	» 50	» 05
39.	32 » carmin	1f50	» »
40.	1 mark lilas *1877* . .	2f50	» 50

1879-81. *Idem.*

| 50. | 10 penni bistre . . . . | » 25 | » 10 |
| 48. | 25 » rose . . . . . | » 60 | » 10 |

1885-86. *Idem.*

| 53. | 5 penni vert . . . . | » 15 | » 10 |

N°s		Neufs.	Oblitérés.
54.	10 penni rose	» 25	» 10
55.	20 » jaune . . .	» 50	» 05
56.	25 » bleu	» 60	» 05
57.	1 mark rose et gris .	2f »	» 35
64.	5 » rose et vert	» »	» »
65.	10 » rose et brun	» »	» »

HELSINGFORS

1866. *Inscriptions, ovale, chiffres, dentelé.*

| 2. | 10 p. vert et rouge . . . | » 50 | » » |

1869. *Idem.*

| 3. | 10 p. bistre et bleu . . . | » 50 | » » |

1870. *Chiffre, dentelé.*

| 4. | 10 p. rouge et vert . . | » 35 | » » |

1884. *Chiffre dans un écusson, dentelé.*

| 6. | 10 p. rouge et vert . . . | » 50 | » » |

1884. *Chiffre traversé par le nom, dentelé.*

| 7. | 10 p. brun sur verdâtre . | » 40 | » 25 |

TAMMERFORS

1866. *Inscriptions.*

N°ˢ				Neufs.	Oblitérés
1. 12 p. vert et bleu				» 35	» »

1878. *Idem.*

| 2. 12 p. rouge et vert | | | | » » | » » |

FRANCE

Europe Centre, Occident

RÉPUBLIQUE

1849-50. *Liberté à gauche.*

N°ˢ			Neufs.		Oblitérés	
1. 10 cent.	bistre		4f	»	2f	»
2. 15 »	vert		»	»	5f	»
3. 20 »	noir		»	75	»	15
4. 25 »	bleu		»	»	»	05
5. 25 »	bleu foncé		5f	»	»	10
6. 40 »	rouge		5f	»	1f	50
7. 1 fr.	vermillon		»	»	»	»
8. 1 »	carmin		»	»	4f	»

1852. *Effigie à gauche (Louis Napoléon).*

| 9. 10 cent. | bistre | | » | » | 1f | » |
| 10. 25 » | bleu | | 6f | » | » | 10 |

| Mêmes timbres réimprimés : Liberté 10, 15, 20, 25, 40 c. et 1 fr. Présidence 10 et 25 c. Empire 25 c. 9 timbres neufs ... 15f » » » |

EMPIRE

1853. *Idem (Napoléon III), légende :*
EMPIRE FRANC.

N°ˢ			Neufs.		Oblitérés.	
11. 10 cent.	bistre		2f	»	»	05
12. 25 »	bleu		6f	»	2f	50
13. 40 »	rouge		3f 50		»	10
14. 1 fr.	carmin		»	»	15f	»

1854-60. *Idem.*

17. 1 cent.	olive		»	25	»	10
18. 5 »	vert		»	50	»	15
19. 10 »	jaune		»	»	»	25
20. 20 »	bleu		»	50	»	05
21. 20 »	bleu noir		1f 50		»	10
22. 80 »	carmin		8f	»	»	25
23. 80 »	rose		4f	»	»	25

1861. *Timbres de 1853-60 dentelés avec la machine Susse (larges trous: fig. 7).*

| 1, 5, 10, 20, 40, 80 cent. chaque ... » * » 50 |

1861. *Mêmes timbres percés en lignes par diverses administrations.*

1862. *Type 1853 (Napoléon III), dentelés.*

24. 1 cent.	olive		»	10	»	05
25. 5 »	vert		»	15	»	05
26. 10 »	bistre		»	50	»	05
27. 20 »	bleu		»	50	»	05
28. 40 »	rouge		1f	»	»	05
29. 80 »	rose		2f 50		»	10

1863-70. *Même effigie laurée, a gauche, grands chiffres; dentelés.*

32. 1 cent	olive		»	05	»	05
33. 2 »	marron		»	15	»	05
34. 4 »	gris		»	15	»	10

1866-70. *Même genre, petits chiffres, dentelés.*

35. 10 cent.	bistre		»	25	»	05
36. 20 »	bleu		»	40	»	05
37. 30 »	brun		»	60	»	05

* Les timbres que nous offrons à » 50 c. sont dentelés par nous, avec la machine inventée par M. Susse, qui est actuellement notre propriété.

38. 40 cent. rouge . . . . » 75 » 05
39. 80 » rose . . . . 1f50 » 10

1869. *Même genre, plus grand, dentelé.*

Nos   Neufs. Oblitérés.
40. 5 fr. lilas . . . . . 10f » 1f50

RÉPUBLIQUE
Siège de PARIS
1870-71. *Type 1849 (Liberté), dentelés.*

55. 10 cent. bistre . . . . » 25 » 20
56. 20 » bleu . . . . » 50 » 05
57. 40 » orange . . . . » 75 » 05

PROVINCE
Emission provisoire.

1870. *Liberté à gauche, lithographiés, grands chiffres, non dentelés.*

71. 1 cent. olive . . . . » 15 » 15
72. 2 » marron . . . » 50 » »
73. 4 » gris . . . . » » » »

1870. *Même genre (type 1849), lithographiés, petits chiffres, non dentelés.*
74. 5 c. vert . . . . » 20 » 15
75. 10 » bistre . . . . » 35 » 10
76. 10 » bistre jaune . . 1f50 » 25
77. 20 » bleu 1re Variété » » 2f50
77bis 20 » bleu 2e » 1f » 10
78. 20 » bleu 3e » » 75 » 05

Nos   Neufs. Oblitérés.
79. 30 c. brun . . . . 1f » » 50
80. 40 » rouge orange . . » » » 75
81. 40 » orange . . . . 1f » » 40
82. 80 » rose . . . . 2f » » 60

1870. *Idem, dentelés (non officiel).*

1871. *On continue l'impression des timbres à l'effigie de Napoléon, le suivant seul offre une particularité; type 1853, dentelé.*
116. 5 c. vert sur azuré. » 25 » 20

1871-72. *Types 1870 (Liberté), gravés, dentelés.*
117. 1 c. olive grd. chif. » 05 » 05
118. 2 » marron » » 10 » 05
119. 4 » gris » » 15 » 10
120. 5 » vert » » 15 » 05
121. 15 » bistre pet. chif. » 35 » 05
122. 25 » bleu » » 50 » 05
123. 30 » brun gros chif. » 60 » 05
124. 80 » rose » 1f50 » 10

1873. *Idem, chiffres petits, dentelé.*
131. 10 cent. bistre s. rose » 75 » 05

1874-75. *Idem, chiffres un peu plus grands, dentelés.*
144. 15 c. bistre . . . . » 35 » 05
145. 10 » bistre sur rose » 25 » 05
146. 15 » bistre sur rose erreur . . . . » » » »

1876-77. *Groupe allégorique; la Paix et Mercure, chiffre, dentelés.*

147. 1 cent. vert . . . » 15 » 10
148. 2 » vert . . . » 15 » 10
149. 4 » vert . . . » 40 » 25
150. 5 » vert . . . » 40 » 05
151. 10 » vert . . . » 20 » 05
152. 15 » gris . . . » 40 » 05
153. 20 » marron . . » 50 » 05
154. 25 » bleu . . . » » » 05
155. 25 » bleu ciel . . » 75 » 10
156. 30 » brun . . . » 40 » 05
157. 75 » rose . . . 1f25 » 10
158. 1 fr. vert jaune . 1f25 » 05

1877-78. *Idem.*

Nos				Neufs.	Oblitérés.
159.	1 cent.	noir s. azuré		» 05	» 05
160.	2 »	brun rouge.		» 05	» 05
161.	3 »	jaune		» 10	» 05
162.	4 »	violet brun		» 10	» 05
163.	10 »	noir s. violet		» 15	» 05
164.	15 »	bleu		» 20	» 05
165.	25 »	noir s. rouge		» 75	» 05
166.	35 »	noir s. jaune		» 75	» 10
167.	40 »	rouge		» 60	» 05
168.	5 fr.	violet	6f »	» 25

1879-84. *Idem.*

172.	3 cent.	gris	» 05	» 05
221.	20 »	rouge s. vert	» 30	» 05
171.	25 »	jaune	» 60	» 05

1886. *Idem.*

234. 25 c. noir s. rosa pâle » 40 » 05

Timbres pour journaux

1868. *(Fiscaux et postaux.) Aigle dans un écusson.*

41.	2 cent.	violet	»	» 3f	»
42.	2 »	bleu	»	» »	»
43.	2 »	rose	»	» »	»

1868. *Idem, dentelés.*

44.	2 cent.	violet	» 25	» 25
45.	2 »	bleu	» »	1f
46.	2 »	rose	» »	1f50

Timbres-taxe

1859. *Chiffre.*

15.	10 c.	noir *lithographié*	» » 12f	»
16.	10 »	noir *typographié*	» 25	» 25

1863. *Idem.*

Nos			Neufs.	Oblitérés.
30.	15 cent.	noir	» »	» 35
31.	15	*dentelé (non officiel).*	» »	» »

1870. *Idem, lithographié (émission provisoire de Province).*

83. 15 cent. noir » 35 » »

1871. *Idem, typographié.*

125.	25 cent.	noir	» 75	» 35
126.	40 »	bleu	» »	» »
127.	60 »	jaune bistre	» »	» »

1878. *Idem.*

169.	30 cent.	noir	» 75	» »
170.	60 »	bleu	1f50	» 50

1881-84. *Chiffre, ornements, dentelés.*

189.	1 cent.	noir	» 10	» »
190.	2 »	noir	» 10	» 10
191.	3 »	noir	» 10	» 10
192.	4 »	noir	» 10	» 10
193.	5 »	noir	» 10	» 10
194.	10 »	noir	» 25	» 10
195.	15 »	noir	» 30	» 10
196.	20 »	noir	» 40	» 15
188.	30 »	noir	» 60	» 05
197.	40 »	noir	» 80	» 25
222.	60 »	noir	1f25	» 25
198.	1 franc	noir	2f »	» »
199.	2 »	noir	5f »	2f »
200.	5 »	noir	10f »	» »

1884. *Idem.*

223.	1 franc	brun rouge	» 2f »	» 40
224.	2 »	brun rouge.	5f »	» »
225.	5 »	brun rouge.	10f »	» »

Timbres-télégraphe

1868. *Aigle.*

N°ˢ				Neufs.	Oblitérés.
47.	25 cent.	rose	»	»	» »
48.	50 »	vert.	»	»	» »
49.	1 fr.	orange . . .	»	»	» »
50.	2 »	violet	»	»	» 75

1869. *Idem, dentelés.*

51.	25 cent.	rose	»	»	1f 25
52.	50 »	vert	1f	»	» 15
53.	1 fr.	orange . .	2f	»	» 15
54.	2 »	violet	3f	»	» 35

DÉPARTEMENTS ENVAHIS

(Voir Alsace-Lorraine.)

PARIS pendant la COMMUNE

1871. Offices particuliers *qui se chargeaient de l'expédition et de la réception de la correspondance parisienne lors de l'interruption du service postal. (Voir aux enveloppes.)* Le suivant seul eut des timbres :

Office Lorin M.

1871. *Armes, dentelés sous le chiffre.*

106.	5 c. vert *imprimés* .	. *	» 10	»	»
107.	10 » violet *lettre* . .	. *	» 15	»	»
108.	50 » rose *chargement*	*	» 25	»	»

Timbres-taxe

1871. *Même genre sans chiffre en haut.*

N°ˢ		Neufs.	Oblitérés.
109.	5 c. vert *imprimés* . .	* » 10	» »
110.	10 » violet *lettre*. . .	* » 10	» »
111.	50 » rose *chargement*	* » 25	» »

GABON

POSSESSION FRANÇAISE

Afrique Occident

1886. *Timbres des Colonies françaises (déesse), avec chiffre de la valeur et* GAB. *en surcharge noire; cette surcharge occupe une place différente pour chaque valeur.*

1.	5 c.	sur 20 c.	bistre vert	»	»	» »
2.	10 »	sur 20 »	bistre vert	»	»	» »
3.	25 »	sur 20 »	bistre vert	2f	»	1f 25
4.	50 »	sur 15 »	bleu . . .	»	»	» »
5.	75 »	sur 15 »	bleu . . .	»	»	» »

GAMBIE

POSSESSION ANGLAISE

Afrique Occident

1869. *Effigie à gauche (Victoria I), relief.*

1.	4 pence	brun	»	»	» »
2.	6 »	bleu	»	»	» »

1880. *Idem, dentelés.*

3.	½ penny	orange . . .	»	»	» »
4.	1 »	carmine . .	» 40	»	»

* Les timbres précédés d'un astérisque sont réimprimés.

Nos			Neufs.	Oblitérés.
5.	2 pence	rose	» 60	» »
6.	3 »	bleu clair .	1f50	» »
7.	4 »	brun . . .	1f25	» 50
8.	6 »	bleu . . .	3f	» »
9.	1 shill.	vert . . .	»	» »

1886-87. *Idem.*

16.	½ penny	vert	» 20	» »
17.	1 »	carmin . . .	» 30	» »
18.	2 pence	orange . . .	» 50	» »
12.	2½ »	bleu	» 50	» »
13.	3 »	gris	» 75	» »
14.	6 »	vert olive . .	1f50	» »
15.	1 shill.	violet	2f50	» »

GIBRALTAR

POSSESSION ANGLAISE

Europe Sud

1886. *Timbres des Bermudes avec* GIBRALTAR *en surcharge noire.*

1.	½ penny	vert . . .	» 35	» »
2.	1 »	carmin . . .	» 50	» 40
3.	2 pence	brun violet	»	» »
4.	2½ »	bleu ciel	1f	» 75
5.	4 »	orange	»	» »
6.	6 »	violet vif	»	» »
7.	1 shill.	bistre	»	» »

1886. *Effigie à gauche (Victoria I), cadres divers, dentelés.*

11.	½ penny	vert . . .	» 50	» 35
12.	1 »	carmin . . .	» 50	» 35

Nos			Neufs.	Oblitérés.
13.	2 pence	brun . . .	» »	» 75
14.	2½ »	bleu . . .	1f »	» 35
15.	4 »	rouge brun	» »	» »
16.	6 »	violet . . .	» »	» »
17.	1 shill.	bistre . . .	» »	» »

GRANDE-BRETAGNE

ROYAUME

Europe Nord, Occident

1840. *Effigie à gauche (Victoria I), lettres dans les angles du bas, fleurons en haut.*

3.	1 penny	noir	» »	» 25
4.	2 pence	bleu	» »	1f »

1841. *Idem, le 2 p. avec ligne blanche dessus et dessous l'effigie, papier bleu.*

6.	1 penny	brique . . .	2f50	» 05
7.	2 pence	bleu	» »	» 25

1847-54. *Même effigie, relief, cadres octogones divers.*

10.	6 pence	violet	» »	2f50
11.	10 »	brun	» »	5f »
12.	1 shill.	vert	» »	2f50

1854. *Type 1841, dentelés.*

13.	1 p. rouge brun s. bleu	» »	» 05
14.	2 » bleu sur blanc . .	» »	» 20
15.	1 » rouge carminé id.	» 50	» 07

1855-56. *Même effigie, types divers, sans lettres aux angles, dentelés.*

Nos		Neufs.	Oblitérés
16.	4 p. rose sur azuré . . .	» »	1f50
17.	4 » rose sur blanc. . .	» »	» 10
18.	6 » violet.	» »	» 20
19.	1 sh. vert	» »	» 50

1858-64. *Types 1840-41, lettres aux quatre angles, dentelés.*

55.	2 pence bleu	» 35	» 05
61.	1 penny rouge carminé	» 20	» 05

1862. *Genre des timbres 1855-56, petites lettres aux quatre angles, dentelés.*

56.	3 pence rose	3f50	1f »
57.	4 » rouge	2f50	» 05
58.	6 » violet . . .	3f50	» 25
59.	9 » bistre	6f »	2f »
60.	1 shill. vert	» »	» 25

1865-67. *Idem, grandes lettres aux angles sur fond de couleur, dentelés.*

64.	3 pence rose	» »	» 10
65.	4 » rouge . . .	1f »	» 05
66.	6 » violet . . .	2f50	» 10
67.	9 » bistre	» »	1f25

Nos		Neufs.	Oblitérés
68.	1 shill. vert	5f »	» 15

69.	10 pence brun	5f »	1f75
70.	2 shill. bleu	6f »	» 75

71. 5 shill. rose *grand.* 12f » 1f »

1870. *Même effigie, types divers, dentelés.*

75.	½ penny rouge carm.	» 10	» 05
76.	3½ pence rouge carm.	» »	» 10

1872-73. *Même effigie, lettres des angles sur fond de couleur, dentelés.*

77.	6 pence brun	» »	» 75
78.	6 » brun clair . . .	» »	» 75
79.	6 » gris	» »	» 75

1873-76. *Types antérieurs, lettres des angles sur fond blanc, dentelés.*

Nos. Neufs. Oblitérés.

85. 3 pence rose. .... » » » 10
86. 6 » gris. .... 1f50 » 15
87. 1 shill. vert. .... 2f50 » 10
90. 2½ p. carminé clair » 50 » 05

93. 4 pence rouge ... » » 1f50
98. 8 » orange ... » » 1f25
99. 4 » vert pâle ... » » » 50

1878. *Genre des timbres 1865, dentelés.*

116. 10 shill. gris. ... » » »
117. 1 pound lilas brun. » » » »

1880. *Même effigie, types divers, dentelés.*

123. ½ penny vert. ... » 10 » 05
124. 1 » brun rouge » 20 » 05

Nos. Neufs. Oblitérés.

125. 3/2 pence brun rouge » » » 10
126. 2 » rose. ... » 50 » 10

1880. *Types antérieurs, dentelés.*

127. 2½ pence bleu clair. » 30 » 05
128. 4 » bistre gris. 1f » » 10
131. 1 shill. rouge pâle. 2f50 » 15
132. 2 » brun bistre » » » »

1881. *Timbres fiscaux : receipt, draft, inland revenue, de toutes sortes, dont l'usage comme timbres-poste est autorisé provisoirement.*

137. 1p. violet inl. revenue » » » 25
etc. etc.

1881. *Timbre-poste et fiscal, même effigie, dentelé.*

139. 1 penny violet .... » 20 » 05

1881-82. *Même effigie, dentelés.*

140. 5 pence violet foncé » » » 15
141. 5 pound orange gr.
type du timbre
télégraphe n° 106 » » » »

1883. *Types des nos 85, 86, avec surcharge rouge, dentelés.*

149. 3 d. violet .... 1f25 » 35
150. 6 » violet .... 2f50 » 50

1883-84. *Même effigie, types divers, dentelés.*

N°s		Neufs.	Oblitérés.
157.	½ p. viol. gris t. n° 123	» 10	» 05
158.	1½ pence lilas	» 30	» 15
159.	2 » lilas	» 40	» 10
160.	2½ » lilas	» 50	» 05
161.	3 » lilas	» 60	» 20
162.	4 » vert	» 75	» 20
163.	5 » vert	1f	» 20
164.	6 » vert	1f25	» 20

165.	9 pence vert	» »	» »
166.	1 shill. vert	9f »	» 25
167.	2 sh. 6 p. lilas	5f »	» 50
168.	5 shill. rose	10f »	» 35
169.	10 » bleu	» »	2f »

170. 1 pound brun violet . . . . . » » 6f »

1887. *Petite effigie à gauche, cadres divers, dentelés.*

N°s		Neufs.	Oblitérés.
174.	½ p. rouge	» 10	» 05
175.	1½ » violet et vert	» 25	» 15
176.	2 » vert et rouge	» 35	» 10
177.	2½ » violet s. bleu	» 40	» 05

178.	3 p. brun s. jaune	» 50	» 15
179.	4 » vert et brun	» 75	» 15
180.	5 » violet et bleu	» 85	» 25
181.	6 » brun sur rouge	1f »	» 25

182.	9 p. violet et bleu	1f50	» 50
183.	1 sh. vert	2f »	» 25

Timbres de service

1840. *Timbre de 1840, avec v r en haut.*

5. 1 penny noir . . . . » » » »

1882-87. *Timbres de 1872-81, avec I. R. OFFICIAL en surcharge noire.*

146. ½ penny rouge . . . . » » » 25
147. 1 » violet . . . » » » 25
148. 6 pence gris . . . . » » » »

1883. *Timbres de 1883 avec mot PARCELS en surcharge noire (colis postaux du gouvernement).*

. . . . » » » »

Timbres-télégraphe

1876. *Effigie à gauche (Victoria I), grandeurs et types divers, dentelés.*

N			Neufs.	Oblitérés
94.	1 penny	carmine	»	» »
95.	3 pence	carmin	»	» »
101.	4 »	vert pâle	»	» »
102.	6 »	gris	»	» »
96.	1 schill.	vert	»	» 75
103.	3 »	bleuâtre	»	» »
97.	5 »	carmin	»	» 1f25
105.	10 »	gris	»	» »

104.	1 pound brun violet	»	»	»
106.	» orange	»	»	»

1880. *Idem.*

135.	½ penny orange	»	»	»
136.	1 shill. rouge brun	»	»	»

Télégraphe. Compagnies particulières *antérieures au monopole du Gouvernement.*

On connaît une cinquantaine de ces timbres.

Transport des imprimés par Chemins de fer.

Il existe environ trois cents de ces timbres.

Transport des imprimés. Compagnies particulières.

Il existe une centaine de ces timbres dont quelques-uns ont été ou sont encore en service, les autres sont de fantaisie.

GRÈCE

ROYAUME

Europe Sud, Orient

1861. *Mercure à droite, impression de Paris, saignée, papier teinté.*

1.	1 lepton brun	3f	» »

N°ˢ				Neufs.	Oblitérés.
2.	2 lepta	bistre	2f	»	» »
3.	5 »	vert	3f	»	» »
4.	10 »	orange s. azuré	15f	»	» »
5.	20 »	bleu	3f	»	» »
6.	40 »	violet s. azuré	3f	»	» »
7.	80 »	rose	3f	»	» »

1862. *Idem, impression d'Athènes, moins soignée.*

8.	1 lepton	brun	» 05	» 05
9.	2 lepta	bistre	» 10	» 10
10.	5 »	vert	» 10	» 05
11.	10 »	orange s. azuré	» 25	» 10
12.	20 »	bleu	» 40	» 05
13.	40 »	violet s. azuré	» 75	» 15
14.	80 »	rose	1f50	» 15

1866-74. *Idem.*

15.	10 l.	rouille s. jaune	» 25	» 10
16.	40 »	lie de vin	»	» 15
17.	40 »	groseille	»	» 15
17a.	20 »	bleu foncé	» 75	» 15

1876. *Idem, impression de Paris, soignée.*

31.	30 l.	brun clair	» »	» »
32.	60 »	vert sur vert	3f »	» »

1876-77. *Idem, impression d'Athènes, moins soignée.*

30.	5 l.	vert s. blanc	» 15	» 05
34.	30 »	brun foncé	1f »	» 15
35.	60 »	vert s. jaune	2f »	» »

1882-83. *Idem.*

38.	20 lepta	carmin	» 60	» 05
39.	30 »	bleu	1f »	» 10
40.	40 »	violet	1f25	» 15

1886-88. *Petite tête de Mercure à droite.*

46.	1 lepton	brun	» 05	» 05
47.	2 lepta	bistre	» 15	» »
48.	5 »	vert	» 15	» 05
49.	10 »	orange	» 25	» 05
50.	20 »	carmin	» 50	» 05
51.	25 »	bleu	» 60	» 10
52.	50 »	olive	1f25	» 25
53.	40 »	violet	1f25	» 35
54.	1 drach.	gris	2f50	» 50

Timbres-taxe

1875. *Chiffre, dentelés.*

N°ˢ				Neufs.	Oblitérés.
18.	1 lepton	vert	» 05	» »
19.	2 lepta	vert	» 10	» »
20.	5 »	vert	» 10	» »
21.	10 »	vert	» 20	» »
22.	20 »	vert	» 40	» »
23.	40 »	vert	» 75	» »
24.	60 »	vert	1f25	» »
29.	70 »	vert	1f50	» »
25.	80 »	vert	1f50	» »
26.	90 »	vert	1f75	» »
27.	1 drachme	vert	3f	» »
28.	2 »	vert	5f	» »

1880. *Idem.*

36.	100 lepta	vert	» »	» »
37.	200 »	vert	6f »	» »

LA GRENADE

POSSESSION ANGLAISE

Amérique Centrale, Antilles

1860-66. *Effigie de 3/4 à gauche (Victoria I), dentelés.*

1.	1 penny	vert	» 35	» »
2.	6 pence	rose	» »	1f50
3.	6 »	rouge	» »	1f25

1875. *Même genre,* POSTAGE *en surcharge bleue, dentelé.*

N**   Neufs. Oblitérés.

4. 1 shill. violet . . . . . » » » »

1881. *Idem, valeur en surcharge noire.*

5. ½ penny violet . . . » 50 » »
7. 2½ pence carmine . . » » » »
6. 4 » bleu . . . 3f » » »

1883. *Timbre de 1875 avec couronne et valeur en surcharge bleue (fiscal),* POSTAGE *en surcharge noire.*

10. 1 penny jaune . . . . » » » »

Le même avec double surcharge transversale POSTAGE, *en noir.*

11. 1 penny jaune . . . . » » » »

1883. *Même effigie à gauche, dentelés.*

12. ½ penny vert . . . » 15 » 10
13. 1 » rose . . . » 25 » 15
14. 2½ pence bleu . . . » 60 » 25
15. 4 » gris . . . 1f » 30
16. 6 » lilas . . . 1f50 » »
17. 8 » bistre gris . 1f75 » »
18. 1 shill. violet . . 2f50 » »

1886-88. *Type 1875 avec couronne et valeur en surcharge bleue (fiscal) plus la surcharge noire 1 ou 4 p. (le d. sur le chiffre) et* POSTAGE.

19. 1 d. sur divers . . . 1f » » »
32. 4 d. sur 2 sh. jaune . 1f50 » »

1887. *Type 1883 avec* POSTAGE & REVENUE, *dentelé.*

31. 1 penny rose . . . . » 25 » 15

GRIQUALAND

POSSESSION ANGLAISE

Afrique Sud

1877. *Timbres du Cap de Bonne-Espérance rectangulaires avec G W ou G de différentes formes, en surcharge rouge ou noire.*

N**   Neufs. Oblitérés.

1. ½ penny gris . . . . » » » »
2. 1 » carmin . . » 50 » 25
3. 4 pence bleu . . . . » » » 40
4. 6 » violet . . . . » » » »
5. 1 shill. vert . . . . » » » »
6. 5 » orange . . . » » » »

LA GUADELOUPE

POSSESSION FRANÇAISE

Amérique Centrale, Antilles

1884. *Timbres des Colonies françaises 1876 avec* G. P. E. *et valeur en surcharge noire.*

6. 20 sur 30 c. brun . . . . 2f » » »
7. 25 sur 35 c. aune . . . . 1f50 » »

Timbres-taxe

1877. *Chiffre.*

1. 25 c. noir sur blanc . . » » » »
2. 40 » noir sur blanc . » » » »

1879. *Idem.*

3. 15 c. noir s. azuré . . . » » » »
4. 30 » noir s. blanc . . » » 1f50

1884. *Même genre, grands, noir sur couleur.*

Nos			Neufs.	Oblitérés.
8.	2 cent.	blanc	» »	» »
9.	10 »	bleu	» 75	» »
10.	15 »	violet	1f »	» 75
11.	20 »	rose	» »	» »
12.	30 »	jaune	1f50	1f25
13.	35 »	gris	2f »	» »
14.	50 »	vert	2f50	1f25

GUATÉMALA

RÉPUBLIQUE

Amérique Centrale

1871. *Soleil, armes, dentelés.*

			Neufs.	Oblitérés.
1.	1 cent.	bistre	» 50	» »
2.	5 »	brun	» 50	» »
3.	10 »	bleu	» 60	» »
4.	20 »	carmin	» 75	» »

1872. *Même genre, armes, dentelés.*

5.	4 reales	violet	» »	» »
6.	1 peso	jaune	» »	» »

1875. *Liberté à gauche, dentelés.*

Nos			Neufs.	Oblitérés.
7.	¼ real	noir	» 50	» »
8.	½ »	vert	» 50	» »
9.	1 »	bleu	» 75	» »
10.	2 »	rouge	» 75	» »

1878. *Indienne de 3/4 à gauche, dentelés.*

15.	½ real	vert	» 50	» »
16.	2 »	carmin	» 75	50
17.	4 »	violet	1f »	» 50
18.	1 peso	jaune	2f »	1f »

1879. *Oiseau (quetzal), dentelés.*

19.	¼ real	vert et brun	» 40	» »
20.	1 »	vert et noir	1f »	» 60

1880. *Types 1878 indienne et 1879 oiseau, avec valeur en surcharge noire.*

No		Neufs.	Oblitérés.
21.	1 c. sur ½ r. vert et brun	1f »	» 75
22.	5 » » ½ » vert	1f »	» »
23.	10 » » 1 » vert et noir	1f »	» »
24.	20 » » 2 » rouge	3f »	» »

1880. *Type 1879 oiseau, dentelés.*

25.	1 c. vert et noir	» 20	» 15
26.	2 » vert et bistre	» 30	» 20
27.	5 » vert et rouge	» 30	» 15
28.	10 » vert et violet noir	» 35	» 20
29.	20 » vert et jaune	» 50	» 50

1886. *Timbres provisoires formés d'un timbre de chemin de fer à l'effigie de J. R. Barrios, inscriptions, valeur et divers ornements typographiques en surcharge noire, dentelés.*

30.	25 c. sur 1 p. rouge	» »	» »
31.	50 » sur » rouge	» »	» »
32.	75 » sur » rouge	» »	» »
33.	100 » sur » rouge	» »	» »
34.	150 » sur » rouge	» »	» »
	La série de 5 timbres.	5f »	5f »

1886. *Oiseau (quetzal) et charte, dentelés.*

35.	1 cent. bleu	» 30	» 15
36.	2 » brun	» 30	» 15
37.	5 » violet	» 60	» 20
38.	10 » rouge	1f25	» 20
39.	20 » vert bleu	2f25	» 50
40.	25 » orange	2f50	» 75

No		Neufs.	Oblitérés.
41.	50 cent. vert jaune	5f »	» »
42.	75 » carmin	7f50 »	» »
43.	100 » rouge brun	10f »	» »
44.	150 » bleu foncé	15f »	» »
45.	200 » jaune	20f »	» »

1886. *Idem, avec surcharge noire* PROVISIONAL 1886 1 UN CENTAVO.

46.	1 c. sur 2 c. brun	» 60	» »

GUINÉE

POSSESSION PORTUGAISE

Afrique Occident

1879-85. *Timbres du Cap Vert avec* GUINE *en surcharge noire, grands caractères.*

1.	5 reis noir	» 50	» »
2.	10 » jaune	» »	» »
3.	20 » bistre	» 60	» »
4.	25 » rose	» 60	» »
6.	50 » vert	» »	» »
7.	100 » violet	1f25	» »
8.	200 » orange	2f50	» »
9.	300 » brun rouge	5f »	» »
10.	10 » vert	» 50	» »
11.	20 » rose	» 60	» »
12.	25 » violet	» 75	» »
13.	40 » jaune	1f50	1f50
14.	50 » bleu	» 75	1f25

1879. *Idem, surcharge* GUINE *en petits caractères.*

14a.	5 reis noir	» »	» »
15.	10 » jaune	» »	» »
16.	20 » bistre	» »	» »
16a.	25 » rose	» »	» »
17.	40 » bleu	» »	» »
17a.	50 » vert	» »	» »
18.	100 » violet	20f »	» »
19.	200 » orange	» »	» »
20.	300 » brun rouge	» »	» »

1886. *Effigie (Don Luis I) de 3/4, dentelés.*

	Nos		Neufs.	oblitérés.
21.	5 reis	noir	» 25	» »
22.	10 »	vert	» 35	» »
23.	20 »	rose	» 60	» »
24.	25 »	violet	» 75	» »
25.	40 »	brun rouge	1f »	» »
26.	50 »	bleu	1f »	» »
27.	80 »	gris	1f50	» »
28.	100 »	brun	1f50	» »
29.	200 »	lilas	2f50	» »
30.	300 »	orange	3f »	» »

GUYANE ANGLAISE

Amérique du Sud, Nord

1850. *Composition typographique, signature manuscrite, noir sur couleur.*

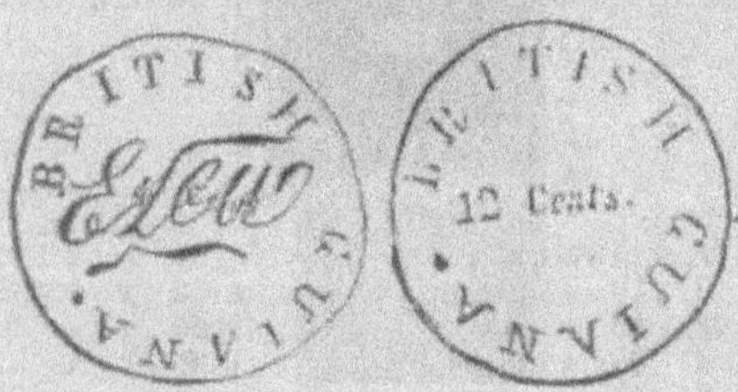

0.	2 cents	rose	» » » »
1.	4 »	jaune	» » » »
2.	8 »	vert	» » » »
3.	12 »	bleu	» » » »

1850. *Navire, noir sur papier couché, de couleur.*

| 4. | 1 cent | carmin foncé | » » » » |
| 5. | 4 » | bleu foncé | » » » » |

1853. *Navire à gauche dans un ovale, papier blanc.*

	Nos		Neufs.	oblitérés.
6.	1 cent	rouge brun	» »	» »
7.	1 »	rouge	*» »	» »
8.	4 »	bleu	*3f »	20f »

1856. *Navire, noir sur papier couché, de couleur.*

| 9. | 4 cents | bleu | » » » |
| 10. | 4 » | carmin foncé | » » » » |

1860. *Navire à droite, genre 1853, dentelés.*

11.	1 cent	rose	» »	» »
12.	2 »	orange	» 75	» 35
13.	4 »	bleu	1f25	» »
14.	8 »	chair	2f50	» 75
15.	12 »	gris lilas	1f »	1f »
16.	24 »	vert	» »	» »

1862-63. *Idem.*

17.	1 cent	brun rouge	» »	» »
18.	1 »	brun	» »	» »
28.	1 »	noir	» 50	» 30
29.	12 »	violet	2f50	1f »

* Les timbres dont le prix neuf est précédé d'un astérisque sont réimprimés; les oblitérés sont anciens.

1862. *Timbres provisoires, bordures diverses, noir sur couleur.*

Nos			Neufs.	Oblitérés.
22.	1 cent	rose	» »	» »
23.	2 »	jaune	» »	» »

19.	1 cent	rose	» »	» »
20.	2 »	jaune	» »	» »

21.	4 cents	bleu	» »	» »

24.	4 cents	bleu	» »	» »

25.	1 cent	rose	» »	» »
26.	2 »	jaune	» »	» »

27.	4 cents	bleu	» »	» »

1863. *Navire dans un cercle, dentelés.*

30.	6 cents	bleu	»	»
31.	6 »	bleu terne . . .	»	»
32.	24 »	vert	5f	1f25
33.	48 »	rouge	10f	2f

1876. *Même genre, dentelés.*

Nos				Neufs.	Oblitérés.
36.	1 cent	gris bleu . . .		» 25	» 10
37.	2 »	orange		» 35	» 10
38.	4 »	bleu		» 60	» 25
39.	6 »	brun		1f	» 75
40.	8 »	carmin . . .		1f	» 30
41.	12 »	lilas		1f50	» 50
42.	24 »	vert		2f50	» 75
43.	48 »	brun rouge . .		» »	2f50
44.	96 »	bistre jaune .		» »	» »

1878. *Timbres provisoires. Timb. de 1860 et 1876 et t. de service avec larges barres d'encre à écrire modifiant la valeur.*

46.	6 cents bleu (1 c.) . . .	» »	» »

etc.

1881. *Timbres de 1876 et 1863 avec valeur barrée et chiffre en surcharge noire.*

48.	1 c. s. 96 bistre jaune .	2f50	» »
49.	1 » s. 48 rouge de 1863	5f »	» »
50.	2 » s. 96 bistre jaune .	2f50	» »

1881. *Timbres de 1876 avec valeur barrée, chiffre et* OFFICIAL *en surcharge noire.*

51.	1 c.	sur 12 lilas . . .	» »	» »
52.	1 »	sur 48 brun rouge	» »	» »
53.	2 »	sur 12 lilas . . .	» »	5f »
54.	2 »	sur 24 vert . . .	» »	5f »

1882. *Navire,* SPÉCIMEN *piqué en travers, 2 types à chaque valeur; navire à 2 ou 3 mâts, dentelés.*

55.	c. noir sur rose . . .	5f	» 4f50
56.	» noir sur jaune . .	5f	» 4f50

Timbres de service

1875. *Timbres de 1860-63 avec OF-*
FICIAL *en surcharge noire ou rouge.*

Nos		Neufs	Oblitérés.
34.	1 cent noir	» » »	1f »
35.	2 » orange	» » » »
	etc.		

1876. *Timbres de 1876 avec* OFFICIAL *en*
surcharge noire.

45.	2 cents orange . . .	» » » 75
	etc.		

GUYANE FRANÇAISE

Amérique du Sud, Nord

1886-88. *Timbres des Colonies fran-*
çaises de diverses émissions, avec
millésime, GUY. FRANC. *et couleur en*
surcharge noire (*).

1.	5 c. sur divers	2f	»	» »
3.	10 » sur 75 c. rose . .	»	»	» »
7.	20 » sur 35 c. jaune . .	»	»	3f »
4.	25 » sur 30 c. brun . .	3f	»	3f »

GWALIOR

ÉTAT INDIEN

Asie Sud

1885. *Timbres des Indes anglaises*
avec GWALIOR *et caractères indiens*
en surcharge noire ou rouge.

1.	½ anna vert	» 25	» »
2.	1 » brun	» 50	» »

(*) Voir le *Catalogue descriptif des*
timbres surchargés.

Nos			Neufs	Oblitérés.
3.	1 a. 6 p. bistre	» 60	» »
4.	2 annas bleu	» 75	» »
5.	3 » orange . . .	1f	» »
6.	4 » vert	1f50	» »
7.	6 » bistre	2f	» »
8.	8 » lilas	2f50	» »
9.	1 rupee gris	5f	» »

HAIDERABAD

ÉTAT INDIEN

Asie Sud

1866. *Inscriptions orientales, dentelé.*

1.	vert olive	1f50	» »

1871. *Gravure au trait inscriptions*
orientales, dentelés.

2.	½ anna brun	1f	» » 75
3.	2 » vert	1f50	» »

1871. *Idem, gravure finie, dentelés.*

4.	¼ anna brun rouge .	» 25	» 20
5.	1 » brun violet .	» 50	» 35
6.	2 » vert	1f	» 75
7.	3 » bistre	1f25	» »
8.	4 » gris	1f75	» »
9.	8 » brun	3f50	» »
10.	12 » bleu pâle . .	4f	» »

Timbres de service

1866-71. *Tous les timbres précédents*
avec une inscription orientale en
surcharge noire ou rouge.

2a.	½ anna brun	» »	» »
11.	¼ » brun rouge .	» »	» 50
12.	1 » brun violet .	» »	» »

HAITI

RÉPUBLIQUE

Amérique Centrale, Antilles

1881. *Effigie (Liberté) à gauche, papier teinté.*

	Nos			Neufs.	Oblitérés.
1.	1 cent.	rouge		» 30	» 25
2.	2 »	violet		» 60	» 50
3.	3 »	brun		» 75	» 60
4.	5 »	vert		» 75	» 35
5.	7 »	bleu		1 50	» 35
6.	20 »	brun rouge		» »	» »

1882-84. *Idem, dentelés.*

9.	1 cent.	rouge		» 20	» 15
10.	2 »	violet		» 35	» 20
11.	3 »	brun		» 50	» 20
12.	5 »	vert		» 50	» 15
13.	7 »	bleu		1 »	» 35
14.	20 »	brun rouge		» »	» 75

1887. *Effigie de face (général Salomon), dentelés.*

15.	1 cent.	rouge		» 15	» 15
16.	2 »	violet		» 25	» 20
17.	3 »	bleu		» 50	» 35
18.	5 »	vert		» 50	» 20

HAMBOURG

VILLE LIBRE

Europe Centre

1859 *Chiffre, armes (trois tours)*

	Nos			Neufs.	Oblitérés.
1.	½	sch.	noir	3f	» »
2.	1	»	brun	5f	» »
3.	2	»	rouge	5f	» »
4.	3	»	bleu	5f	» »
5.	4	»	vert	1f	» »
6.	7	»	orange	1f	2f »
7.	9	»	jaune	7f	» »

1864. *Même genre.*

9.	1¼	sch.	violet	» 25	» »
10.	1½	»	lilas	» 25	» »
11.	2½	»	vert	» 25	» »
12.	2½	»	vert foncé	» 25	» 25

1864. *Types 1859 et 1864, dentelés.*

13.	½	sch.	noir	» 25	» »
14.	1	»	brun	» 75	» »
15.	1¼	»	gris	» 15	» »
16.	1½	»	violet	» 15	» »
17.	2	»	rouge	» 50	» »
18.	2½	»	vert	» 25	» »
19.	2½	»	vert foncé	» 25	» »
20.	3	»	bleu terne	» »	» »
21.	4	»	vert	» 50	» »
22.	7	»	orange	» »	» »
23.	9	»	jaune	1f »	» »

1865. *Idem.*

Nos		Neufs.	Oblitérés
24.	3 sch. bleu ciel . .	1 25	1 »
25.	7 » violet	» 50	» »
26.	2½ » vert foncé (2e type) . . .	» 50	» »

1866. *Même genre, relief et couleur, dentelés.*

27.	1¼ sch. violet . . .	» 50	» »
28.	1½ » rose	» 50	» »

Timbre local

1868. *Légende dans l'ovale, dentelé.*

36.	violet brun	» 15

Timbre de retour

1859. *Inscriptions.*

8.	noir	» » » »

Les timbres précédés d'un * sont réimprimés.

Entreprises particulières Hamer et Cº

1860. *Chiffre, noir sur couleur.*

Nos   Neufs. Oblitérés.

1 à 8. ½ vert, ½ brun, ½ bleu, ½ jaune, ½ jaune foncé, ½ gris, ½ rose, ½ vert jaune . . . . . chaque. » 10 » »

H. Scheerenbeck

1862. *Armes (fort à trois tours), noir sur couleur.*

11 à 20, chamois, bleu, vert gris, rosé, jaune, brun foncé, vert, violet, vert clair, chair . . chaque. » 10 » »

Ch. Van Diemen

1865. *Grand chiffre couleur sur blanc, inscriptions en surcharge noire, dentelés.*

21.	1 lilas	» 10	» »
22.	2 jaune	» 10	» »
23.	3 carmin	» 10	» »
24.	4 vert	» 10	» »

<table>
<tr><td>Nos</td><td>Neufs. Oblitérés.</td></tr>
</table>

25. 6 bleu . . . . » 10 » »
26. 8 rouge . . . . » 10 » »
La collection des 26 timbres particuliers . . . . 1f » » »

NOTA. — Nous n'indiquons pas les autres timbres connus des offices Kranzt, Hamonia, Lafranz, etc., qui n'ont jamais été mis en cours.

HANOVRE

ROYAUME

Europe Centre

1850-51. *Chiffres, armes, noir sur couleur.*

3. 1 gutengr. bleu . . . » » » »
4. 1 » vert . . 2f » » 25
5. 1/30 thaler chair. . 4f » 1f50
6. 1/30 » carmin. 4f » 1f50
7. 1/15 » bleu . . 4f » 1f50
8. 1/10 » jaune . 4f » 1f50

1853. *Chiffre, couronne.*

9. 3 pf. rose sur blanc 1f50 » »

1856. *Idem, fond burelé noir.*
10. 3 pf. rose sur blanc » » » »

1856. *Type 1850, chiffre et armes, noir sur fond burelé de couleur.*
11. 1 ggr. vert . . 2f50 » 35
12. 1/30 thaler rose . . 6f » 75
13. 1/15 » bleu . . 4f » 1f25
14. 1/10 » jaune . . » » 1f50

1856. *Idem, burelé serré.*

<table>
<tr><td>Nos</td><td>Neufs. Oblitérés</td></tr>
</table>

15. 1/10 thaler jaune . . 3f » » »

1859. *Effigie à gauche.*
24. 1 gros. carmin . . » 75 » 25
25. 2 » bleu . . 1f » » 75
26. 3 » jaune . . 2f » 1f »

1860. *Couronne et cor*
27. ¼ gros. noir . . . . » 75 2f »

1861. *Effigie à gauche, type 1859.*
32. 3 gros. bistre . . 2f50 » 75
31. 10 » vert . . . . » » » »

1863. *Type 1853 (chiffre, couronne).*
36. 3 pf. vert . . . . . » » » »

1864-65. *Types antérieurs, dentelés.*
37. 3 pf. vert chiffre . 3f » 3f »
38. ¼ gros. noir cor . . » » » »
39. 1 » rose effigie . » » » 35
40. 2 » bleu » . » » 1f »
41. 3 » bistre » . » » 1f »

HAWAII

ROYAUME

Océanie Polynésie

1851-53. *Chiffre, vignettes.*
1. 2 cents bleu . . . . » » »
2. 5 » bleu . . . . » » »
3. 13 » bleu . . . . » » »

4. 13 cents bleu (2e type). » » » »

1853. *Effigie de face (Kaméha-
méha III), deux types.*

Nos		Neufs.	Oblitérées.
5.	5 c. bleu s. blanc .	»1f50	» »
6.	5 » bleu s. azuré .	» »	» »
7.	13 » rouge s. blanc .	» »	» »

1859. *Chiffre,* HAWAIIAN POSTAGE *à
gauche.*

8.	1 c. bleu s. azuré .	» »	» »
9.	2 » noir s. azuré .	» »	» »

1862. *Effigie de face (Kamchamcha IV)*

10.	2 c. rose *lithographié*	5f »	»
11.	2 » rouge carm. *gravé*	2f »	»

1863. *Type de 1859, chiffre.*

12.	1 c. noir s. azuré .	» »	»
13.	2 » bleu s. azuré .	» »	»

1864. *Idem.*

14.	1 c. noir s. blanc .	» »	»
15.	2 » noir s. blanc .	3f »	»

1864. *Effigie de face (Kamchamcha IV), dentelé.*

Nos		Neufs.	Oblitérées.
16.	2 cents rouge. . . .	» 40	» »

1865. *Type de 1859, chiffre,* INTERIS-
LAND *à gauche.*

17.	1 c. bleu sur blanc .	» »	» »
18.	2 » bleu sur blanc .	» »	» »

1865. *Idem.*

21.	5 c. bleu sur azuré .	3f »	»

1865. *Idem,* HAWAIIAN POSTAGE, *à gauche et à droite.*

19.	5 c. bleu sur azure .	» »	» »

1866. *Effigie de face (Kamchamcha V),
dentelé.*

20.	5 c. bleu	1f »	» 35

1871. *Effigies diverses, dentelés.*

22.	1 c. *Kamamalu* violet . .	» 20	»

Nos		Neufs.	Oblitérés.
23. 6 c. vert *Kamehameha V*		» 75	» »

24. 18 c. carminé *Kekuanoa* 2f 50 » »

1875. *Même genre, dentelés.*

25. 2 c. brun *Kalakaua* » 25 » 15
26. 12 » noir *Leleiohoku* » » » »

1882. *Même genre, dentelés.*

27. 1 c. bleu *Likelike* . . » 35 » »

28. 10 c. noir *Kalakaua.* 1f 25 » 50
29. 15 » brun *Kapiolani.* 1f 75 » »

1882. *Types antérieurs, dentelés.*

Nos		Neufs.	Oblitérés.
33. 1 c. vert *type* nᵒ 27		» 20	» »
34. 2 » carmin » nᵒ 25		» 35	» 15
35. 5 » bleu ciel » nᵒ 20		» 60	» 20

1883-85. *Types divers, dentelés.*

36. 10 c. rouge *type* nᵒ 28. 1f 25 » 60
37. 12 » lilas *type* nᵒ 26. 2f » » »

38. 25 c. violet *Kameha-
    meha I.* . . . . . . 3f » » »
39. 50 » rouge *Lunalilo* . 5f » » »

40. 1 dol. rouge rose *Emma* 10f » » »
48. 10 c. br. rouge *type* nᵒ 28. 1f 25 » 35

HÉLIGOLAND

POSSESSION ANGLAISE

Europe Nord, Occident

1867. *Effigie (Victoria I) à gauche,
relief et couleur, dentelés.*

1. ½ sch. vert et carmin » » 25 » »
2. 1 » carmin et vert » » 25 » »
3. 2 » carmin et vert » » 25 » »
4. 6 » vert et carmin » » 25 » »

1873. *Idem, angles blancs autour de l'ovale, dentelés.*

Nos   Neufs. Oblitérés.

5.	¼ sch.	carm. et vert	* » 15 » »
6.	¼ »	vert et carm.	* » 25 » »
7.	¾ »	carm. et vert	* » 25 » »
8.	1½ »	vert et carm.	* » 25 » »

1875. *Même effigie, relief et couleur, dentelés.*

12.	1 f.	1 pf. carm. et vert	* » 15 » »
13.	2 »	2 » vert et carm.	* » 20 » »
14.	3 »	5 » carm. et vert	» 35 » »
15.	1½ p.	10 » vert et carm.	» 60 » »
16.	3 »	25 » carm. et vert	1f » » »
17.	6 »	50 » vert et carm.	2f » » »

1876. *Armes en jaune, vert et rouge, dentelés.*

| 20. | 2½ fa. | 3 pf. vert | * » 25 » » |
| 21. | 2½ pe. | 20 pf. carm. | » 75 » » |

1879. *Chiffre, ruban tricolore, dentelés.*

| 26. | 1 sh. ou mk. | noir, vert, rose | 3f50 » » |
| 27. | 5 sh. ou mk. | noir, vert, rose, jaune. | 17f » » » |

Les timbres précédés d'un * sont réimprimés.

HOLKAR

ÉTAT INDIEN

Asie Sud

1886. *Effigie de face (Tukaji Rao Holkar), dentelé.*

Nos   Neufs. Oblitérés.

| 1. | ½ anna lilas . . . . | » 35 » » |

HONDURAS

POSSESSION ANGLAISE

Amérique Centrale

1865-79. *Effigie à gauche (Victoria I), dentelés.*

1.	1 penny	bleu	» 60 » »
4.	3 pence	brun	» » » »
5.	4 »	violet.	3f » » 75
2.	6 »	rose	» » » »
3.	1 shill.	vert	7f » » »

1884-86. *Idem.*

7.	1 penny	rose	» 50 » »
8.	6 pence	jaune.	» » » »
9.	1 shill.	gris.	» » » »

1888. *Timbres en cours avec valeur en surcharge noire (deux types).*

Nos			Neufs.	Oblitérés.
10.	2 cents sur 1 p. rose .		» 40	» 35
11.	3 » sur 3 » brun .		» 60	» 35
12.	10 » sur 4 » violet.		1f50	» 75
13.	20 » sur 6 » jaune .		3f »	» »
14.	50 » sur 1 sh. gris.		6f50	» »
16.	two » rouge sur 1 sh. gris *déjà surchargé* 50 c.		» »	» »

HONDURAS

RÉPUBLIQUE

Amérique Centrale

1866. *Pyramide, armes, noir sur couleur.*

1.	2 reales	vert	» 50	» »
2.	2 »	rose	» 50	» »

1877. *Idem, valeur et real en surcharge mal imprimée.*

3.	½ r.	noir s. 2 r. . . .	3f »	» »
4.	1 r.	noir sur 2 r. vert	4f »	» »
4a.	1 r.	bleu sur 2 r. vert	» »	» »
5.	2 r.	bleu sur 2 r. rose	4f »	» »

1878. *Effigie à gauche (Morazan) cadres divers, dentelés.*

6.	1 cent.	violet	» 10	» »
7.	2 »	brun	» 15	» 15
8.	½ real	noir	» 20	» 35
9.	1 »	vert	» 30	» 35
10.	2 »	bleu	» 50	» 50
11.	4 »	rouge . . .	1f »	1f »
12.	1 peso	jaune . . .	1f50	2f »

HONG-KONG

POSSESSION ANGLAISE

Asie Orient.

1862. *Effigie à gauche (Victoria I), dentelés.*

Nos				Neufs.	Oblitérés.
1.	2 cents	brun	. . . .	» 30	» 25
2.	8 »	jaune	. . . .	1f50	» 35
3.	12 »	bleu	. . . .	1f75	» 50
4.	18 »	violet	. . . .	2f50	» 75
5.	24 »	vert	. . . .	3f50	» 50
6.	48 »	rose	. . . .	5f50	» 75
7.	96 »	gris vert	. .	10f »	» 50

1863-65. *Idem.*

8.	4 cents	gris	. . . .	» 50	» 25
9.	6 »	lilas	. . . .	» 75	» 35
10.	30 »	rouge	. . . .	3f »	» 75
11.	96 »	jaunâtre	. .	» »	» »

1871. *Idem.*

12.	30 cents violet vif	. .	3f »	» 25

1875. *Timbres fiscaux servant de timbres-poste. Même effigie, dentelés.*

13.	2 dollars	olive	. . . .	» »	2f »
14.	3 »	violet	. . . .	» »	3f25
15.	10 »	carmin	. . .	» »	» »

1876. *Timbres antérieurs, avec valeur en surcharge noire.*

16.	28 c. sur 30 c. violet.	» »	» »
17.	16 » » 18 » violet.	» »	» »

1877. *Même type sans surcharge, dentelé.*

Nos   Neufs. Oblitérés.

18. 16 cents jaune . . . . . » » » »

1879-80. *Timbres antérieurs avec valeur en surcharge noire.*

24. 5 c. sur 8 c. jaune . 1f75 » 75
25. 5 » sur 18 c. violet. 1f25 » 75
26. 10 » sur divers . . . » » 1f25
30. 12 » sur 10 dol. carm. » » » »

1879-80. *Même type sans surcharge, dentelés.*

31. 2 cents rose . . . . . » 25 » 10
32. 5 » bleu . . . . . » 60 » 15
33. 10 » violet . . . . 1f25 » 25
34. 48 » brun clair . . 5f » 1f »

1884. *Idem.*

39. 10 cents vert . . . . . 4f » » 20

1885. *Timbres antérieurs, avec valeur en surcharge noire.*

40. 20 cents sur 30 c. rouge 2f50 » 75
41. 50 » sur 48 c. brun. 6f » 1f25
42. 1 dollars. 96 c. gris vert 12f » 2f50

HONGRIE

ROYAUME

Europe Centre

1871. *Effigie à droite (François-Joseph I), lithographiés, dentelés.*

3. 2 kr. jaune . . . . . » » » »
4. 2 » jaune foncé . . . » » » »
5. 3 » vert . . . . . » » » »
6. 5 » carmin . . . . . » » » 25
7. 5 » rouge . . . . . » » » »
8. 10 » bleu . . . . . » » » 75
9. 15 » brun . . . . . » » 1f25
10. 25 » violet . . . . . » » 1f25

1871-72. *Idem, gravés, dentelés.*

17. 2 kr. jaune . . . . . » » » 15
18. 2 » orange . . . . » 15 » 15
19. 3 » vert . . . . . » 20 » 20
20. 5 » carmin . . . . » 25 » 05

Nos   Neufs. Oblitérés.

21. 5 kr. rouge . . . . . » » » 10
22. 10 » bleu . . . . . » 50 » 10
23. 15 » brun . . . . . » 75 » 15
24. 25 » violet . . . . 1f25 » 20

1871. *Couronne et cor, embouchoir à droite (pour journaux).*

16.   rouge . . . . . » 25 » 15

1872. *Idem, embouchoir du cor à gauche.*

25.   rouge . . . . . » 10 » 05

1874. *Couronne, chiffre sur une lettre, cor, non dentelé.*

36. 1 kr. jaune . . . . » 25 » 15

1874-76. *Idem, dentelés.*

37. 2 kr. violet . . . . » 15 » 05
38. 3 » vert . . . . . » 20 » 05
39. 5 » carminé . . . . » 25 » 05
40. 5 » rouge . . . . . » » » 05
41. 10 » bleu . . . . . » 30 » 05
54. 20 » gris noir . . . 1f » » 10

1888. *Idem, dentelé.*

64. 1 kr. noir . . . . . » 10 » 10

1888. *Idem, lignes verticales de couleur et valeur en surcharge noire.*

65. 8 kr. orange et jaune . » 40 » 15
66. 12 » brun et vert . . . » 60 » 15
67. 15 » rose et bleu . . . » 75 » 15
68. 24 » lilas et rose . . . 1f25 » 10
69. 30 » olive et gris . . . 1f50 » 10
70. 50 » rouge et brun . . . 2f50 » 10

1888. *Idem, avec valeur en surcharge rouge.*

71. 1 fl. bl. gris et argent. 4f » » 25
72. 3 » rouge et oc. . . . 11f » 1f »

Timbres-taxe pour journaux

1868. *Chiffre.*

Nos		Neufs.	Oblitérés.
1.	1 kr. bleu	»25	»10
2.	2 » brun		»20

Timbres-Télégraphe

1873. *Chiffre, lithographiés, dentelés.*

26.	5 kr. bleu	»50	»20
27.	10 » bleu	»	»20
28.	20 » bleu	1f25	»20
29.	25 » bleu	»	»25
30.	40 » bleu	»	»25
31.	50 » bleu	»	»

Idem, plus grand, deux génies, foudre, dentelés.

32.	1 fl. gris	»	»
33.	2 » gris sur jaunâtre	1f »	»50

1874-75. *Mêmes types, gravés, dentelés.*

Nos		Neufs.	Oblitérés.
46.	5 kr. bleu	»25	»15
47.	10 » bleu	»25	»15
48.	20 » bleu	»25	»15
49.	25 » bleu	»25	»15
50.	40 » bleu	»25	»20
51.	50 » bleu	»25	»05
52.	1 fl. gris	»50	»15
53.	2 » gris sur jaunâtre	» »	»75

INDES ANGLAISES

Asie Sud

1854. *Effigie à gauche (Victoria I), types divers.*

1.	½ anna bleu	4f	»1f»
2.	1 » rouge	3f50	1f»
3.	2 » vert		1f»
4.	4 » rouge et bleu	» »	1f50

1858. *Même effigie à gauche, papier azuré, dentelés.*

5.	4 annas noir	» »	1f
6.	8 » rose	» »	7f

Idem sur blanc.

7.	½ anna bleu	»50	»10
8.	1 » brun	»50	»10
9.	2 » vert	»	»
10.	4 » noir	2f50	»75
11.	8 » rose	3f50	»50

1859-61. *Idem.*

Nos		Neufs.	Oblitérés.
12.	2 annas chair. . . .	» »	1f »
13.	2 » bistre . . .	2f »	» 50
14.	2 » jaune orange	» 75	» 10
15.	8 p. violet *même genre*	» 50	» 10

1866-68. *Types divers, dentelés.*

18. 4 a. vert type 1858 . . » » » 75

19. 6 a. violet *timbre fiscal coupé et surchargé* POSTAGE *en vert*. . » » 10f »
20. 4 a. vert . . . . . . 1f25 » 10

21. 6 a. 8 p. gris . . . . . 3f » » 50
51. 8 a. rose, t. 1858, *refait* 2f25 » 10

1875-76. *Même genre, cadres divers, dentelés.*

56. 9 pies violet . . . » 50 » »
54. 6 annas bistre . . . 1f75 » 35

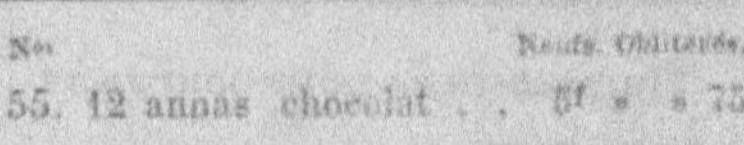

Nos	Neufs.	Oblitérés.
55. 12 annas chocolat . .	5f »	» 75

53. 1 rupee gris . . . . 5f » » 25

1881-88. *Idem, légende:* INDIA POSTAGE.

70. 9 pies carmin . . . . » 40 » »
71. ½ anna vert. . . . . » 20 » 10

66. 1 anna brun rouge . » 35 » 10
67. 1 a. 6 p. bistre gris . » 50 » 15

72. 2 annas bleu . . . . » 75 » 10
68. 3 » orange . . . 1f » » 15
77. 4 » gris vert . . 1f25 » 25

78. 4 a. 6 p. vert jaune . . 1f50 » 25
73. 8 annas violet . . . . » » » 25

Nos				Neufs.	Oblitérés.
80.	12 annas brun. s. rouge		4f	»	» 30
74.	1 rupee gris..		5f	»	» 25

Timbres de service

1866 – 76. *Tous les timbres avec* SERVICE *en surcharge noire.*

Nous avons en vente :

22.	½ anna	bleu	1f	»	» 13
23.	1 »	brun	1f50	»	» 13
24.	2 »	jaune	2f	»	» 20
25.	4 »	vert	»	»	» 20
26.	8 »	rose	»	»	» 25

1874-88. *Idem, avec* ON H. S. M. *en surcharge noire.*

35.	½ anna....	»	»	» 15
36.	1	»	»	» 15
37.	4	»	»	» 25

et autres timbres en cours.

Idem, surcharge noire BENGAL SECRE-TARIAT SERVICE.

38. Divers timbres en cours » » » »

1867-68. *Timbres de service provisoires, formés de timbres fiscaux avec surcharges vertes ou noires.*

30.	½ anna	violet	»	»	»	»
31.	2 »	violet *petit*.	»	»	»	»
32.	2 »	violet *grand*	»	»	»	»
33.	4 »	viole°	»	»	»	»
34.	8 »	violet *id.*	»	»	»	»

Timbres-télégraphe

1867-79. *Timbres doubles*, effigie à gauche, cadres divers, dentelés.*

Nos				Neufs.	Oblitérés.
40.	2 annas	carminé	» 75		» 60
41.	4 »	bleu	»	»	» 40
42.	8 »	brun	»	»	» 35
43.	1 rupee	gris	»	»	» 15
44.	2 r. 8 a.	bistre....	»	»	» 50
45.	5 rupee	brun rouge.	»	»	» 60
46.	10 »	vert	»	»	» 75
47.	14 r. 4 a.	violet....	»	»	2f »
48.	25 rupee	lilas	»	»	1f50
49.	28 r. 8 a.	vert jaune .	»	»	2f50
50.	50 rupee	rose	»	»	2f50
57.	1 anna	vert *1879*..	» 50		» 25

1881. *Timbres-télégraphe provisoires: timbre fiscal oblong surchargé* TELE-GRAPH.

65.	2 annas	lilas	»	»	» »
66a.	4 »	vert	»	»	1f »

* La partie inférieure de ces timbres est appliquée sur le télégramme, l'autre moitié sur le récépissé; on n'obtient comme timbres oblitérés que cette partie supérieure.

INDES NÉERLANDAISES

Océanie Malaisie

1864-68. *Effigie de 3/4 à gauche (Guillaume III).*

N°s				Neufs.	Oblitérés.
1.	10 cent	carmin		2ᶠ »	» »
2.	10 »	carmin dent.	» »	3ᶠ »

1869-88. *Effigie à droite, dentelés.*

N°s				Neufs.	Oblitérés.
3.	1 cent	olive	» 10	» 10
17.	2 »	brun violet	» 25	» 15
18.	2½ »	jaune	» 25	» 15
4.	5 »	vert	» 25	» 10
5.	10 »	brun rouge	» 50	» 10
39.	12½ »	gris	» 60	» 20
6.	15 »	lustre	» 75	» 25
7.	20 »	bleu	1ᶠ »	» 20
8.	25 »	violet	1ᶠ25	» 20
45.	30 »	vert	1ᶠ50	» 50
9.	50 »	carmin	2ᶠ50	» 20
10.	2gl.50c.	violet et vert	10ᶠ »	» 60

1883-87. *Chiffre, dentelés.*

34.	1 cent	gris vert	» 10	» 10
35.	2 »	brun	» 15	» 10
36.	2½ »	jaune	» 20	» 10
43.	5 »	vert	» 25	» 10

Timbres-taxe

1874-75. *Chiffre, dentelés.*

N°s			Neufs.	Oblitérés.
13.	5 bistre jaune s. blanc	» »	» »
14.	10 bleu sur jaune	1ᶠ »	» »
15.	15 bistre sur chamois	1ᶠ50	» »
16.	20 vert sur bleu	2ᶠ »	» 60

1881-88. *Chiffre noir, cadre couleur, dentelés.*

27.	2½ c.	noir et carmin	» 25	» »
28.	5 »	noir et carmin	» 35	» »
32.	10 »	noir et carmin	» 50	» »
33.	15 »	noir et carmin	» 60	» »
46.	30 »	noir et carmin	1ᶠ50	» »
29.	20 »	noir et carmin	1ᶠ »	» 35
30.	40 »	noir et carmin	2ᶠ »	» »
40.	50 »	noir et carmin	2ᶠ50	» »
31.	75 »	noir et carmin	3ᶠ50	» »

INDES PORTUGAISES

Asie Sud

1872. *Chiffre, papier blanc, dentelés.*

1.	10 reis	noir	1ᶠ50	» »

No			Neufs	Oblitérés
2.	20 reis	rouge	» »	» »
3.	40 »	bleu	2f »	» »
4.	100 »	vert	3f »	» »
5.	200 »	jaune	» »	» »
6.	300 »	violet	» »	» »
7.	600 »	violet	» »	» »
8.	900 »	violet	» »	» »

Pour simplifier la classification, nous n'avons fait que deux séries 1° sur papier blanc, 2° sur papier azuré ; mais il y a les différences suivantes dans les gravures du type : lignes horizontales écartées ou serrées, — fleurons ou croix séparant les légendes, — V de SERVICO barré ou non.

1872-76. *Idem sur azuré, dentelés.*

No			Neufs	Oblitérés
9.	10 reis	noir	» 75	» »
10.	20 »	rouge	» 75	» 50
11.	40 »	bleu	» »	» »
12.	100 »	vert	» »	» »
13.	200 »	jaune	» »	» »
14.	300 »	violet	» »	» »
15.	600 »	violet	» »	» »
15a.	900 »	violet	30f »	» »
16.	15 »	rose	» »	» »

1877. *Idem, petit fleuron, dentelés.*

No			Neufs	Oblitérés
17.	10 reis	noir	» »	» »
18.	15 »	rose	» »	» »
19.	20 »	rouge	1f50	» »
20.	40 »	bleu	3f »	» »
21.	100 »	vert	» »	» »
22.	200 »	jaune	» »	» »
23.	300 »	violet	» »	» »
24.	600 »	violet	20f »	» »
25.	900 »	violet	30f »	» »

1877. *Couronne, dentelés.*

No			Neufs	Oblitérés
26.	5 reis	noir	» 50	» »
27.	10 »	jaune	» 50	» »
28.	20 »	bistre	» 50	» »
29.	25 »	rose	» 75	» »
30.	40 »	bleu	2f »	» »
31.	50 »	vert	1f25	» 75
32.	100 »	violet	1f50	» 75
33.	200 »	orange	4f »	» »
34.	300 »	brun rouge	» »	» »

1880. *Idem.*

No			Neufs	Oblitérés
35.	10 reis	vert	» 35	» 35
36.	25 »	violet gris	» 75	» »
37a.	40 »	jaune	» »	» »
37.	50 »	bleu	» »	» »

1881. *Type 1873 (chiffre) avec surcharges.*

No		Neufs	Oblitérés
38.	1½ noir s. 20 r. rouge	» »	» »
39.	5 rouge s. 10 r. noir.	1f »	» »
39a.	5 noir s. 15 r. rose.	1f50	» »

1881. *Idem, type 1877 (petit fleuron), surcharges noires ou rouges.*

No		Neufs	Oblitérés
40.	5 sur 10 r. noir	2f »	» »
41.	5 sur 20 r. rouge	1f50	» »

1881. *Idem. Type 1877 (couronne), surcharges noires (*).*

No		Neufs	Oblitérés
42.	1½ s. 5, 10, 20, 25, 100 r. *	» 35	» »
43.	4½ sur 20 r.	» 60	» »
44.	6 sur 20, 25, 40, 50 r.	1f25	» »
45.	1 T s. 10, 40, 50, 200 r.	» »	» »
46.	2 » s. 50, 100, 200 r.	» »	» »
47.	4 » s. 10, 50, 200 r.	» »	» »
48.	8 » s. 20, 40, 100, 200, 300 r.	» »	» »

1882. *Type 1877 (couronne), dentelés.*

No			Neufs	Oblitérés
49.	1½ reis	noir	» 15	» 15
50.	4½ »	vert olive	» 25	» 20
51.	6 »	vert jaune	» 35	» 25
52.	1 tanga	rose	» 35	» 35
53.	2 »	bleu	» 50	» 50
54.	4 »	lilas	1f »	» »
55.	8 »	orange	1f50	» »

1883. *Timbres de 1871-76 avec surcharges noires.*

No		Neufs	Oblitérés
58.	1½ sur 40, 100 r.	» »	» »

1883. *Type 1877, petit fleuron, non dentelés.*

No			Neufs	Oblitérés
59.	1½ reis	noir	» 30	» 20
60.	4½ »	olive	» »	» 60
61.	6 »	vert	1f »	» »

(*) Voir *Catalogue descriptif des surcharges.*

* Les prix de vente indiqués à ces timbres surchargés des Indes portugaises s'appliquent seulement aux sortes que nous avons en nombre.

1886. *Effigie à gauche (Don Luis I), relief et couleur, dentelés.*

Nos			Neufs.	Oblitérés.
64. 1½	reis	noir	» 15	» 10
65. 4½	»	bistre	» 25	» 20
66. 6	»	vert	» 35	» 20
67. 1	tanga	rose	» 50	» »
68. 2	»	bleu	1f »	»
69. 4	»	lilas	1f50	» »
70. 8	»	orange	3f »	»

ILES IONIENNES

POSSESSION ANGLAISE

Europe Sud, Orient

1859. *Effigie à gauche (Victoria I).*

1.	jaune	2f50	» »
2.	bleu	2f50	» »
3.	carminé	2f »	» »

ISLANDE

POSSESSION DANOISE

Europe Nord, Occident

1873. *Chiffre, couronne, dentelés.*

1. 2	sk.	bleu	» »	» »
2. 3	»	gris	» »	» »
3. 4	»	carmin	» 75	» »

Nos			Neufs.	Oblitérés.
4. 8	sk.	brun	2f50	» »
5. 16	»	jaune	2f25	» »

1876. *Même type, dentelés.*

8. 5	aur.	bleu	1f »	» »
9. 6	»	gris	» 30	» 30
10. 10	»	carmin	» 40	» 25
11. 16	»	brun	» 60	» 40
12. 20	»	violet	2f »	» »
13. 40	»	vert	2f »	» »

1882. *Idem.*

22. 3	aur	jaune	» 15	» 15
23. 5	»	vert	» 20	» 15
24. 20	»	bleu	» 75	» 35
25. 40	»	violet	1f50	» 40

Timbres de service

1873. *Type des timbres 1873.*

6. 4	sk.	vert	1f »	» »
7. 8	»	lilas	» »	» »

1876-82. *Même genre, dentelés.*

26. 3	aur.	jaune	» 20	» 15
17. 5	»	bistre	» 25	» »
14. 10	»	bleu	» 50	» 25
15. 16	»	carmin	» 75	» »
16. 20	»	vert	1f »	» 35

ITALIE

—

SARDAIGNE

ROYAUME

Europe Sud

1850. *Effigie à droite (Victor-Emmanuel II), sans relief.*

7. 5	cent.	noir	15f »	» »

Nos.			Neufs.	Oblitérés.
8. 20 cent.	bleu	....	» »	2f50
9. 20 »	bleu clair	..	8f »	» »
10. 40 »	carmin	...	» »	» »

1853. *Idem, relief sur papier de couleur.*

			Neufs.	Oblitérés.
11. 5 cent.	vert	....	10f »	8f »
12. 5 »	vert jaune	..	» »	» »
13. 20 »	bleu	....	8f »	2f »
14. 40 »	rose	....	10f »	6f »

1854. *Idem, relief, cadre tout en couleur, centre blanc.*

15. 5 cent.	vert	....	3f »	» »
16. 5 »	vert jaune	..	*1f »	» »
17. 20 »	bleu clair	.	3f »	2f »
18. 20 »	bleu	....	*1f »	» »
19. 40 »	carmin	..	5f »	» »
20. 40 »	carmin vif	.	*1f »	*1f »

1855. *Idem, légendes blanches.*

21. 5 cent.	vert foncé	..	» 10	» 10
22. 5 »	vert jaune	..	» 50	» 25
23. 20 »	bleu foncé	..	» 10	» 05
24. 40 »	carmin	....	» 10	» 10

1857-60. *Idem.*

25. 5 cent.	vert clair	..	» 10	» 05
26. 10 »	jaune	....	» 15	» 15
27. 10 »	brun	....	» 15	» 15
28. 10 »	bistre	....	» 05	» 05
29. 20 »	bleu clair	.	» 20	» 10
30. 40 »	rouge	....	» 50	» 20
31. 80 »	jaune	....	» »	1f »
32. 80 »	orange	...	» 10	» »
33. 3 lire	doré	....	» 50	» »

* Les timbres de 1854 marqués d'un * sont réimprimés, les autres timbres de toutes dates sont garantis non réimprimés. Les nos 37 et 42 n'ont pas été dentelés officiellement.

1860. *Chiffre en relief (pour imprimés).*

Nos.			Neufs.	Oblitérés.
34. 1 cent.	noir	....	» 10	» 15
35. 2 »	noir	....	» 10	» »

ITALIE

ROYAUME

Europe Sud

1862. *Chiffre en relief (type 1860 de Sardaigne, pour imprimés).*

36. 2 cent.	bistre	....	» 10	» »

1863. *Type 1855 de Sardaigne, dentelés.*

37. 5 cent.	vert	....	*» 50	» »
38. 10 »	bistre	....	» 20	» »
39. 20 »	bleu	....	» 10	» »
40. 40 »	carmin	...	» 10	» »
41. 80 »	orange	...	» 10	» »
42. 3 lire	doré	....	*» »	» »

1863. *Idem, non dentelé.*

43. 15 cent.	bleu	....	» 10	» 10

1863. *Effigie à gauche, sans relief.*

44. 15 cent.	bleu	....	» 10	» 05

1863-64. *Chiffre, dentelés.*

Nᵒˢ		Neufs.	Oblitérés.
46.	1 cent. vert gris . . .	» 05	» 05
47.	2 » brun rouge .	» 05	» 05

1863. *Effigie à gauche, cadres divers, dentelés.*

48.	5 cent.	gris vert . . .	» 10	» 05
49.	10 »	bistre	» 20	» 05
50.	15 »	bleu.	» 35	» 05
51.	30 »	brun	» 60	» 05
52.	40 »	carmin	» 75	» 05
53.	60 »	violet	1ᶠ »	» 10
54.	2 lire	rouge	3ᶠ »	» 15

1864. *Idem, avec surcharge noire, dentelé.*

55. 20 c. noir s. 15 c. bleu » 50 » 05

1865. *Même effigie, dentelé.*

56. 20 cent. bleu. . . . . » 40 » 05

1877. *Timbres de service (type de 1875) employés provisoirement comme timbres ordinaires, barres ondulées et 2 c en surcharge bleue.*

82. 2 c. sur 2 c. lie de vin » 15 » 10

Nᵒˢ			Neufs.	Oblitérés.
83.	2 c. sur 5 c.	lie de vin	» 25	» 05
84.	2 » » 20 »	lie de vin	» 35	» 10
85.	2 » » 30 »	lie de vin	» 25	» 10
86.	2 » » 1 l.	lie de vin	» 30	» 10
87.	2 » » 2 »	lie de vin	» 35	» 10
88.	2 » » 5 »	lie de vin	» 35	» 15
89.	2 » » 10 »	lie de vin	» 50	» 25

1877. *Types 1863-65, dentelés.*

90.	10 cent. bleu.	» 20	» 05
91.	20 » jaune	» 40	» 65

1879-80. *Effigie de face (Humbert), cadres divers, dentelés.*

94.	5 cent.	vert	» 10	» 05
95.	10 »	carmin	» 20	» 05
96.	20 »	jaune foncé.	» 40	» 05
97.	25 »	bleu	» 50	» 05
98.	30 »	brun rouge .	2ᶠ50	» »
99.	50 »	violet. . . .	1ᶠ »	» 10
100.	2 lire	rouge . . .	2ᶠ50	» »

Timbres de service

1875. *Chiffre, cadres divers dentelés.*

72.	0.02	lie de vin . . .	» 15	» 10
73.	0.05	lie de vin . . .	» 25	» 15
74.	0.20	lie de vin . . .	» 20	» 05
75.	0.30	lie de vin . . .	» 40	» 15
76.	1.00	lie de vin . . .	» 40	» 25
77.	2.00	lie de vin . . .	» 40	» 35
78.	5.00	lie de vin . . .	» 50	» 50
79.	10.00	lie de vin . . .	» 75	» »

Timbres-taxe

1863. *Chiffre.*

N°⁵		Neufs.	Oblitérés.
45.	10 c. jaune	» 50	» »

1869. *Même genre, dentelé.*

57.	10 cent. bistre	» 50	» »

1870. *Chiffre carmin, cadre bistre, dentelés.*

58.	1 c.	jaune et carmin .	» 05	» 05
59.	2 »	jaune et carmin .	» 05	» 05
60.	5 »	jaune et carmin .	» 10	» 05
61.	10 »	jaune et carmin .	» 20	» 10
62.	30 »	jaune et carmin .	» 60	» 15
63.	40 »	jaune et carmin .	» 75	» 15
64.	50 »	jaune et carmin .	1f »	» 15
65.	60 »	jaune et carmin .	1f 20	» 20

1870-74. *Chiffre brun, cadre bleu, dentelés.*

66.	1 lire	bleu et brun .	1f 75	» 35
67.	2 »	bleu et brun .	3f »	» 20
68.	5 »	bleu et brun .	7f 50	1f 25
69.	10 »	bleu et brun .	15f »	1f »

1884. *Chiffre, grands, dentelés.*

N°⁵		Neufs.	Oblitérés.
107.	50 lire vert	» »	» »
108.	100 » rouge	» »	» »
	La Série de 2 timbres .	50f	11f 50

Timbres de paquets

1884-86. *Même effigie a droite, codres divers, dentelés.*

113.	10 cent.	olive	» »	» »
114.	20 »	bleu	» »	» 50
109.	50 »	carminé . . .	1f 50	» 10
110.	75 »	vert	2f »	» 10
111.	1 lire 25 c.	jaune . . .	» »	» 05
112.	1 » 75 c.	brun . . .	4f »	» 75

LA JAMAIQUE

POSSESSION ANGLAISE

Amérique Centrale, Antilles

1860-63. *Effigie à gauche (Victoria I), types divers, dentelés.*

1.	1 penny bleu	» 35	» 10
2.	2 pence rose	» 60	» 10

N⁰ˢ			Neufs.	Oblitérés.
3.	3 pence	vert.	1f »	» 35
4.	4 »	orange	1f »	» 20
5.	6 »	violet . . .	1f50	» 25
6.	1 shill.	brun	2f50	» 50

1872-75. *Même genre, dentelés.*

7.	½ penny carminé . . .	» 25	» 13

8.	2 shill.	brun rouge .	5f »	» »
9.	5 »	lilas	12f »	» »

1885-86. *Idem.*

22.	½ penny	vert	» 20	» 10
23.	1 »	carmin . . .	» 35	» 10
24.	2 pence	gris.	» 60	» 13
25.	3 »	olive	» 75	» 30

1887. *Timbres fiscaux servant comme timbres-poste.*
Divers.

Timbres-télégraphe

1879. *Même effigie, cadres et formats divers, dentelés.*

16.	3 pence violet	1f »	» 50
17.	1 shill. brun lilas . .	1f »	» 40

JAPON

EMPIRE

Asie Orient

1871. *Caractères orientaux noirs, dragons et cadre de couleur.*

N⁰ˢ				Neufs.	Oblitérés.
1.	48 mons	brun		» 75	» »
2.	100 »	bleu		1f »	» »
3.	200 »	rouge . . .		1f25	» »
4.	500 »	vert		2f »	» »

1872. *Idem, caractères petits, dentelés.*

5.	½	sen	brun	»	» »
6.	¼	»	brun gris . .	»	» »
7.	1	»	bleu . . .	1f25	» »
8.	2	»	rouge . . .	»	» »
9.	5	»	vert	»	» »

1872. *Chrysanthème, inscriptions, types variés, dentelés.*

10.	½	sen	brun	» 50	» »
11.	1	»	bleu . . .	» 50	» »
12.	2	»	chair. . . .	1f75	» »
13.	4	»	rose	2f50	» 75

<table>
<tr><td>Nᵒˢ</td><td>Neufs.</td><td>Oblitérés.</td></tr>
</table>

14. 10 sen vert . . . . . 3f » »

15. 20 sen violet . . . . » » » »
16. 30 » gris . . . . » » » »

1873. *Même genre.*

17. 2 sen jaune foncé . . » 60 » »
18. 6 » brun violet . . » 1f30

1875. *Oiseaux divers, dentelés.*

29. 12 sen clair . . . . 2f50 » »
30. 15 » violet . . . . » » 2f50

31. 45 sen carmin . . . . 6f » 1f75

1875-76. *Types 1872-73, dentelés.*

32. ½ sen gris . . . » 35 » »
33. 1 » brun . . . » 40 » »
34. 2 » jaune clair . » 75 » 35
35. 4 » vert . . . 1f25 » »
40. 5 » vert . . . » » » »
36. 6 » orange . . 1f » » 75
37. 10 » bleu . . . » » » 75

<table>
<tr><td>Nᵒˢ</td><td>Neufs.</td><td>Oblitérés.</td></tr>
</table>

38. 20 sen carmin . . . 2f50 » 40

39. 30 sen violet 3f75 1f25

1876-78. *Mêmes armoiries, types divers, dentelés.*

41. 5 rin gris . . . . » 15 » 10
42. 1 sen noir . . . . » 25 » 15
43. 2 » gris bistre . . » 35 » 15

44. 4 sen vert bleu . . » 60 » 25
45. 5 » brun . . . » 75 » 25
46. 6 » orange . . 1f » » 50
47. 8 » brun violet . 1f » 35
48. 10 » bleu clair . 1f25 » 10
49. 12 » rose . . . » » » »

50. 15 sen vert . . . » » » 25
57. 20 » bleu foncé . 2f50 » 75

Nᵒˢ			Neufs.	Oblitérés.
52.	30 sen violet		3f50	1f50
53.	45 » carmin		» »	» »

1879. *Idem.*

58.	1 sen brun rouge		» 25	» 15
59.	2 » violet		» 35	» 10
60.	3 » jaune		» 40	» 20
61.	50 » carmin		3f50	» 50

1883-88. *Idem.*

63.	1 sen vert		» 25	» 10
64.	2 » carmin		» 35	» 10
84.	4 » bistre		» 60	» 25
65.	5 » bleu ciel		» 60	» 10
85.	8 » violet		1f »	» 30
86.	10 » bistre orange		1f25	» 15
87.	15 » violet vif		1f75	» 25
88.	20 » orange		2f25	» 25

89.	25 sen vert clair		2f25	» 25
90.	50 » brun		5f »	1f25
91.	1 yen carmin *relief*		10f »	1f »

Timbre de retour

1885. *Chrysanthème, inscriptions, dentelé.*

67.		bistre	» »	» »

Timbres-télégraphe

1885. *Chrysanthème, types divers, dentelés. (C'est par erreur que notre graveur a fait figurer sur ces timbres une marque ronde d'annulation).*

Nᵒˢ			Neufs.	Oblitérés.
74.	1 sen brun		» 25	» 15
75.	2 » rose		» 35	» 15
76.	3 » jaune		» 50	» 15

77.	4 sen vert		» 50	» 15
78.	5 » bleu clair		» 60	» 10
79.	10 » rouge		1f25	» 10
80.	15 » brun rouge		1f75	» 18
81.	25 » bleu foncé		2f50	» 10
82.	50 » violet		5f »	» 25

83.	1 yen bleu et rouge.	10f »	1f »
La collection complète, 10 t.		» »	2f »

JHALAWAR

Asie Sud

1887. *Danseuse (apsara), caractères orientaux.*

1.	1 paisa vert		» 25	» »

JHIND

1875. *R et caractères orientaux.*

N°				Neufs.	Oblitérés.
1.	½	anna	gris bleu ...	» 35	» »
2.	1	»	carminé ...	» 60	» »
3.	2	»	jaune....	1f	» »
4.	4	»	vert foncé .	1f75	» »
5.	8	»	violet....	3f50	» »

1882-84. *R plus petite, types divers.*

N°				Neufs.	Oblitérés.
12.	¼	anna	orange petit.	» 25	» »
6.	½	»	jaune.....	» 35	» »
7.	1	»	brun	» 50	» »
8.	2	»	bleu	»	» »
9.	4	»	vert	»	» »
10.	8	»	rouge	3f50	» »

1885. *Idem, dentelés.*

13.	¼	anna	orange ...	» 35	» »
14.	½	»	jaune	» 35	» »
15.	1	»	brun	»	» »
16.	2	»	bleu	1f	» »
17.	4	»	vert	»	» »
18.	8	»	rouge	»	» »

1885-86. *Timbres des Indes anglaises avec* JHIND STATE *ou* JEEND STATE *en surcharge noire ou rouge.*

19.	½	anna	vert	» 35	» »
20.	1	»	brun	» 50	» »
21.	2	»	bleu	75	» »
22.	4	»	vert	1f50	» »
23.	8	»	violet ...	3f	» »
24.	1	rupee	gris	3f	» »

Timbres de service

1885-86. *Timbres surchargés de 1885-86 ayant en plus la surcharge* SERVICE.

N°				Neufs.	Oblitérés.
25.	½	anna	vert ...	»	» 25
25 a.	1	»	brun ...	»	» 40

JUMMO-CACHEMIRE

1866-74. *Timbres pour* **JUMMO.** *Ronds, inscriptions orientales.*

Chaque valeur a été imprimée en noir, bleu, vert, orange, rouge carmin et jaune pâle.

1.	½	anna....	» »	» »
4.	1	»	» »	» »
8.	4	»	» »	» »

Nous avons en vente :

½ noir 1f, ½ bleu 3f, ½ vert 3f50, ½ rouge 3f, 1 noir 2f, 1 bleu 2f, 1 vert 3f, 1 rouge 2f, 4 noir 3f, 4 bleu 3f, 4 vert 5f, 4 orange 5f, 4 rouge 3f.

1866-75. *Timbres pour* **CACHEMIRE.** *Rectangulaires, inscriptions orientales.*

12 b.	½	anna	noir	» »	» »
12 c.	1	»	noir	» »	» »
13.	4	»	noir	» »	» »
14.	½	»	bleu	» »	» »
15.	1	»	orange ...	1f »	» »
16.	2	»	jaune ...	2f »	» »
17.	4	»	vert	4f »	» »
18.	8	»	rougeâtre .	5f »	» »
19.	2	»	jaune ocre .	2f »	» »

1880 ? *Idem.*

Nos   Neufs. Oblitérés.

34. ½ anna violet . . . . 1f » » »
35. 2 » violet . . . . 2f50 » »

1866-75. *Timbres pour* **JUMMO.**
Rectangulaires, genre des précédents.

Chaque valeur a été imprimée en noir, bleu, carmin, rouge, orange et vert.

20. ½ anna . . . . » » » »
21. 1 » . . . . » » » »

Nous avons en vente :

½ carmin 50 c., ½ rouge 50 c., ½ bleu 2f, ½ orange 1f, 1 carmin 75 c., 1 rouge 1f50.

1878. *Inscriptions orientales, types divers. Les numéros 29 et 30 sont pour Jummo? le numéro 31 pour Jummo-Cachemire? les suivants pour Cachemire?*

29. ½ a. rouge, *dentelé* 2f » » »
32. ½ » ardoise . . . . » » » »
30. 1 » violet . . . . . » » » »
31. 2 » violet . . . . . » » » »
33. ¼ » lilas, *dentelé* . » » » »

1878-80. *Idem, non dentelés.*

36. ¼ anna rouge . . . » 30 » »
37. ½ » rouge . . . » 50 » »
38. 1 » rouge . . . » » »
39. 2 » rouge . . . » » »
40. 4 » rouge . . . » » »
41. 8 » rouge . . . 5f » »

1880. *Idem.*

48. ½ anna bleu . . . . » 75 » »

1883. *Idem.*

49. 1/8 anna jaune . . . . » 20 » »
50. ¼ » brun . . . . » 25 » »
51. ½ » rouge . . . . » 35 » »
52. 1 » gris vert . . . » 75 » »
53. 1 » vert vif . . . » 60 » »
54. 2 » rouge s. jaune 1f » » »
55. 4 » vert . . . . . 2f » » »
56. 8 » bleu . . . . . 4f » » »

1887. *Idem, inscription modifiée pour le ¼ anna.*

Nos   Neufs. Oblitérés.

57. ¼ anna rouge . . . . . . » »

Timbres de service

1878-80. *Type des timbres 1878.*

42. ¼ anna noir . . . » 25 » »
43. ½ » noir . . . » 35 » »
44. 1 » noir . . . » 50 » »
45. 2 » noir . . . 1f » »
46. 4 » noir . . . 2f » »
47. 8 » noir . . . 4f » »

LABUAN

POSSESSION ANGLAISE

Océanie Malaisie

1879-80. *Effigie à gauche (Victoria I), dentelés.*

1. 2 cents vert . . . . . » » »
2. 6 » bistre orange . » » »
3. 10 » bistre foncé . 2f » »
4. 12 » carmin . . . » » »
5. 16 » bleu . . . . . 3f » »

1880. *Idem, valeur en surcharge.*

6. 6 c. rouge sur divers . » » »
7. 8 » noir s. 12 c. carmin 3f » »

1882-83. *Idem, sans surcharge.*

9. 8 cents carmin . . . » » »
10. 40 » bistre . . . . 6f » »

1885. *Idem, avec valeur en surcharge noire.*

11. 2 c. sur divers . . . . » »

1885-86. *Idem, sans surcharge.*

Nos		Neufs.	Oblitérés.
12.	2 cents carmin	» 35	» »
13.	8 » violet	1f25	» »
14.	10 » brun foncé . .	1f50	» »
15.	16 » gris bleu . . .	2f30	» »

LAGOS

POSSESSION ANGLAISE

Afrique Occident

1874-75. *Effigie à gauche (Victoria I), dentelés.*

1.	1 penny violet	»	» »
2.	2 pence bleu	1f25	» »
3.	3 » brun	»	» »
4.	4 » rose	2f50	» »
5.	6 » vert	»	» »
6.	1 shilling orange . . .	5f »	2f

1885-87. *Idem.*

12.	½ penny vert . . .	» 15	» »
8.	1 » rose . . .	» 25	» »
9.	2 pence gris . . .	» 60	» 30
10.	4 » violet . .	1f25	» 75
11.	6 » vert bistre .	2f »	» »
13.	2 sh. 6 p. brun noir . .	» »	» »
14.	5 shill. bleu . . .	» »	» »
15.	10 » rouge brun .	» »	» »

1887. *Idem, valeur de couleur différente, dentelés.*

16.	2 pence violet et bleu .	» 50	» »
17.	4 » violet et noir .	1f »	» 50
18.	6 » violet et lilas .	1f50	» »
19.	1 shill. vert et noir . .	2f50	» »
20.	2 s. 6 p. vert et carmin .	6f »	» »
21.	5 shill. vert et bleu .	12f »	» »
22.	10 » vert et brun . .	23f »	» »

LEVANT

Europe et Afrique

COMPAGNIE RUSSE DE NAVIGATION

1863. *Aigle et cars.*

Nos		Neufs.	Oblitérés.
1.	6 kop. bleu	» »	» »

1866. *Vaisseau.*

2.	carmin s. lignes bleues	4f »	» »
3.	bleu s. lignes roses . .	10f »	» »

1867. *Même genre, moins soigné, lettres blanches.*

4.	brun et bleu	» »	» »
5.	bleu et rouge	» »	» »

1868. *Chiffre, dentelés.*

Nos				Neufs.	Oblitérés.
6.	1 kop.	brun		» 25	» 20
7.	3 »	vert		» 35	» 25
8.	5 »	bleu		» 60	» 20
9.	10 »	carm. lig. bleu.		1f25	» 25

1876-79. *Idem, avec chiffre en sur-charge noire ou bleue.*

10.	8 sur 10 k. carmin.	»	»	»	»
11.	7 » 10 k. id.	»	»	»	»

1879. *Type 1868, dentelés.*

12.	1 kop.	noir et jaune	» 25	» 10
13.	2 »	noir et rose.	» 35	» 10
14.	7 »	carmin et gris	1f »	» 25

1884-85. *Idem.*

15.	1 kop.	orange.	» 15	» 10
16.	2 »	vert.	» 25	» 15
17.	5 »	violet.	» 60	» 35
18.	7 »	bleu.	» 75	» 20

LEVANT, Bureaux Allemands

1884. *Timbres d'Allemagne 1880 avec valeur en surcharge noire.*

1.	10 paras	s. 5 pf. violet	» 25	» »
2.	20 »	s. 10 » rose	» 50	» »
3.	1 piast.	s. 20 » bleu	» 75	» 10
4.	1½ »	s. 25 » brun	1f25	» »
5.	2½ »	s. 50 » gris vert	2f »	» »

LEVANT, Bureaux Anglais

1883-84. *Timbres anglais de 1883-84 avec valeur en surcharge noire.*

Nos		Neufs.	Obliterés.
1.	40 pa. sur 2½ p. lilas.	» 60	» 25
2.	80 » sur 5 » vert.	1f25	» »
3.	12 pi. sur 2sh. 6 p. lilas.	6f »	3f »

1887. *Timbres anglais de 1887, même surcharge.*

4.	40 pa. sur 2½ p. bleu.	» 60	» 25
5.	80 » sur 5 p. violet et bl.	1f »	» 40

LEVANT, Bureaux Autrichiens

1867. *Types d'Autriche 1867, valeur en soldi, dentelés.*

1.	2 soldi	jaune	» 35	» 30
2.	3 »	vert	» 35	» 25
3.	5 »	rose	» 35	» 15
4.	10 »	bleu	» 60	» 15
5.	15 »	brun	» 75	» 15
6.	25 »	violet	1f50	» 35
7.	50 »	chair, grand	3f50	1f »

1883. *Types d'Autriche 1883, dentelés.*

Nos				Neufs.	Oblitérés.
17.	2 soldi	bistre		» »	» »
18.	3 »	vert		» »	» »
19.	5 »	rose		» 35	» 10
20.	10 »	bleu		» 50	» 10
21.	20 »	gris		1f 50	» 25
22.	50 »	violet		3f »	» 75

1886. *Idem, avec valeur en surcharge noire.*

25. 10 paras sur 3 s. vert . . » 20 » 20

1888. *Timbres d'Autriche de 1883 avec valeur en surcharge noire.*

27.	10 pa. sur 3 kr. vert	» 20	» »
28.	20 » sur 5 » rose	» 30	» »
29.	1 pi. sur 10 » bleu	» 50	» 10
30.	2 » sur 20 » gris	1f »	» 25
31.	5 » sur 50 » violet	2f 50	» 50

LEVANT, Bureaux Français

1885. *Timbres français de 1876, avec valeur en surcharge noire.*

1.	1 pi. sur 25 c. jaune	» 30	» »
2.	3 » sur 75 » rose	2f »	» 60
3.	4 » sur 1 fr. vert	2f »	» 35

1886. *Idem, surcharge rouge.*

4. 1 pi. sur 25 c. rose . . » 50 » 20

LEVANT, Bureaux Italiens

1874. *Timbres d'Italie, chiffre ou effigie de 1866-65, sauf modification des angles, ESTERO en surcharge noire, dentelés.*

Nos			Neufs.	Oblitérés.
1.	1 cent.	vert gris	» 10	» »
2.	2 »	brun rouge	» 25	» »

3.	5 cent.	gris vert	1f »	» 75
4.	10 »	bistre	» »	1f 50
5.	20 »	bleu	» »	2f »
6.	30 »	brun	1f 50	» 75
7.	40 »	carmin	2f »	1f »
8.	60 »	violet	2f 50	» »
9.	2 lire	rouge	4f »	» »

1879. *Idem.*

10.	10 cent.	bleu	» 75	»
11.	20 »	jaune	» 75	» »

1881-83. *Timbres d'Italie 1879-80, ESTERO en surcharge noire.*

12.	5 cent.	vert	» 25	» 25
20.	10 »	carmin	» 35	» 35
14.	20 »	jaune	» 75	» 20
15.	25 »	bleu	» 75	» 35
17.	50 »	violet	» »	» »
19.	2 lire	rouge	3f 50	» »

LIBERIA

RÉPUBLIQUE

Afrique Occident

1860. *Déesse assise, navire, dentelés.*

N^{os}				Neufs.	Oblitérés.
1.	6 cents	rouge	. . . . .	1f50	» »
2.	12 »	bleu	. . . . .	2f50	» »
3.	24 »	vert	. . . . .	3f	» »

1863. *Idem, non dentelés.*

4.	6 cents	rouge	. . . . .	» »	» »
5.	12 »	bleu	. . . . .	» »	» »
6.	24 »	vert	. . . . .	» »	» »

1880. *Idem, dentelés.*

7.	1 cent	bleu	. . . . .	» 35	» »
8.	2 »	rose lilas	. . .	» 40	» »
9.	6 »	violet	. . . .	1f25	» »
10.	12 »	jaune	. . . .	2f »	» »
11.	24 »	rose rouge	. .	3f »	» »

1880. *Paysage, dentelé.*

12.	3 cents	noir	. . . . .	» 60	» »

1882. *Chiffre, dentelés.*

14.	8 cents	bleu	. . . . .	1f50	» »
15.	16 »	rouge rose	. .	2f	» » »

1885. *Grand chiffre, dentelés.*

N^{os}				Neufs.	Oblitérés.
17.	1 cent	rose	. . . . .	» 20	» »
18.	2 »	vert	. . . . .	» 35	» »
19.	3 »	violet	. . . .	» 50	» »
20.	4 »	brun	. . . . .	» 60	» »
21.	6 »	gris lilas	. . .	» 75	» »

*Idem, petit chiffre dans un
ovale, dentelés.*

22.	8 cents	bleu ciel	. . .	1f	» »
23.	16 »	jaune	. . . .	2f	» »

Idem, navire, charrue, etc., dentelé.

24.	32 cents	bleu	. . . . .	3f50	» »

LOMBARDO-VÉNÉTIE

ROYAUME

Europe Sud

1850. *Armes (aigle)*

N^{os}					Neufs.	Oblitérés.
1.	5 cent.	jaune foncé	.	»	»	1f50
2.	5 »	jaune ocre	.	»	»	1f25
3.	10 »	noir	. .	»	»	1f »
4.	15 »	rouge	. .	»	»	» 10
5.	30 »	brun	. . .	»	»	» 10
6.	45 »	bleu	. . .	»	»	» 10

1859. *Petite effigie à gauche (François-Joseph I), relief et couleur, cadres divers, dentelés.*

Nos				Neufs.	Oblitérés.
10.	2 soldi	jaune	. . .	1f »	» »
11.	3 »	noir	. . .	2f50	» 75
12.	3 »	vert	. . .	2f50	» 50
13.	5 »	rouge	. . .	2f »	» 10
14.	10 »	brun	. . .	1f »	» 10
15.	15 »	bleu	. . .	2f50	» 15

1861. *Effigie à droite, relief, ovale, dentelés.*

16.	5 soldi	rouge	. . .	1f50	» 15
17.	10 »	brun	. . .	3f »	» 25

1861. *Idem. Réimpressions, dentelés.*

18.	2 soldi	jaune	. . .	*» 25	» »
19.	3 »	vert	. . .	*1f »	» »
20.	15 »	bleu	. . .	*1f »	» »

1863. *Aigle, relief et couleur, dentelés.*

29.	2 soldi	jaune	. . .	» 50	» 50
30.	3 »	vert	. . .	» 50	» 25
31.	5 »	rose	. . .	» 75	» 25

Les timbres neufs précédés d'un astérisque * sont réimprimés.

Nos				Neufs.	Oblitérés.
32.	10 soldi	bleu	. . .	» 75	» 15
33.	15 »	brun	. . .	1f »	» 15

Timbres-taxe journaux

1858. *Aigle.*

7.	1 kr.	noir	. . .	2f »	» »
8.	2 »	rouge	. . .	» »	» 10
9.	4 »	rouge	. . .	» »	» »

LUBECK

VILLE LIBRE

Europe Centre

1859. *Armes (aigle), rectangulaire.*

1.	½ sch.	violet	. . .	» 75	» »
2.	1 »	jaune	. . .	1f50	» »
3.	1 »	orange	. . .	» »	» »
4.	2 »	brun	. . .	1f »	» »
5.	2 (erreur 2 ¼)	brun	. . .	» »	» »
6.	2½ »	rose	. . .	1f50	» »
7.	4 »	vert	. . .	» 75	» »

1863. *Aigle, relief et couleur, ovale, dentelés.*

8.	½ sch.	vert	. . .	2f »	» »
9.	1 »	rouge	. . .	3f »	» »
10.	2 »	rose	. . .	» 75	» »
11.	2½ »	bleu	. . .	1f50	» »
12.	4 »	bistre	. . .	1f50	» »

1864. *Même genre sans relief.*

Nᵒˢ				Neufs.	Oblitérés.
18.	1½ sch.	brun	. . .	» »	1f25
19.	1¼ »	brun *dent.*	» »	» »	»

1866. *Genre 1863, octogone, dentelé.*

25.	1¼ sch.	violet . . .	» 75	» »

LUXEMBOURG

GRAND-DUCHÉ

Europe Centre, Occident

1852. *Effigie à gauche (Guillaume III).*

1.	10 cent.	gris noir . . .	» »	» 75
2.	1 silbg.	rose . . .	» »	» »
3.	1 »	rouge brun .	» »	2f »

1859-63. *Armes, types divers.*

4.	1 cent.	bistre . . .	1f50	» »
5.	2 »	noir . . .	1f50	» »
6.	4 »	jaune . . .	1f50	1f50
7.	10 »	bleu . . .	1f25	» 25
8.	12½ »	rose . . .	1f25	» »
9.	25 »	brun . . .	2f50	» »
10.	30 »	lilas carm.	2f50	» »
11.	37½ »	vert . . .	3f »	» »
12.	40 »	rouge . . .	3f »	» 75

1865-71. *Idem, dentelés.*

13.	1 cent.	jaune foncé	» 25	» »

Nᵒˢ				Neufs.	Oblitérés.
14.	2 cent.	noir . . .	» 15	» 10
15.	4 »	jaune . . .	» »	3f »
16.	10 »	lilas . . .	» 40	» 05
17.	12½ »	rose . . .	» 50	» 15
18.	20 »	bistre . . .	» 60	» 25
19.	25 »	bleu ciel . .	» 60	» »
20.	30 »	lilas carm.	1f »	» 30
21.	37½ »	bistre . . .	» »	» »
22.	40 »	orange . . .	1f »	» »

1871-76. *Idem.*

25.	1 c.	brun clair . . .	» 05	» 05
26.	4 »	vert . . .	» 25	» 15
27.	10 »	violet . . .	» 25	» 05
27a.	12½	lilas rose . . .	» 50	» »
28.	20 »	bistre gris . . .	» 50	» 25
29.	25 »	bleu terne . . .	» 50	» 15
30.	1 fr.	bistre *surc. noire*	3f »	» »
31.	4 c.	vert *non dentelé*	» »	» »
32.	5 »	jaune *dentelé* . .	» 20	» 15

1882. *Armes, groupe allégorique, dentelés.*

80.	1 cent.	violet pâle .	» 05	» 05
81.	2 »	gris bronze .	» 05	» 05
82.	4 »	bistre pâle .	» 10	» 10
83.	5 »	vert clair . .	» 10	» 05
84.	10 »	rose . . .	» 20	» 05
85.	12½ »	gris bleu . .	» 25	» »
86.	20 »	jaune . . .	» 40	» 15
87.	25 »	bleu . . .	» 50	» 10
88.	30 »	vert olive .	» 60	» 20
89.	50 »	brun clair .	1f »	» 20
90.	1 fr.	violet . . .	1f75	» 35
91.	5 »	orange . . .	7f50	» »

Timbres de service

1875-80. *Tous les timbres de 1865-76, avec* OFFICIEL *en surcharge noire.*

40.	1 cent.	brun clair . .	» 50	» »
41.	2 »	noir . . .	» 50	» »
47.	25 »	bleu . . .	» 50	» »

1881. *Idem, avec s p en surcharge noire.*

Nᵒˢ		Neufs.	Oblitérés.
71.	1 cent. brun clair . . .	»	» » »
72.	2 » noir	» 25	» »

etc.

1882. *Timbres de 1882 avec s p en surcharge noire.*

92.	1 cent violet pâle . .	» 05	» »
93.	2 » gris brouze . .	» 10	» »
94.	4 » bistre pâle . .	» 15	» »

etc., mêmes prix qu'aux nᵒˢ 80 à 91 neufs.

Timbres-télégraphe

1883. *Armes, dentelés.*

108.	5 cent. gris	» 15	» »
109.	25 » orange . . .	» 50	» »
110.	50 » vert	1f	» »
111.	1 fr. rose	2f	» »
112.	5 » bleu ciel . .	7f50	» »

MACAO

POSSESSION PORTUGAISE

Asie Orient

1884. *Couronne, dentelés.*

1.	5 reis noir . . .	» 25	» »
2.	10 » jaune . . .	» 75	» »
3.	20 » bistre . . .	» 75	» »
4.	25 » rose	» 50	» »
5.	40 » bleu	2f50	» »
6.	50 » vert	1f50	» »
7.	100 » violet . . .	1f25	» »

Nᵒˢ		Neufs.	Oblitérés.
8.	200 reis orange	2f »	2f50
9.	300 » brun rouge . . .	3f »	» »

Idem, valeur en surcharge dans un cercle.

| 10. | 80 r. noir s. 100 violet. | 1f50 | 3f » |

1885. *Idem, sans surcharge.*

| 11. | 80 reis gris . . . . . | 1f50 | » » |

1885. *Idem, avec valeur barrée, chiffre suivi du mot* REIS *en surcharge transversale.*

12.	5 r. noir sur 25 rose.	» 75	» »
13.	10 » bleu s. 25 rose.	1f	» »
14.	10 » bleu s. 50 vert.	6f	» »
15.	20 » noir s. 50 vert.	2f	» »
16.	40 » rouge s. 50 vert.	3f	» »

1885. *Idem, chiffre droit, seul, imprimé en noir sur la couronne.*

| 17. | 5 sur 25 r. rose . . . | » 75 | » » |
| 18. | 10 sur 50 » vert . . . | 1f | » » |

1885. *Type 1884, dentelés.*

22.	10 reis vert	» 75	» »
23.	20 » rose	» 75	» »
24.	25 » violet	» 75	» »
25.	40 » jaune	1f	» »
26.	50 » bleu	1f25	» »

1887. *Idem, avec valeur primitive barrée et nouvelle valeur au centre surcharge noire.*

37.	5 r. sur 80 r. ou 100 r.	1f	» »
38.	10 » sur 80 r. ou 200 r.	2f	» »
39.	20 » sur 80 r. gris . . .	»	» »

1887. *Timbres fiscaux* IMPUESTO DE SELLO *avec surcharge* CORREIO *et valeur.*

40.	5 r. rouge sur vert. .	1f	» »
41.	10½ » rouge sur vert. .	1f50	» »
42.	40 » rouge sur vert. .	»	» »

1887. *Effigie à gauche (Don Luis I), relief et couleur, dentelés.*

Nos				Neufs.	Oblitérés.
27.	5 reis	noir.		» 15	» »
28.	10 »	vert.		» 25	» »
29.	20 »	rose.		» 35	» »
30.	25 »	lilas.		» 40	» »
31.	40 »	brun		» 60	» »
32.	50 »	bleu.		» 75	» »
33.	80 »	gris.		1f25	» »
34.	100 »	brun rouge		1f25	» »
35.	200 »	violet		2f50	» »
36.	300 »	orange.		4f	» »

MADÈRE

POSSESSION PORTUGAISE

Afrique Nord

1868. *Timbres portugais de 1867-68 avec* MADEIRA *en surcharge noire.*

Nos				Neufs.	Oblitérés.
1.	5 reis	noir		»	» » »
2.	20 »	bistre		»	» » »
3.	50 »	vert.		»	» » »
4.	80 »	orange		»	» » »
5.	100 »	violet		»	» » »

1868-69. *Idem, dentelés.* MADEIRA *en rose sur le 5 r. et en noir sur les autres valeurs.*

Nos				Neufs.	Oblitérés.
6.	5 reis	noir.		»	» » »
7.	10 »	jaune		»	» » »
8.	20 »	bistre		»	» » »
9.	25 »	rose.		»	» » »
10.	50 »	vert.		»	» » »
11.	80 »	orange		»	» » »
12.	100 »	violet		»	» » »
13.	120 »	bleu		»	» » »
14.	240 »	violet		»	» » »
15.	100 »	violet pâle.		»	» » »

1871-73. *Même genre, dentelés.*

Nos				Neufs.	Oblitérés.
16.	5 reis	noir.		»	» » »
17.	10 »	jaune		»	» » »
18.	20 »	bistre		» 75	» »
19.	25 »	rose.		1f	» »
20.	50 »	vert.		1f50	» »
21.	80 »	orange		2f	» »
22.	100 »	violet pâle		2f50	» »
23.	120 »	bleu.		»	» » »
24.	240 »	violet		»	» » »

1875-76. *Idem.*

25.	15 reis	brun		»	» » »
26.	150 »	bleu.		»	» » »
27.	300 »	lilas.		»	» » »

1876. *Chiffre, même surcharge, dentelé (pour imprimés).*

28.	2½ reis verdâtre			» 40	» »

1879-80. *Type 1871, dentelés.*

37.	10 reis	vert.		»	» » »
38.	50 »	bleu		»	» » »
39.	150 »	jaune		»	» » »

1880. *Effigie à gauche, sans relief, types divers, dentelés.*

40.	5 reis	noir.		»	» » »
41.	25 »	bleu gris		1f	» »
42.	25 »	violet 2e type		» 75	» »

MALACCA

POSSESSIONS ANGLAISES DU DÉTROIT

Asie Sud

1867. *Timbres des Indes anglaises de 1858, couronne et valeur en surcharge de diverses couleurs, dentelés.*

N°s			Neufs.	Oblitérés.
1. 3/2	c.	rouge sur bleu .	2f »	» »
2. 2	»	rouge sur brun.	3f50 »	»
3. 3	»	bleu sur brun .	3f50 »	»
4. 4	»	noir sur brun .	» »	» »
5. 6	»	violet sur orange	» »	» »
6. 8	»	vert sur orange.	» »	2f50
7. 12	»	carmin sur vert	» »	» »
8. 24	»	bleu sur carmin	» »	2f50
9. 32	»	noir sur orange	5f »	2f »

1867. *Effigie à gauche, dentelé.*

10.	2 cents	brun .	» 25	» 25
11.	4 »	carmin .	» 50	» 20
12.	6 »	violet .	» 75	» 20
13.	8 »	orange .	1f »	» 20
14.	12 »	bleu.	2f »	» 35
15.	24 »	vert.	2f50	» 35
16.	32 »	rouge .	3f50	» 75
17.	96 »	gris vert .	10f »	» 60

1872. *Même genre, dentelé.*

18.	30 cents carminé .	3f »	» 40

1879-83. *Mêmes timbres avec valeur en surcharge noire.*

N°s			Neufs.	Oblitérés.
19.	2 c. sur divers .	»	»	»
20.	5 » sur divers .	»	»	» »
21.	7 » sur 32 c. rouge .	3f »	»	»
22.	10 » sur divers .	»	»	»

Nous avons en vente :

2 c. à 1f50 et 2f50, 5 c. à 1f50, 10 c. à 60 et 75 c., etc.

1882-83. *Idem, sans surcharge.*

37.	2 cents	rose .	» 25	» 10
38.	4 »	brun .	» 50	» 25
30.	5 »	brun lilas.	» »	»
31.	10 »	violet .	1f25	» 25
40.	12 »	brun violet .	1f25	» 25
39.	5 »	bleu .	» 60	» 20

1884-87. *Idem, avec valeur en surcharge.*

41.	2 cents sur 5 bleu .	» »	» »
47.	3 » sur divers.	» »	» »
42.	4 » sur 5 bleu .	» »	» »
44.	8 » sur divers.	» »	» »

Nous avons en vente :

2 c. à 1f et 2f, 3 c. à 1f.

Johore

1884. *Timbre de Malacca avec* JOHOR *ou* JOHORE *en surcharge noire.*

1.	2 cents rose.	» 50	» 35

Perak

1881-82. *Timbre de Malacca avec croissant, étoile et* v *en surcharge noire, ou seulement* PERAK *ou seulement* v *(*).*

1.	2 cents brun .	» »	» »

1883-86. *Idem,* PERAK *en surcharge.*

3.	2 c. rose .	» 50	» 40
4.	2 » sur divers .	» »	» »
6.	1 » sur 2 c. rose.	» 35	» »

Selangor

1881-82. *Timbre de Malacca avec croissant, étoile et* s *en surcharge noire, ou seulement* SELANGOR *ou seulement* s *(*).*

1.	2 cents brun .	» »	» »

1883. *Idem,* SELANGOR *en surcharge.*

3.	2 cents rose .	» 50	» 35

(*) Voir le *Catalogue descriptif des timbres surchargés.*

Sungei Ujong

1880-82. *Timbre des Indes anglaises type 1858 ou de Malacca avec croissant, étoile et* S U, *ou timbre de Malacca ayant seulement* SUNGEI UJONG *ou seulement* S U *en surcharge noire* (*).

N°°		Neufs.	Oblitérés.
2.	2 cents brun	1f	» »

1883-86. *Idem,* SUNGEI UJONG *en surcharge noire, diverses formes de caractères.*

| 7. | 2 c. rose . . . . | » 50 | » » |

Il existe d'autres valeurs : 4, 8, 10 c.?

MALTE

POSSESSION ANGLAISE

Europe Sud

1860. *Effigie à gauche (Victoria I), dentelés.*

| 1. | ½ p. bistre sur bleu . | » » | » » |
| 2. | ½ » bistre sur blanc | » 50 | » 35 |

Idem.

| 3. | ½ penny jaune . . | » 75 | » » |

1885. *Idem.*

| 4. | ½ penny vert . . . . . | » 15 | » 15 |

1885. *Même effigie, cadres divers, croix de Malte aux angles, dentelés.*

N°			Neufs	Oblitérés.
5.	1 penny rose	» 25	» 15
6.	2 pence gris	» 50	» 25
7.	2½ » bleu . . .	» 60	» 15
8.	4 » brun . . .	1f »	» 40
9.	1 shill. violet	2f50	» 75

| 14. | 5 shill. rose . . . . . | 12f » | 6f » |

MARTINIQUE

POSSESSION FRANÇAISE

Amérique Centrale, Antilles

1886-87. *Timbres des Colonies françaises, surcharge noire* MARTINIQUE *et valeur* (*).

10.	1 sur divers	» 25	» »
5.	5 s. 20 c. bistre et vert	» 35	» 35
8.	15 s. 20 c. bistre et vert	» 60	» 60

1887. *Idem, surcharge noire* M Q E.

Nº		Neufs.	Oblitérés.
9.	15 s. 20 c. bistre et vert.	» 75	» 75

MAURICE

POSSESSION ANGLAISE

Afrique Orient

La classification des premiers timbres de Maurice, rectifiée ici d'après les notes de M. Evans, diffère de celle de *l'Album universel.*

1847. *Effigie diadémée (Victoria I),* POST OFFICE *à gauche.*

| 6. | 1 penny rouge | . . . | » | » | » |
| 7. | 2 pence bleu | . . . | » | » | » |

1848. *Idem,* POST PAID *à gauche.*

1.	1 p.	rouge sur azuré	.	»	»	»	»
2.	1 »	rouge pâle	. . .	»	» 15f	»
3.	1 »	rouge s. blanc	.	»	»	»	»
4.	2 »	bleu foncé	. . .	»	»	»	»
5.	2 »	bleu pâle	. . .	»	»	»	»

1858. *Même genre, effigie ceinte d'un bandeau,* MAURITIUS *écrit de bas en haut.*

8. 2 pence bleu . . . . . » » »

1859. *Même genre, petite effigie,* MAURITIUS *écrit de haut en bas.*

Nº		Neufs.	Oblitérés.
9.	2 pence bleu	. . .	»	»	»
10.	2 » bleu pâle	. .	»	» 15f	»

1858. *Déesse assise,* FOUR PENCE *en surcharge noire.*

16. ½ p. noir sur vert . . . » » » »

1858-59. *Idem, sans surcharge.*

11.	vert	. . . .	»	» 15f	»
12.	rouge sur bleu	.	1f25	»	»
13.	rouge sur blanc	.	1f75	»	»
14.	carminé	. . .	12f	» 8f	»
15.	bleu	. . . .	1f	»	»

1859. *Idem, valeur en bas.*

| 17. | 6 pence bleu | . . . | 6f | » 2f50 |
| 18. | 1 shill. rouge | . . | » | » 5f | » |

1859. *Effigie à gauche, grecques sur les côtés.*

| 19. | 1 penny rouge | . . . | » | » | » | » |
| 20. | 2 pence bleu | . . . | » | » 2of | » |

1860-63. *Effigie à gauche, dentelés.*

N°s				Neufs.	Oblitérés.
21.	1 penny	brun clair .		» 25	» 10
22.	2 pence	bleu. . . .		» 50	» 10
23.	4 »	rose. . . .		1f »	» 10
24.	6 »	vert. . . .		2f »	» 25
25.	9 »	violet . . .		3f »	1f 25
26.	1 shill.	jaune . . .		3f 50	» 35
35.	6 pence	violet . . .		» »	1f 25
36.	1 shill.	vert. . . .		» »	» »
37.	3 pence	rouge . . .		» 75	» 50
38.	5 shill.	violet . . .		» »	2f 50
38a.	5 »	lilas carm.	15f »	»	2f 50

1861. *Type 1859, déesse, non dentelés.*

27.	6 pence	brun violet .	2f »	»	»
28.	1 shill.	vert	» »	»	»

1862. *Idem, dentelés.*

29.	6 pence	gris violet .	2f »	»	»
30.	1 shill.	vert	» »	»	»

1870. *Type 1860 (effigie.)*

39.	9 pence	vert	» »	»	»
40.	1 shill.	bleu	» »	2f »

1872. *Même effigie, dentelé.*

41.	10 pence	carminé . .	2f 50	»	»

1876-77. *Timbres de 1861-72, avec valeur en surcharge noire.*

44.	½ p. sur 9 p. ou 10 p.		» 25	»	»
47.	1 » sur 4 » rose.		» »	»	»
48.	1 sh. sur 5 sh. lilas .		» »	»	» 75

1878. *Idem.*

51.	2 c. carminé		» 20	» 20
52.	4 » s. 1 p. brun cl.		» 50	» 20

N°s				Neufs.	Oblitérés.
53.	8 » s. 2 »	bleu . .		» 60	» 20
54.	13 » s. 3 »	rouge .	1f 50	» 50
55.	17 » s. 4 »	rose . .	1f »	» 20
56.	25 » s. 6 »	bleu gris	2f 50	» 50
57.	38 » s. 9 »	violet. .	3f 50	» »
58.	50 » s. 1 sh.	vert . .	3f »	» 50
59.	2 rup. 50 c. s. 5 sh. violet	14f »	»	»

1879-80. *Même effigie, cadres divers, dentelés.*

63.	2	cents	brun rouge.	» 15	» 10
64.	4	»	orange . .	» 25	» 05
65.	8	»	bleu. . . .	» 50	» 20
66.	13	»	gris vert. .	» »	» »
67.	17	»	rose. . . .	1f »	» 40
68.	25	»	bistre jaune	1f 25	» 25
69.	38	»	violet . . .	3f 50	» »
70.	50	»	vert. . . .	3f 50	1f »
71.	2 r. 50 c.		brun violet.	12f »	» »

1883-85. *Idem, avec valeur en surcharge noire.*

80.	16 c. sur 17 c. rose. .	2f »	»	»
81.	sixteen c. sur 17 rose.	1f »	» 25
83.	2 cents sur 38 c. violet	» 75	» 75

1885-86. *Idem, sans surcharge.*

85.	2 cents	vert.	» 15	» 05
86.	4 »	carmin . . .	» 25	» 05

87.	16 cents bistre brun . .	» 75	» 15
89.	50 » orange. . .	2f 50	1f »

1887. *Idem, avec valeur en surcharge rouge.*

90.	2 c. sur 13 c. gris vert.	2f »	»	»

MECKLEMBOURG-SCHWERIN

GRAND DUCHÉ

Europe Centre

1856. *Armes (tête de bœuf), fond pointillé.*

Nos		Neufs.	Oblitérés.
1.	¼ de ⅓ sch. rouge .	5f »	3f »

1856. *Armes (couronne et tête de bœuf).*

2.	3 sch. jaune	2f50	1f50
3.	5 » bleu	10f	» »

1864-66. *Idem, dentelés.*

14.	¼ de ⅓ sch. rouge *fond pointillé* . . .	» »	» »

17.	¼ de ⅓ sch. rouge *fond blanc.* . . .	» 75	» »
15.	3 sch. jaune . . .	1f50	» »
16.	5 » bistre . . .	» »	» »
18.	2 » lilas . . .	» »	» »
19.	2 » violet . . .	» »	» »

MECKLEMBOURG-STRELITZ

GRAND-DUCHÉ

Europe Centre

1864. *Couronne, tête de bœuf, relief et couleur, dentelés.*

1.	¼ silb. rouge *rectang.* 3f »	» »

Nos		Neufs.	Oblitérés.
2.	¼ silb. vert	1f50	» »
3.	1 sch. violet . . .	» »	» »

4.	1 silb. rose *octog.* .	» »	» »
5.	2 » bleu	1f25	» »
6.	3 » bistre . . .	» 60	» »

MEXIQUE

RÉPUBLIQUE

Amérique du Nord, Sud

1857. *Effigie de trois quarts à gauche (cure Hidalgo), couleur sur blanc.*

1.	½ real bleu	4f »	» 75
2.	1 » jaune . . .	4f »	» 50
3.	2 » vert . . .	4f »	» 50
4.	4 » rouge . . .	» »	6f »
5.	8 » violet . . .	» »	» »

1861. *Idem, noir sur couleur.*

6.	½ real chamois . .	5f »	» »
7.	1 » vert	3f »	» 50
8.	2 » rose	2f »	» 50
9.	4 » jaune . . .	10f »	» »
10.	8 » fauve . . .	12f »	12f »

1861. *Idem, couleur sur couleur*

11.	4 r. rouge bruns, jaune	» »	5f »
12.	8 » vert sur fauve . .	» »	12f »

1864. *Même genre, gravure soignée, dentelés.*

Nᵒˢ				Neufs.	Oblitérés.
13.	1 real	rouge		» 50	» »
14.	2 »	bleu		» 60	» »
15.	4 »	brun		» 60	» »
16.	1 peso	noir		» 75	» »
	La collection			2f »	» »

EMPIRE

1864. *Aigle.*

				Neufs.	Oblitérés.
17.	3 centavos	brun		» »	» »
18.	½ real	brun		» »	» »
19.	¼ »	brun lilas		» »	» »
20.	⅛ »	violet		» »	» »
21.	1 »	bleu ciel	4f »	1f »
22.	1 »	bleu	1f »	» 50
23.	2 »	jaune	1f »	» 20
24.	4 »	vert	1f »	» »
25.	8 »	rouge	1f »	» »

1866. *Effigie à gauche (Maximilien I), lithographiés.*

				Neufs.	Oblitérés.
26.	7 cents	gris lilas foncé		» »	» »
27.	7 »	gris lilas pâle	7f »	» »
28.	13 »	bleu	5f »	3f »
29.	25 »	jaune	3f »	1f »
30.	25 »	orange	» »	2f »
31.	50 »	vert jaune	5f »	4f »
32.	50 »	vert	5f »	5f »

1867. *Idem, gravés.*

Nᵒˢ				Neufs.	Oblitérés.
33.	7 cents	violet		2f »	» »
34.	13 »	bleu		1f »	2f »
35.	25 »	jaune		1f »	1f25
36.	50 »	vert		1f »	2f »

RÉPUBLIQUE

1867. *Type 1857 (effigie de Hidalgo).*

				Neufs.	Oblitérés.
49.	½ r.	vert bleu s. azuré		» »	» »
50.	1 »	bleu		» »	40f »
51.	2 »	vert sur azuré		» »	4f »
52.	4 »	lie de vin s. azuré		» »	10f »
53.	4 »	rouge sur jaune	12f »	4f »

On remet en cours également les nᵒˢ 6 à 10 de 1861, mais avec le nom de ville en gothique ; cette surcharge était en lettres droites en 1861.

1868. *Même effigie de face.*

				Neufs.	Oblitérés.
54.	6 cent	noir s. cham.	1f50	» 50
55.	12 »	noir s. vert	2f »	» 35
56.	25 »	bleu s. rose	3f50	» 25
57.	50 »	noir s. jaune	5f »	» 75
58.	100 »	noir s. fauve	» »	1f50
59.	100 »	brun s. fauve	» »	» »

1868. *Idem, dentelés.*

				Neufs.	Oblitérés.
60.	6 cent	noir s. cham.	1f »	» »
61.	12 »	noir s. vert	1f50	» 75
62.	25 »	bleu s. rose	3f »	» 35
63.	50 »	noir s. jaune	6f »	» »
64.	100 »	noir s. fauve	» »	1f50
65.	100 »	brun s. fauve	» »	» »

1872. *Même effigie à gauche.*

				Neufs.	Oblitérés.
66.	6 centavos	vert		» 75	» »
67.	12 »	bleu		1f50	» 35

Nos				Neufs.	Oblitérés.
68.	25 centavos	rouge . .	3f »	» 35
69.	50 »	jaune . .	» »	1f50
70.	100 »	lilas. . .	5f »	3f »

1872. *Idem, dentelés.*

71.	6 centavos	vert. . .	» »	» »
72.	12 »	bleu. . .	» »	» »
73.	25 »	rouge . .	» »	» 35
74.	50 »	jaune . .	» »	1f50
75.	100 »	lilas. . .	10f »	3f »

1874. *Même effigie à gauche, cadres divers, dentelés.*

76.	5 centavos	brun . .	» 75	» 20
77.	10 »	noir. . .	1f »	» 25
78.	25 »	bleu. . .	2f50	» 10
79.	50 »	vert. . .	5f »	» 35
80.	100 »	carmin .	10f »	» 50

1878-80. *Idem.*

93.	4 centavos	rouge pâle	» 60	» »
94.	10 »	jaune . .	1f25	» 15

1879. *Effigie de 3/4 à gauche (Diaz), dentelés.*

98.	1 cent.	brun . . .	» 20	» »
99.	2 »	violet foncé.	» 25	» 20
100.	3 »	orange . .	» 25	» 15
101.	10 »	bleu. . .	» 25	» 15
102.	25 »	rouge carm.	1f25	» »
103.	50 »	vert foncé .	2f50	» »
104.	85 »	violet vif.	7f »	» »
105.	100 »	noir. . .	7f »	» »

1882. *Chiffre, dentelés.*

Nos				Neufs.	Oblitérés.
116.	2 cent.	vert . . .	» 25	» »
117.	3 »	carmin. .	» 50	» »
118.	6 »	bleu . . .	» 75	» »

1882. *Type 1879 (effigie), dentelés.*

119.	12 cent.	brun . .	1f »	» 30
120.	18 »	bistre jaune	1f50	» »
121.	24 »	violet . .	1f50	» »
122.	50 »	bistre . .	20f »	» »
123.	100 »	orange . .	20f »	» »

1884. *Effigie à gauche (Hidalgo), dentelés.*

127.	1 centavo	vert . . .	» 15	» 15
128.	2 »	vert. . .	» 25	» 15
129.	3 »	vert. . .	» 35	» 30
130.	4 »	vert. . .	» 50	» 25
131.	5 »	vert. . .	» 60	» 25
132.	6 »	vert. . .	» 70	» 25
133.	10 »	vert. . .	1f »	» 20
134.	12 »	vert. . .	1f25	» 20
135.	20 »	vert. . .	2f »	» 50
136.	25 »	vert. . .	2f50	1f »
137.	50 »	vert. . .	5f »	1f50
138.	1 peso	bleu. . .	10f »	4f »
139.	2 »	bleu. . .	» »	» »
140.	5 »	bleu. . .	» »	» »
141.	10 »	bleu. . .	» »	» »

1885. *Idem.*

148.	1 cent.	vert clair .	» 20	» 15
149.	2 »	carmin. .	» 35	» 20
150.	3 »	brun rouge.	» 50	» 25
151.	4 »	rouge. . .	» 60	» 35

Nᵒˢ				Neufs.	Oblitérés.
152.	5	cent.	bleu ciel . . .	» 60	» 20
153.	6	»	brun	1f »	» 35
154.	10	»	jaune foncé.	1f25	» 25
155.	12	»	noir vert . .	1f50	1f »
156.	25	»	bleu	» »	2f »

1886. *Chiffre, denteles.*

163.	1	centavo	vert	» 15	» 10
164.	2	»	carmin . . .	» 25	» 15
165.	3	»	lilas brun .	» 35	» 20
166.	4	»	lilas brun .	» 50	» 20
167.	5	»	bleu ciel. .	» 60	» 40
168.	6	»	lilas brun .	» 75	» 35
169.	10	»	lilas brun .	1f »	» 20
170.	12	»	lilas brun .	2f »	» »
171.	20	»	lilas brun .	2f50	» »
172.	25	»	lilas brun .	4f »	» »
173.	50	»	lilas bran .	» »	» »
174.	1	peso	carm. s. cham.	» »	» »
175.	2	»	carm. s. cham.	» »	» »
176.	5	»	carm. s. cham.	» »	» »
177.	10	»	carm. s. cham.	» »	» »

1887-88. *Idem.*

183.	3	centavos	rouge. . . .	» 35	» 15
186.	4	»	rouge. . .	» 40	» 20
187.	5	»	bleu vert .	» »	» »
188.	10	»	rouge. . .	1f »	» 15
189.	20	»	rouge. . .	2f »	» 50
190.	25	»	rouge. . .	2f50	» 60

Timbres de service

1884. *Effigie, dentelé.*

145.		rouge	» 35	» 20

1885. *Idem.*

Nᵒˢ			Neufs.	Oblitérés.
157.	gris vert.	. . . . .	» »	» 20

Timbres-taxe

1875-77. *Chiffre.*

83.	2	centavos	noir . .	» 35	» »
83a.	5	»	noir . .	» 50	» »
84.	10	»	noir . .	» 35	» 75
85.	12	»	noir . .	» 50	» »
86.	20	»	noir . .	» 50	» »
87.	25	»	noir . .	» 60	» »
88.	35	»	noir . .	1f25	» »
89.	50	»	noir . .	» 50	» »
90.	60	»	noir . .	1f25	» »
91.	75	»	noir . .	2f50	» »
92.	85	»	noir . .	4f »	» »
93.	100	»	noir . .	» 75	» »

1880. *Chiffre.*

106.	2	centavos	brun . .	» 35	» »
107.	5	»	jaune .	» 50	» »
108.	10	»	rouge .	» 35	» »
109.	25	»	bleu . .	» »	» »
110.	50	»	vert . .	» 35	» »
111.	100	»	violet .	» »	» »
		La collection de 6 valeurs		2f50	» »

Timbre de retour

1887 *Armes, inscriptions, grand.*

192.	brun	» 50	» »

GUADALAXARA

1867. *Rond, valeur et millésime, noir sur couleur.*

N°s		Neufs.		Oblitérés.	
37.	½ real blanc	»	»	»	»
38.	1 » vert.	»	»	»	»
39.	1 » bleu.	»	»	»	»
40.	1 » blanc	»	»	»	»
41.	2 » vert.	»	»	»	»
42.	2 » rose	»	»	15f	»
42a.	2 » lilas	»	»	»	»
43.	4 » bleu	10f	»	»	»
44.	4 » rose	»	»	»	»
45.	1 peso lilas	15f	»	»	»

1868. *Idem.*

N°s		Neufs.		Oblitérés.	
46.	1 real vert	10f	»	»	»
47.	2 » rose	»	»	»	»
48.	2 » lilas	16f	»	12f	»

1867 et 68. *Mêmes timbres dentelés en roul.*

MODÉNE

DUCHÉ

Europe Sud

1852. *Aigle, noir sur couleur.*

N°s		Neufs.		Oblitérés.	
1.	5 cent. vert.	»	50	»	60
2.	10 » rose.	»	50	»	60
3.	10 » lilas.	»	50	»	»
4.	15 » jaune.	»	50	»	40
5.	25 » chamois clair	»	50	»	40
6.	40 » bleu	»	50	1f	»
7.	1 lira blanc.	3f	»	»	»

1859. *Croix de Savoie, couleur sur blanc.*

N°s		Neufs.		Oblitérés.	
11.	5 cent. vert.	»	75	»	»
12.	15 » brun	»	75	»	»
13.	20 » violet	1f	»	»	»
14.	20 » lilas.	»	75	»	»
15.	40 » carmin	»	75	»	»
16.	80 » jaune	1f	»	»	»

Les mêmes, 1852 et 1859, avec erreurs typographiques dans l'inscription du bas, comme : CNET, CENI, CONT, EENT, OZET, CENE, CIIST, CETN, EONT *au lieu de* CENT; 49, 4c, *au lieu de 40, etc.*

Chaque . . . . 3f » » »

Timbres-taxe fiscale

1853-54. *Type des timbres de 1852, noir sur couleur.*

N°s		Neufs.		Oblitérés.	
8.	0 cent. B. G. violet	»	»	»	»
9.	9 » B. G. violet	3f	»	»	50

1859. *Idem, aigle dans un cercle.*

N°s		Neufs.		Oblitérés.	
10.	10 cent. blanc	1f25	»	»	»

MOLDAVIE

Voir **ROUMANIE**

MONACO

PRINCIPAUTÉ

Europe Centre, Occident

1885. *Effigie à droite (Prince Charles III), dentelés.*

N°s		Neufs.		Oblitérés.	
1.	1 c. olive	»	05	»	»

Nos   Neufs. Oblitérés.

2. 2 c. violet . . . . . » 10 » »
3. 5 » bleu . . . . . » 20 » »

4. 10 c. brun s. jaune . » 30 » »
5. 15 » carmin . . . . » 40 » 15
6. 25 » vert . . . . . » 60 » 20
7. 40 » bleu sur rose . 1f25 » »
8. 75 » noir s. rose pâle 2f50 » »
9. 1 fr. noir s. jaune . 3f50 » »
10. 5 » carmin s. vert pâle » » » »

MONTÉNÉGRO

PRINCIPAUTÉ

Europe Sud, Orient

1874. *Effigie de 3/4 à droite (Nicolas Petrowich), dentelés.*

1. 2 kob. jaune . . . . » 20 » »
2. 3 » vert . . . . . » 25 » 25
3. 5 » rouge rosé . . » 40 » 35
4. 7 » lilas . . . . . » 60 » »
5. 10 » bleu . . . . . » 75 » 35
6. 15 » bistre . . . . 1f » » »
7. 25 » violet . . . . 1f50 » »

MONTSERRAT

POSSESSION ANGLAISE

Amérique Centrale, Antilles

1876. *Timbres d'Antigua avec* MONTSERRAT *en surcharge noire, dentelés.*
1. 1 penny rouge . . . . » 75 » »

Nos   Neufs. Oblitérés.

2. 6 pence vert . . . . 1f » »

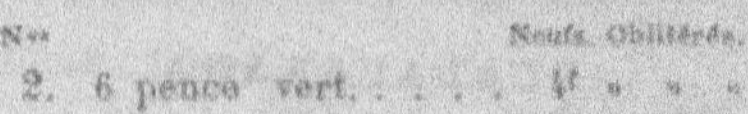

1879. *Effigie à gauche (Victoria I), dentelés.*

3. 2½ penny brun rouge » » » »
4. 4 pence bleu . . . . » » » »

1884-85. *Idem.*

6. ½ penny vert . . . . » 35 » »
7. 2½ pence bleu . . . . 1f50 » »
8. 4 » lilas . . . . 3f50 » »

MOZAMBIQUE

Afrique Orient

1877. *Couronne, dentelés.*

1. 5 reis noir . . . . » 25 » »
2. 10 » jaune . . . . » 50 » »
3. 20 » bistre . . . . » 35 » »
4. 25 » rose . . . . . » 35 » »
5. 40 » bleu . . . . . 2f » » »
6. 50 » vert . . . . . 1f50 » »
7. 100 » violet . . . . » 50 1f
8. 200 » orange . . . 1f25 1f50
9. 300 » brun rouge . 2f » 1f50

1881-85. *Idem.*

10. 10 reis vert . . . . » 25 » »
13. 20 » rose . . . . » » » »
14. 25 » violet . . . . » 60 » »
11. 40 » jaune . . . . 1f » » »
12. 50 » bleu . . . . . » 30 » 50

1885. *Effigie à gauche (don Luis I),*
relief et couleur, dentelés.

Nos				Neufs.	Oblitérés.
18	5 reis	noir		» 15	» »
19.	10 »	vert		» 25	» »
20	20 »	rose		» 35	» »
21.	25 »	lilas		» 40	» »
22.	40 »	chocolat		» 60	» »
23.	50 »	bleu		» 75	» »
24.	100 »	brun clair		1f25	» »
25.	200 »	violet		2f50	» »
26.	300 »	orange		4f	» »

NABHA

Asie Sud

1885. *Timbres des Indes anglaises*
avec NABHA STATE *en surcharge ronde*
ou en deux lignes horizontales.

				Neufs.	Oblitérés.
1.	½ anna	vert		» 25	» »
2.	1 »	brun		» 50	» »
4.	2 »	bleu		» 75	» »
6.	4 »	vert		1f50	» »
8.	8 »	lilas		2f50	» »
9.	1 rupee	gris		5f	» »

Timbres de service

1885. *Timbres-poste surchargés de*
1885 ayant en plus, la surcharge
SERVICE.

10.	½ anna vert			» 25	» »

NATAL

Afrique Sud

1857. *Couronne relief sur papier de*
couleur.

Nos				Neufs.	Oblitérés.
1.	1 penny	bleu		»	»
2.	1 »	rose		»	»
3.	1 »	chamois		»	»
4.	3 pence	rose		»	»
5.	6 »	vert		»	»
6.	9 »	bleu		»	»
7.	1 shill.	chamois		»	»

1860-62. *Effigie de 3/4 à gauche*
(Victoria I), dentelés.

8.	1 penny	carmin terne	2f50	1f50
9.	3 pence	bleu	» »	1f »
10.	6 »	gris lilas	» »	1f50

1864. *Idem, dentelés.*

11.	1 penny	carmin foncé	» 75	» 50
12.	6 pence	violet	» »	1f25

1864. *Même genre, effigie à gauche,*
dentelé.

13.	1 shill.	vert	» »	» »

1870. *Timbres de 1860-64, avec* POSTAGE
en surcharge noire.

14.	1 penny	carmin	» 60	» »
15.	3 pence	bleu	» »	» »
16.	6 »	violet	3f »	» 50
17.	1 shill.	vert	5f »	» 50

Idem, Postage en surcharge noire.

Nos		Neufs.	Oblitérés.
18.	1 penny carmin . . .	» »	» »
19.	6 pence violet. . . .	» »	» »

Idem, POSTAGE en surcharge verte cintrée.

| 20. | 1 shill. vert . . . . . | 5f » | » 75 |

1870-73. *Idem, POSTAGE en surcharge noire sur les côtés.*

21.	1 p. carmin	» »	» 60
23.	6 » violet	» »	1f25
22.	3 » bleu surch. rouge	» »	» 75

Idem, POSTAGE en surcharge noire verticale.

| 24. | 1 shill. lilas. . . . . | » » | » » |

1874-80. *Effigie à gauche, cadres divers, dentelés.*

35.	½ penny vert	» 15	» 10
25.	1 » rose	» 25	» 15
26.	3 pence bleu	» 75	40
33.	4 » brun	1f »	» 25
27.	6 » violet	1f50	» 25

| 28. | 5 shill. carmin *grand* 12f » | 6f » |

1876. *Type 1860, avec* POSTAGE *en surcharge noire.*

| 29. | 1 penny jaune . . . . | » » | » » |

1877-79. *Idem, avec valeur en surcharge noire.*

Nos		Neufs.	Oblitérés.
30.	½ p. s. 1 p. jaune . .	» 50	» »
31.	1 » s. 6 » violet . . .	» »	» »
32.	1 » s. 6 » rose . . .	» »	» »
34.	½ » s. 1 » rose 1874	» »	» »

1885-86. *Timbres de 1874, avec valeur en surcharge noire.*

| 45. | One Half P. sur 1 p. rose | » » | » 35 |
| 50. | 2 p. sur 3 p. gris bleu.. | » 75 | » 60 |

1887. *Même effigie à gauche, dentelé.*

| 51. | 2 pence gris vert . . . | » 50 | » 30 |

1888. *Timbre de 1878,* POSTAGE *en surcharge rouge cintrée.*

| 52. | 1 shill. orange. . . . . | » » | » 50 |

Timbres-télégraphe

1882. *Effigie à gauche, dentelés.*

36.	1 penny brun rouge.	» 35	» »
37.	3 pence carmin . . .	» 75	» »
38.	6 » gris vert . . .	1f50	» »
39.	1 shill. vert	2f50	» »
40.	2 » violet	» »	» »
41.	5 » bleu	» »	» »
42.	10 » gris foncé . .	» »	» »
43.	1 pound brun rouge.	» »	» »
44.	5 » orange. . . .	» »	» »

NEPAL

ÉTAT INDIEN

Asie Sud

1881. *Ornements et inscriptions orientales.*

Nos		Neufs.	Oblitérés.
1.	1 anna bleu	» 50	» »
2.	2 » violet	1f25	» »
3.	4 » vert	2f	» »

Idem, dentelés.

4.	1 anna bleu	» »	» »
5.	2 » violet	» »	» »
6.	4 » vert	» »	» »

NEVIS

POSSESSION ANGLAISE

Amérique Centrale, Antilles

1861. *Groupe de trois femmes, cadres divers, dentelés.*

1.	1 penny carmin	5f	» » »
2.	4 pence rose	»	» » »
3.	6 » violet gris	»	» » »
4.	1 shill. vert	»	» » »

1867-79.

5.	1 penny rouge	»	» » »
5a.	1 » carminé	»	» » »

Nos		Neufs	Oblitérés.
6.	4 pence jaune	» »	» »
7.	6 » gris bistre	» »	» »
8.	1 shill. vert jaune	» »	» »

1879-80. *Effigie à gauche, dentelés.*

11.	1 penny violet	» »	» »
12.	2½ pence brun rouge	» »	» »
13.	4 » bleu	» »	» »

1883-84. *Idem.*

15.	½ penny vert	» 35	» »
16.	1 » carmin	» 75	» »
17.	2½ pence bleu	1f25	» »
18.	4 » gris	3f50	» »
19.	6 » vert	» »	» »

1888. *Idem.*

23.	6 pence brun clair	6f	» »

NICARAGUA

RÉPUBLIQUE

Amérique Centrale

1862-73. *Montagnes, dentelés.*

1.	2 centavos bleu	» 25	» »	
2.	5 » noir	» 60	» 50	
3.	10 » rouge	» 50	» »	
4.	25 » vert	» 75	» »	
5.	1 » bistre	» 20	» »	

1882-88. *Triangle, montagnes, dentelés.*

N°s			Neufs.	Oblitérés.
7.	1 centavo	vert	» 15	» 10
8.	2 »	carmin	» 15	» 15
9.	5 »	bleu	» 15	» 20
10.	10 »	violet	» 15	» 20
11.	15 »	jaune	» 60	» »
12.	20 »	gris	» 50	» »
13.	50 »	lilas	1f50	» »

NORVÈGE

ROYAUME

Europe Nord, Occident

1854. *Couronne et lion.*

				Neufs.	Oblitérés.
1.	4 skill.	bleu		» »	» 35

1856. *Effigie (Oscar I) à gauche, dentelés.*

N°s			Neufs.	Oblitérés.
2.	2 skill.	jaune	1f25	» 75
3.	3 »	violet	1f »	» 50
4.	4 »	bleu	» 75	» 10
5.	8 »	carmin	1f50	» 25

1863. *Couronne et lion, dentelés.*

N°s			Neufs.	Oblitérés.
6.	2 skill.	jaune	» »	» »
7.	3 »	violet	» »	3f »
8.	4 »	bleu	1f »	» 10

N°s

N°s			Neufs.	Oblitérés.
9.	8 skill.	rose	1f25	» 35
10.	24 »	brun	2f25	1f »

1867. *Même type, chiffre avant et après skill., dentelés.*

N°s			Neufs.	Oblitérés.
11.	1 skill.	noir	» 25	» 15
12.	2 »	orange	» »	» 50
13.	3 »	violet	1f25	» 50
14.	4 »	bleu	» 75	» 10
15.	8 »	rose	1f »	» 25

1872-75. *Couronne, chiffre dans un cor, dentelés.*

N°s			Neufs.	Oblitérés.
16.	1 skill.	vert	» 15	» 15
17.	2 »	bleu	» 25	» 15
18.	3 »	rose	» 35	» 05
19.	4 »	violet	» 50	» 20
20.	7 »	brun	» »	» 30
21.	6 »	brun	» 75	» 15

1877-78. *Idem, dentelés.*

N°s			Neufs.	Oblitérés.
28.	1 ore	bistre gris	» 10	» 05
29.	3 »	orange	» 15	» 05
30.	5 »	bleu	» 25	» 10
31.	10 »	carmin	» 50	» 05
32.	12 »	vert	» 60	» 25
33.	20 »	brun	» 75	» 10
34.	25 »	violet	1f »	» 25
35.	50 »	carminé	1f75	» 10
37.	35 »	vert bleu	1f25	» 60
38.	60 »	bleu foncé	2f »	» 60

1878. *Effigie de 3/4 à droite (Oscar II), dentelés.*

Nos		Neufs.	Oblitérés.
39.	1 kr. vert pâle	3f »	» 50
40.	1 » 50 bleu ciel . .	4f »	2f50
41.	2 » brun et rose . .	5f »	» 75

1883-84. *Type 1877, dentelés.*

54.	5 ore vert	» 25	» 05
55.	12 » roux	» »	» »
56.	20 » bleu	» 75	» 05

1888. *Idem, avec valeur en surcharge noire.*

60.	2 ore sur 12 o. roux..	» 25	» 25

Timbres de retour

1872. *Inscriptions, noir sur couleur, dentelés.*

26.	vert	» »	» »
27.	rose	» »	» »

Les postes locales de Bergen, Drammen et Drontheim ont été sérieuses, pensons-nous, dans le principe, mais il est impossible de suivre les émissions nombreuses de timbres de toutes les postes locales de la Norvège qui, certainement, ne sont faites qu'en vue des collectionneurs.

NOUVEAU-BRUNSWICK

POSSESSION ANGLAISE

Amérique du Nord, Nord

1857. *Fleurs, couronne, papier azuré.*

Nos		Neufs.	Oblitérés.
1.	3 pence rouge brun .	» »	» »
2.	6 » jaune	» »	» »
3.	1 shill. violet	» »	» »

1860. *Types divers, dentelés.*

4.	1 cent brun violet . .	1f50	» »
5.	5 » vert *Victoria* .	» 60	» »
6.	10 » rouge *id*. . .	1f75	» »

7.	12½ c. bleu *steamer* .	1f25	1f25
8.	17 » noir *Prince de Galles* . . .	2f »	» »

1863-64. *Idem.*

9.	2 c. jaune *Victoria* .	» 75	» »
10.	1 » lilas *locomotive*.	1f »	» »

NOUVELLE-CALÉDONIE

POSSESSION FRANÇAISE

Océanie Australasie

1860. *Effigie à gauche (Napoléon III).*

Neufs. Oblitérés.

1. 10 cents gris noir . . . » » » »

La feuille de 50 types différents en photolithographie . . . . » 50 » »

1881. *Timbres des Colonies françaises de 1876, avec N C E et valeur en surcharge noire (*).*

3. 5 sur 40 ou 75 c. . . » 75 1'50
4. 25 sur 35 ou 75 c. . . 7' » » »

1886. *Timbre des Colonies de 1881, surcharge noire N. C. E. en lettres ornées ou droites et valeur (*).*

7. 5 c. sur 1 fr. olive. . . . » 75 » »

(*) Voir le *Catalogue descriptif des timbres surchargés.*

NOUVELLE-ÉCOSSE

POSSESSION ANGLAISE

Amérique du Nord, Nord

1857. *Buste (Victoria I), papier azuré.*

Neufs. Oblitérés.

1. 1 penny brun rouge . . » » » »

1857. *Fleurs, couronne, papier azuré.*

2. 3 pence bleu . . . . . » » 6' »
3. 6 » vert . . . . . » » » »
4. 1 shill. violet. . . . . » » » »

1860-63. *Effigie à gauche, dentelés.*

5. 1 cent noir . . . . . 1'25 1'50
6. 2 » lilas . . . . . 1'25 1'50
7. 5 » bleu . . . . . 1'50 » 75

Même genre, effigie de face, dentelés.

8. 8½ cents vert . . . . 10' » » »
9. 10 » rouge . . . . 3'50 3' »
10. 12½ » noir . . . . 2'50 2' »

NOUVELLE-GALLES DU SUD

POSSESSION ANGLAISE

Océanie Australasie

1849-50. *Groupe allégorique et vue de Sidney, cadres divers.*

2. 1 p. carmin . . . . » » » »

Nos   Neufs. Oblitérés.

3.   1 p. rosé . . . . .   »   »   »   »
4.   1 » carmin sur azuré   »   »   »   »

1853-60. *Effigie à gauche, ovale (pour chargements).*

Nos   Neufs. Oblitérés.

22.   bleu et rouge . . .   »   »   »   »
30.   bleu et rouge dent.   »   »   7f »

1854. *Grands, effigie diadémée à gauche, cadres divers.*

5.   2 p. bleu sur azuré. .   »   »   »   »
6.   2 » bleu sur blanc. .   »   »   »   »
7.   2 » bleu noir   »   »   »   »
8.   2 » bleu *fond ligné verticalement.*   »   »   »   »
9.   3 » vert sur azuré. .   »   »   »   *
10. 3 » vert sur blanc .   »   »   »   »

23. 5 pence vert . . . .   »   »   »   »
24. 6   »   gris vert . .   *   »   4f »
25. 6   »   gris . . .   »   »   4f »
26. 6   »   brun . .   »   »   4f »
27. 8   »   orange . .   »   »   »   »
28. 1 shill. rouge pâle .   »   »   »   »
29. 1   »   rouge vif . .   »   »   »   »

1851. *Effigie laurée à gauche (Victoria I), étoile aux angles, papier azuré.*

14. 2 pence bleu. . . . .   »   »   »   »

1856. *Effigie diadémée à gauche.*

1851-53. *Même genre, fleuron aux angles, papier azuré.*

11. 1 penny rouge . . .   »   »   6f »
12. 1   »   carmin . . .   »   »   6f »
13. 2 pence bleu . . .   »   »   2f50
15. 2   »   bleu ciel. . .   »   »   3f »
16. 3   »   vert . . . .   »   »   »   »
17. 6   »   brun . . . .   »   »   »   »
18. 8   »   jaune . . . .   »   »   »   »

31. 1 penny vermillon. .   »   »   1f50
32. 1   »   orange . . .   »   »   »   »
33. 2 pence bleu . . .   »   »   1f »
34. 3   »   vert . . . .   »   »   »   »
35. 3   »   vert jaune . .   »   »   »   »

1860. *Idem, dentelés.*

Idem, papier blanc.

36. 1 penny rouge . . .   1f50 » 75
37. 1   »   rouge orange   »   »   »   »
38. 2 pence bleu . . .   »   »   1f50
19. 1 penny rouge . . .   »   »   2f50
20. 2 pence bleu . . .   »   »   2f »
21. 3   »   vert . . . .   »   »   3f50
39. 3   »   vert . . .   1f50 » 25
40. 3   »   vert bleu . .   2f50 » 60

1860. *Buste à gauche, dentelé.*

N⁰⁵			Neufs.	Oblitérés.
46.	5 shill. violet	. . . . .	»	» 2f50

1860-82. *Types 1854, grands, dentelés.*

N⁰⁵				Neufs	Oblitérés
41.	5 pence	vert foncé	.	5f »	» »
42.	6 »	gris vert	.	» »	» »
43.	6 »	brun	.	» »	» »
44.	8 »	orange	.	5f »	2f »
44a.	8 »	jaune	.	2f »	» 75
45.	1 shill.	rougeâtre	.	» »	» »
47.	5 pence	vert clair	.	2f »	» 75
48.	6 »	violet	.	2f »	» 60
49.	1 shill.	carmin	.	» »	1f25

1862-63. *Effigie à gauche, dentelés.*

51.	1 p. rouge *glacé*	. . . .	» »	» »
52.	1 » rouge *mat*	. . .	» 25	» 10
50.	2 » bleu	. . . .	» 50	» 10

1867-71-76. *Même effigie, cadres divers, dentelés.*

55.	4 p. brun rouge	. .	1f »	» 25
58.	6 » violet	. . . .	1f50	» 20

N⁰⁵			Neufs	Oblitérés.
57.	NINE P. *surch. noire sur*			
	10 p. brun rouge	. . .	2f25	1f25
56.	10 p. violet	. . . . .	2f »	» »

69.	1 sh. noir	. . . . . .	2f50	» 35

1886. *Timbres fiscaux, avec surcharge noire* POSTAGE.

75.	5 shill. violet et vert	.	» »	» »
76.	10 » viol. et carmin	25f	» »	» »
77.	1 pound violet et carm.	.	» »	» »

1888. *Légende :* ONE HUNDRED YEARS *(Centenaire de fondation), types divers, dentelés.*

79.	1 p. violet *Sidney*	. . .	» 25	» 05
80.	2 » bleu *émou.*	. . . .	» 50	» 05

Nos		Neufs.	Oblitérés.
84.	4 pence brun *Cook* . .	1f »	» 35

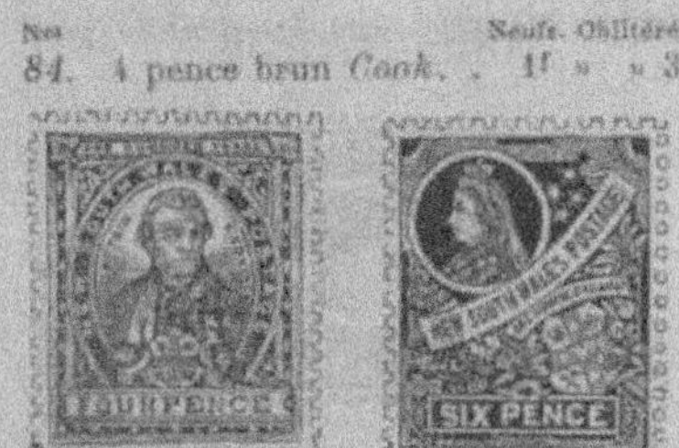

| 83. | 6 pence carm. *Victoria* | 1f50 | » 25 |

81. 20 sh. bleu ciel *Carrington et Philip* . . . . . . » » » »

Timbres de service

1880-88. *Timbres de 1862-88, avec o s en surcharge rouge ou noire.*

70. 1 p. ou 2 p. . . . . . . » » » 10
70a. 4 p. ou 6 p. . . . . . . » » » 50

Timbres-télégraphe

1871. *Le Temps, cadres divers, papier azuré, dentelés.*

60. 1 penny rouge . . . . . » » » »
61. 2 pence bleu . . . . . » » » »
62. 6 » brun rouge . » » » »
63. 1 shill. bleu . . . » » » »
64. 2 » brun . . . » » » »
65. 4 » violet . . . » » » »
66. 6 » carmin . . . » » » »
67. 8 » lilas . . . » » » »

NOUVELLE-RÉPUBLIQUE

Afrique Sud

1886. *Inscriptions, millésime différant à chaque émission, imprimés sur papier jaune ou gris bleu, dentelés.*

Nos			Neufs.	oblitérés.
2.	1 penny	violet. . .	. . »	» » »
3.	2 pence	violet. .	. . »	» » »
4.	3 »	violet.	. . »	» » »
5.	4 »	violet.	. . »	» » »
6.	6 »	violet.	. . »	» » »
7.	9 »	violet. .	. . »	» » »
8.	1 shill.*	violet. .	. . »	» » »

1887. *Idem, sans millésime, armes en relief, imprimés sur papier jaune ou gris bleu, dentelés.*

19. 1 penny violet. . . . . 1f » » »
20. 2 pence violet. . . . . » » » »
21. 3 » violet. . . . . » » » »

* Nous ne cataloguons pas les timbres de : 1 sh. 6 p., 2 sh., 2 sh. 6 p., 3 sh., 5 sh., 5 sh. 6 p., 7 sh. 6 p., 10 sh., 12 sh., 13 sh., 1 pound, 30 sh., n'ayant pas la preuve qu'ils ont un usage postal.

Nos　　　　　　　　　　　　　　　　Neufs. Oblitérés.

22. 4 pence violet . . . . » » » »
23. 6 » violet . . . . » » » »
24. 9 » violet . . . . » » » »
25. 1 shill. violet . . . . » » » »

NOUVELLE-ZÉLANDE

POSSESSION ANGLAISE

Océanie Australasie

1855. *Effigie de 3/4 à gauche (Victoria I), papier azuré.*

1. 1 penny rouge . . . » » » »
2. 2 pence bleu . . . . » » » »
3. 1 shill. vert . . . . » » » »

1859. *Idem, papier blanc épais.*

4. 1 penny rouge pâle . » » » »
5. 2 pence bleu clair . . » » 2f50
6. 6 » brun clair . . » » 3f50
7. 1 shill. vert clair . . » » » »

1861-63. *Idem, papier filigrané.*

8. 1 penny rouge vif . . » » 1f50
9. 2 pence bleu . . . . » » 1f50
10. 6 » brun rouge . . » » 1f50
11. 1 shill. vert . . . . » » 5f »
12. 3 pence violet brun . » » » »
13. 6 » brun foncé . . » » 1f50
14. 1 shill. vert vif . . . » » » »

1864-66. *Idem, dentelés.*

15. 1 penny rouge pâle . » » » 35
16. 1 » rouge vif . . 1f » » »
17. 2 pence bleu foncé . » » » 50
18. 2 » bleu clair . . 1f » » 50
19. 3 » violet . . . » » » 75
23. 4 » rose . . . » » » »
24. 4 » jaune . . . 1f50 1f25
20. 6 » brun foncé . » » » »
21. 6 » brun rouge . » » » 60
22. 1 shill. vert . . . . » » 1f25

1872. *Idem.*

25. 1 penny brun . . . » 40 » 25
26. 2 pence rouge . . . » 75 » 25
27. 6 » bleu . . . 2f » » 60

1873. *Effigie à gauche, dentelé (pour imprimés).*

Nos　　　　　　　　　　　　　　　　Neufs. Oblitérés.

28. ½ penny rose . . . . » 15 » 05

1874-78. *Effigie à gauche, cadres divers, dentelés.*

29. 1 penny violet . . . » 25 » 10
30. 2 pence rose . . . . » 30 » 10
31. 3 » brun . . . . » 75 » »
32. 4 » rouge brun . 1f » » 25
33. 6 » bleu . . . . 1f50 » 25
34. 1 shill. vert . . . . 2f50 » 35
37. 2 » carminé . . 5f » » »
38. 5 » gris noir . . 12f » » »

1882. *Timbres fiscaux employés provisoirement pour affranchir.*

39. 1 penny bleu . . . . . » » » 50
42. 2 shill. bleu . . . . . » » » 75

1882. *Timbres postaux et fiscaux. Genre 1874, cadres divers, dentelés.*

43. 1 penny carmin . . . » 25 » 10
44. 2 pence violet . . . . » 50 » 10
45. 3 » jaune . . . » 75 » 50
46. 4 » vert bleu . . 1f » » 25
47. 6 » bistre . . . . 1f50 » 15
48. 8 » bleu . . . . » » » 60
49. 1 shill. brun rouge . 2f50 » 25

NOWANUGGUR

ÉTAT INDIEN

Asie Sud

1877. *Tolwar (cimeterre indien).*

Nos				Neufs.	Oblitérés.
1.		bleu gris *dentelé*		»	»
2.		bleu gris *non dentelé*.		» 25	»

1880. *Caractères orientaux, noir sur couleur.*

3.	1	rose	» 30	»
4.	2	vert	» 35	»
5.	3	jaune	» 50	»

OLDENBOURG

GRAND-DUCHÉ

Europe Centre

1852. *Valeur au centre, armes, noir sur couleur.*

1.	1/3 sillg.	vert	»	»
2.	1/30 thaler	bleu	6f	» 75
3.	1/15 »	rose	»	»
4.	1/10 »	jaune	»	»

1859. *Armes au centre, noir sur couleur.*

5.	1/3 gros.	vert	»	»
6.	1 »	bleu	4f	3f
7.	2 »	rose	»	»
8.	3 »	jaune	»	»

1861. *Idem, couleur sur blanc.*

9.	1/4 gros.	orange	»	»
10.	1/3 »	vert	»	»
11.	1/2 »	brun	»	»
12.	1 »	bleu	»	»
13.	2 »	rouge	»	»
14.	3 »	jaune	»	»

1862. *Armes, ovale, relief et couleur, dentelés.*

Nos				Neufs.	Oblitérés.
19.	1/4	gros.	vert	1f	»
20.	1/3	»	orange	1f	»
21.	1	»	rose	» 30	» 35
22.	2	»	bleu	» 75	»
23.	3	»	bistre	1f	»

ORANGE

RÉPUBLIQUE

Afrique Sud

1868. *Oranger et cors, dentelés.*

1.	1 penny	brun	» 25	» 20
2.	6 pence	rose	1f50	» 25
3.	1 shill.	orange	2f50	» 75

1877. *Idem, chiffre 4 en surcharge noire.*

4.	4 sur 6 p. rose	»	»

1878. *Idem, sans surcharge.*

5.	4 pence	bleu	1f	» 40
6.	5 shill.	vert	12f	»

1881-82. *Idem, valeur et barré en surcharge noire.*

8.	1/2 d.	sur 3 sh. vert.	» 50	»
7.	1 »	sur 3 sh. vert.	1f25	»
9.	3 »	sur 4 p. bleu.	2f	1f25

1883-84. *Idem, sans surcharge.*

10.	1/2 penny	brun	» 15	» 15
11.	2 pence	violet	» 30	» 15
12.	3 »	bleu	» 75	» 25

1883. *Timbres fiscaux divers servant comme timbres-poste.*

Nos		Neufs.	Oblitérés.
14.	1 shill. violet brun . . .	» »	1f50
15.	. . .	» »	» »

1888. *Timbre de 1883 avec valeur en surcharge noire.*

21. 2 d. sur 3 p. bleu... 1f » » 60

Timbres-télégraphe

1885. *Timbres-poste de 1868-84 avec surcharge verticale telegraaf en violet ou rose d'aniline.*

16.	1 penny	brun . . .	» 75	» »
17.	3 pence	bleu. . . .	» »	» »
18.	6 »	rose. . . .	» »	» »
19.	1 shilling	orange . .	» »	» »

1886. *Idem, timbre fiscal avec la même surcharge.*

20. 1 shill. violet brun . . . » » » 75

1888. *Timbres-poste de 1868-84 avec T F en surcharge noire.*

| 22. | 3 pence bleu. . . . . | » » | » » |
| 23. | 6 » rose. . . . . | » » | » 75 |

1888. *Idem, timbre fiscal, même surcharge et valeur.*

24. Een sh. sur 9 sh. bistre » » 1f25

PARAGUAY

REPUBLIQUE

Amérique du Sud, Centre

1870. *Lion debout, types divers.*

1. 1 real rose . . . . 1f50 » »

Nos		Neufs.	Oblitérés.
2.	2 reales bleu	4f » »	» »

3. 3 reales noir . . . . . 6f » 3f50

1878. *Idem, avec chiffre 5 en surcharge noire ou bleue.*

4. 5 sur 2 r. ou 3 reales. » » » »

1879. *Lion, dentelés. Ces deux timbres, portant par erreur reales au lieu de centavos, n'ont pas été mis en circulation.*

| 5. | 5 reales brun clair. . | » 50 | » » |
| 6. | 10 » brun . . . . | » 50 | » » |

1881. *Idem, dentelés.*

| 7. | 5 centavos brun clair. | » 35 | » 35 |
| 8. | 10 » vert . . . . | » » | » » |

1881. *Idem, avec chiffre en surcharge noire.*

| 9. | 1 sur 10 c. vert . . . . | 2f50 | » » |
| 10. | 2 sur 10 c. vert . . . . | 2f50 | » » |

1881. *Genre de 1870, dentelés.*

11. 1 centavo bleu . . . . » 50 » »

Nos		Neufs.	Oblitérés.
12.	2 centavos carmin	» 60	» »
13.	4 » brun	1f »	» »

1884. *Timbre de 1870 avec surcharge noire.*

20.	1 c. sur 1 r. rose	1f »	» »

1884. *Lion petit, dentelés.*

21.	1 cent. vert	» 25	» 25
22.	2 » rouge	» 25	» 25
23.	5 » bleu	» 50	» 35

1887. *Chiffre, lion, dentelés.*

40.	1 centavo vert	» 15	» 15
41.	2 » carmin	» 25	» 20
42.	5 » bleu	» 50	» 20
43.	7 » brun	» 75	» 50
44.	10 » violet	1f »	» 35
45.	15 » orange foncé	1f50	» »
46.	20 » rose	2f »	» 75

Timbres de service

1886. *Types divers, OFICIAL en surcharge noire, non dentelés.*

26.	1 centavo orange	» »	» »
27.	2 » violet	» »	» »

Nos		Neufs.	Oblitérés.
28.	5 centavos rouge	» »	» »

29.	7 centavos vert	» »	» »
30.	10 » marron	» »	» »

31.	15 centavos bleu	» »	» »
32.	20 » carmin	» »	» »

1886. *Idem, mêmes types, même surcharge, dentelés.*

33.	1 centavo vert	» »	» »
34.	2 » rouge	» »	» »
35.	5 » bleu	» »	» »
36.	7 » orange	» »	» »
37.	10 » carminé	» »	» »
38.	15 » brun	» »	» »
39.	20 » bleu	» »	» »
La série des 7 timbres.		10f »	» »

PARME
DUCHÉ
Europe Sud

1852. *Couronne, fleur de lis, noir sur couleur.*

6.	5 cent. jaune	» 75	1f »
2.	10 » blanc	» 75	1f »
7.	15 » rose	» »	» 75
8.	25 » violet	» »	1f25
5.	40 » bleu	5f »	4f »

1854. *Idem, couleur sur blanc.*

No.s		Neufs.	Oblitérés
1.	5 cent. jaune	»	»
3.	15 » rouge	»	3f »
4.	25 » brun	»	4f »

1857-59. *Idem, petit écusson, couleur sur blanc.*

9.	15 c. rouge	1f »	»
10.	25 » brun	1f »	»
11.	40 » bleu	1f50 »	»

GOUVERNEMENT PROVISOIRE

1859. *Inscriptions, couleur sur blanc.*

14.	5 c. vert	1f »	»
15.	10 » brun	1f »	»
16.	20 » bleu	2f »	»
17.	40 » rouge	1f50 »	»
18.	80 » jaune	»	»

Timbres-taxe fiscale pour journaux

1853-57. *Inscriptions, type des timbres de 1859, noir sur couleur.*

| 12 | 9 c. bleu | 1f » | » |
| 13. | 6 » rose | 1f » | » |

PAYS-BAS

ROYAUME

Europe Centre, Occident

1852. *Effigie à droite (Guillaume III).*

| 1. | 5 c. bleu | 1f » | » |
| 2. | 10 » carmin | 1f » | 2f |

| 3. | 15 c. jaune | 1f50 | » 75 |

1864. *Même genre, dentelés.*

4.	5 c. bleu	1f25	» 25
5.	10 » carmin	1f50	» 20
6.	15 » jaune	2f »	» 75

1867. *Même effigie à gauche, dentelés.*

7.	5 cent. bleu	» 25	» 05
8.	10 » carmin	» 50	» 05
9.	15 » brun	» 75	» 15
10.	20 » vert	1f »	» 25
11.	25 » violet	1f25	» 35
12.	50 » doré	2f50	» 75

1868-70. *Armes, dentelés (pour imprimés).*

13.	1 cent. noir	» 75	» 75
14.	2 » jaune	» 15	» 10
17.	½ » brun	» 10	» 10
15.	1 » vert	» 15	» 10
16.	1½ » rose	» »	» 20
18.	2½ » violet	» 25	» 20

1872-75. *Effigie à gauche, dentelés.*

| 24. | 5 cent. bleu | » 25 | » 05 |

N°s			Neufs.	Oblitérés.
25.	10 cent.	carmin . . .	» 50	» 05
37.	12½ »	gris 1875 . .	» 50	» 05
26.	15 »	brun clair .	» 75	» 15
27.	20 »	vert	» 75	» 15
28.	25 »	violet . . .	1f 25	» 20
29.	50 »	bistre . . .	3f »	» 25
30.	2 gl. 50 c.	carmin et bleu (grand) . .	10f »	2f »

1876. *Chiffre, dentelés (pour imprimés).*

N°s			Neufs.	Oblitérés.
37.	½ cent.	rose	» 10	» 05
38.	1 »	vert	» 10	» 05
39.	2 »	jaune . . .	» 15	» 05
40.	2½ »	violet . . .	» 15	» 05

Timbres-taxe

1870. *Chiffre, dentelés.*

19.	5 c.	brun sur jaune .	» 35	» »
20.	10 »	violet sur bleu .	» 60	» »

1881. *Même genre, valeur surchargée en noir, dentelés.*

52.	1 cent	bleu	» 10	» »
53.	1½ »	bleu	» 10	» »
54.	2½ »	bleu	» 15	» 15

N°s			Neufs.	Oblitérés.
55.	5 cent	bleu	» 35	» 20
56.	10 »	bleu	» 50	» 20
57.	12½ »	bleu	» 50	» 25
58.	15 »	bleu	» 60	» 25
59.	20 »	bleu	» 75	» »
60.	25 »	bleu	1f »	» 40
61.	1 gul.	bleu, surcharge rouge .	3f 50	1f 50

Timbres-télégraphe

1877-79. *Inscriptions, foudres, valeur en surcharge noire, dentelés.*

49.	1 cent	lilas 1879 . .	» 10	» »
50.	3 »	lilas » . .	» 15	» »
51.	5 »	lilas » . .	» 25	» »
41.	12½ »	lilas 1877 . .	1f »	» »
42.	15 »	lilas » . .	» 60	» »
43.	20 »	lilas » . .	» 75	» 40
44.	30 »	lilas » . .	1f 25	» »
45.	50 »	lilas » . .	2f »	» »
46.	60 »	lilas » . .	2f 25	» »

1877. *Idem, valeur en surcharge rouge.*

47.	1 gulden	lilas	3f 75	» »
48.	2 »	lilas	6f 50	» »
La série de 10 valeurs			» »	6f 25

Ces timbres sont annulés d'un trou à l'emporte-pièce.

PÉROU

Amérique du Sud, Occident

Cie de Navigation à vapeur de l'Océan Pacifique

1857-58. *Navire.*

1.	1 real	bleu	» »	» »
2.	2 »	carmin . . .	» »	» »

Nos			Neufs	Oblitérés
3.	2 reales	bleu	» »	» »
4.	2 »	brun	» »	» »
5.	1 »	carmin	» »	» »
6.	1 »	vert	» »	» »
7.	2 »	jaune. . . .	» »	» »
8.	1 »	jaune. . . .	» »	» »
9.	2 »	vert	» »	» »

Émissions du Gouvernement

1858. *Armes, fond ondulé.*

1.	1 dinero bleu	» »	1f50
2.	1 peseta brique	» »	4f »
3.	½ peso jaune. . . .	» »	» »
3a.	½ » rose	» »	» »

1859. *Même genre, lettres plus grandes.*

4.	1 dinero bleu	» »	1f25
5.	1 peseta rouge	» »	2f50
6.	1 » rose	» »	5f »

1860. *Même genre, fond en zigzag.*

7.	1 dinero bleu	1f50	1f »
8.	1 peseta rouge	4f »	2f »
9.	1 » rouge pâle .	2f50	2f »

1863. *Armes, relief et couleur, deux types.*

10.	1 dinero rouge . . .	1f »	» 35
11.	1 » rose . . .	1f50	» 50
12.	1 peseta brun . . .	3f »	1f25

1866. *Deux lamas, dentelés.*

13.	5 centavos vert . . .	» 75	» 35

Nos		Neufs	Oblitérés
14.	10 centavos rouge . . .	1f25	» 35
15.	20 » brun . . .	2f50	» 60

1868-72. *Type 1863, relief et couleur.*

16.	1 dinero vert	1f50	» 30
17.	1 peseta jaune.	3f »	» 40

1870. *Chemin de fer et armes, relief et couleur.*

18.	5 centavos rouge . . .	2f »	1f »

1873. *Lama, relief et couleur, dentelé.*

19.	2 centavos bleu	1f »	» »

1874. *Types divers, dentelés.*

20.	2 c. violet, armes . .	» 30	» »

21.	50 c. vert, soleil . .	2f50	1f »
22.	1 sol carmin *idem* . .	2f50	2f50

1877-79. *Armes, types divers, dentelés.*

Nos				Neufs.	Oblitérés.
41.	1 c.	orange 1879		» 15	» »
38.	5 »	bleu		» 50	» 15
39.	10 »	vert		1f »	» 15
40.	20 »	carmin		2f »	» 30

1880-83. *Types 1874-77-79, avec diverses variétés de surcharges :* 1° UNION POSTAL UNIVERSAL, PERU, PLATA, *formant ovale;* 2° *La même, avec* LIMA *au lieu de* PERU; 3° *Armes du Chili;* 4° UNION POSTAL UNIVERSAL, PERU, *formant fer à cheval;* 5° *La même, plus les armes du Chili;* 6° PERU *dans un triangle (plusieurs variétés;* 7° *La même, avec la surcharge, fer à cheval* *.

				Neufs.	Oblitérés.
43a.	1 centavo	vert		» 35	» 30
43b.	[1 »	jaune		» 35	» 25
43d.	2 »	carmin		» 50	» 25
43e.	2 »	violet		» 60	» »
43f.	2 »	rouge		» 75	» 25
43g.	5 »	bleu		» 75	» 15
43h.	10 »	vert		» »	» 75
43i.	20 »	carmin		» »	» »
43j.	50 centavos	vert		6f »	2f »
43k.	50 »	carmin		6f »	» »
43l.	1 sol	carmin		12f »	3f »
43m.	1 »	bleu		12f »	» »

* Vu les multiples variétés de ces surcharges, qui n'intéressent qu'un nombre limité de collectionneurs, nous en avons reporté la nomenclature complète dans une brochure spéciale : *Catalogue descriptif des timbres surchargés.*

1883-84. *Types en cours, dentelés.*

Nos				Neufs.	Oblitérés.
114.	1 cent.	vert		1f »	» »
129.	2 »	carmin		1f »	» »
113.	10 »	violet noir		1f »	» 15

1886. *Idem.*

131.	1 cent.	violet		» 15	» 10
132.	2 »	vert		» 25	» 15
133.	5 »	orange		» 50	» 15
134.	20 »	bleu		2f »	» 30
135.	30 »	rouge		3f »	1f »
136.	1 sol.	gris		10f »	2f »

Timbres-taxe

1874-75. *Bateau à vapeur, lama, dentelés.*

23.	5 centavos	rouge		» 75	» 75
25.	10 »	jaune		» 50	» 75
26.	20 »	bleu		2f50	» »
27.	50 »	brun		3f50	2f »

1879. *Armes, dentelé.*

42.	1 centavo	brun		» 35	» »

1881-83. *Les mêmes avec diverses variétés de surcharges :* 1° UNION POSTAL UNIVERSAL, LIMA, PLATA, *formant ovale;* 2° LIMA, CORREO *dans un cercle;* 3° *Triangle;* 4° *Double surcharge : les nos 2 cercle et 3 triangle;* 5° *Double surcharge : les nos 1 ovale et 3 triangle* *.

51a.	1 centavo	brun		» 50	» 40
51b.	5 »	rouge		2f »	» 75
51d.	10 »	jaune		4f »	1f »

Neufs. Oblitérés.

51e. 20 cent. bleu . . . 8f » 1f50
51f. 50 » brun . . . » » 2f50

Timbres spéciaux à divers départements ou villes

1881-83. *Timbres du Pérou 1877-79, de 5 c. et quelquefois d'autres valeurs avec noms en surcharge de diverses formes et couleurs :* **Arequipa, Ayacucho, Cuzco, Lima, Moquegua, Paita, Pasco, Pisco, Piura, Puno, Yca,** *etc.*

Nous avons en vente les suivants :

100a. *Arequipa* 5 c. bleu. » » » 1f »
100b. *Lima* 5 c. bleu. » » » 50
100d. *Piura* 5 c. bleu. » » 1f »

2° *Types divers avec ou sans surcharge de noms de villes.*

1881. *Armes, impression grossière.*

101a. 10 centavos bleu . . . » » 6f »
101b. 25 » carmin . . » » » »

1883. *Même genre.*

101d. 10 centavos carmin . . . 2f50 3f »

1885. *Même genre.*

101e. 5 cent. olive . . . 3f » » »
101f. 10 » gris bleu . 3f » 4f »

1885. *Effigies diverses, mauvaise lithographie.*

Neufs. Neufs. Oblitérés.

101g. 5 c. bleu pâle *Gram* 1f25 1f50
101h. 10 » vert gris *Bolognesi* . . . . 2f » 2f50

Timbres-télégraphe

1876. *Armes, genre des timbres 1877, types divers, dentelés.*

35. 5 centavos violet . . » 35 »
36. 20 » vert . . . » 75 »
37. 50 » brun . . 1f50 »

PERSE

ROYAUME

Asie Occident

1868 ? *Soleil, lion tenant un sabre, dentelés ou non dentelés. (Nous considérons ces premiers timbres, sans chiffre sous le corps du lion, comme des essais.)*

A. 1 shahi coul. diverses » 35 » »
B. 2 » » » » 75 » »
C. 4 » » » » 35 » »
D. 8 » » » 1f » » »
La collection de 4 timbres . 2f » » »

1876. *Idem, chiffre sous le corps du lion, non dentelés, ou dentelés sur les côtés.*

Nos			Neufs.	Oblitérés.
1.	1 shahi	noir	» 50	» 15
2.	2 »	bleu	1f75	» 25
3.	4 »	rouge	1f50	» 35
4.	8 »	vert	2f50	» 35

1876-77. *Idem.*

6.	2 shahi	noir	» 35	» »
5.	1 kran	carmin	» »	» 75
5.	1 »	carmin	» »	» 35
7.	4 »	jaune	» »	1f25
7.	4 »	jaune	» »	» 35
8.	4 »	bleu	» »	1f50
8.	4 »	bleu	» »	» 35

1877-78. *Idem.*

9.	1 kran	rouge s. jaune	» »	» 50
9a.	5 »	lilas sur blanc	» »	*1f »
9b.	5 »	or	»	*1f »
9d.	5 »	bronze	»	*1f »
9e.	5 »	bronze violet	» »	*1f »
9g.	1 toman	bronze s. azuré	» »	*1f »

1877. *Effigie du shah Nasser-ed-Din, noir sur fond imprimé en couleur, bordure blanche, dentelés.*

10.	1 shahi	violet	» 60	» 50
11.	2 »	vert	» 75	» »
12.	5 »	rose	» 75	» 50
13.	10 »	bleu	1f50	» 25

1878. *Timbres de 1877 coupés en deux et surchargés (fantaisie?)*

15a.	5 sh.	sur bleu	» »	» »
16a.	2½ »	sur rose	» »	» »

1879-80. *Timbres de 1877 effigie, noir et couleur, bordure de couleur, dentelés.*

17.	1 shahi	rouge	» »	» »
18.	2 »	jaune	» »	» »
19.	5 »	vert	» 75	» 25
20.	10 »	violet	1f50	» 40
21.	1 kran	brun	2f50	» 25
22.	5 »	bleu	10f	» 25

* Les timbres précédés d'un astérisque sont réimprimés.

1880. *Soleil, lithographiés, dentelés.*

Nos			Neufs.	Oblitérés.
24.	5 cent.	violet	» 35	» 35
25.	10 »	carmin	1f	» »
26.	25 »	vert	» »	1f50

1880. *Idem, gravés, bordure foncée, dentelés.*

27.	5 cent.	violet	» 25	» »
28.	10 »	carmin	» 35	» 30
29.	25 »	vert	» 75	» 25

1881-82. *Même genre, effigie du Shah, noir et couleur, dentelés.*

34.	50 cent.	orange	» »	1f »
35.	1 franc	bleu	2f50	» 50
38.	5 »	rouge	4f	1f »
39.	10 »	jaune *grand*	7f	1f50

1882. *Idem, chiffre du bas couleur sur fond blanc, dentelés.*

36.	5 shahi	vert	» 60	» 35
37.	10 »	orange et noir	1f25	» 50

1885. *Lion aux 1, 2 et 5 ch., effigie du Shah aux 10 ch., 1 et 5 kran, dentelés.*

40.	1 chahi	vert	» 15	» »
41.	2 »	rose	» 25	» 15
42.	5 »	violet	» 60	» 25
43.	10 »	brun clair	1f	» 35
44.	1 kran	gris	2f	» 60
45.	5 »	violet	10f	1f50

1885. *Timbre de 1881, effigie du Shah, sans le fond de couleur, dentelé.*

46.	50 cent.	noir	2f	» 75

1885. *Timbres de 1880, soleil, gravés, avec Officiel et valeur en surcharge noire transversale.*

Nos		Neufs.	Oblitérés.
47.	6 ch. sur 5 vert ...	» »	» »
48.	12 » sur 10 carmin ...	» »	» »

1886. *Timbres de 1880, soleil et 1881-82 effigie du Shah, avec* OFFICIEL *et valeur en surcharge noire horizontale.*

		Neufs.	Oblitérés.
49.	6 ch. sur 5 vert..	1f »	» 35
50.	12 » sur 50 c. noir.	1f50	» 35
51.	18 » sur 10 orange.	2f »	» 50
52.	1 toman s. 5 f. rouge,	20f »	1f25

1888. *Idem.*

66.	3 ch. sur 5 vert ...	» »	» »
67.	6 » sur 10 orange ...	» »	» 75
68.	8 » sur 50 c. noir ...	» »	» »

Timbres-taxe

1886. *Inscriptions, dentelés.*

56.	1 chahi bleu foncé..	» 15	» »
57.	2 » bleu foncé..	» 25	» »
58.	5 » bleu foncé..	» 50	» »
59.	6 » bleu foncé..	» 60	» »
60.	10 » bleu foncé..	1f »	» »
61.	15 » bleu foncé..	» »	» »
62.	1 kran bleu foncé..	2f »	» »
63.	2 » bleu foncé..	» »	» »
64.	5 » bleu foncé..	» »	» »
65.	1 toman bleu foncé..	» »	» »

Timbres de service

1881. *Lion, relief et couleur, dentelés.*

30.	1 sh. vert et rose ...	» 25	» »
31.	2 » rose et vert ...	» 25	» »
32.	5 » orange et bleu.	» 50	» »
33.	10 » bleu et violet.	1f »	» »

PHILIPPINES

Océanie Malaisie

1854-55. *Effigie à droite (Isabelle II), gravés.*

Nos		Neufs.	Oblitérés.
1.	5 cuartos orange...	» »	» »
2.	10 » carm. foncé...	» »	» »
3.	10 » rose pâle...	» »	» »
4.	1 real f.te ardoise...	» »	25f »
5.	2 » vert...	» »	25f »

6.	5 c. rouge pâle *lithog*.	» »	» »

1859. *Même effigie,* CORREOS. INTERIOR, *perlé du cercle apparent.*

7.	5 cuartos rouge...	»	» 2f »
8.	10 » rose...	3f	» »

1861. *Même genre, lettres grasses, perlé du cercle peu apparent.*

9.	5 cuartos rouge ...	10f »	6f »

1863. *Même genre, lettres petites, réseau des angles large.*

10.	5 cuartos rouge pâle.	7f »	7f »

1863. *Même genre, réseau serré, deux points entre* CORREOS *et* INTERIOR.

Nos				Neufs.	Oblitérés.
11.	5 cuartos	rouge		1f50	2f50
12.	10 »	carmin		» »	» »
13.	1 real	violet		» »	» »
14.	2 »	bleu		» »	» »

1863. *Même genre,* CORREOS *en haut.*

15.	1 real	vert olive		» »	» »
16.	1 »	vert	5f	» »	» »

1865. *Effigie à gauche.*

17.	3 1/8 c. p.f.	noir s. cham.	1f	»	» 75
18.	6 2/8 »	vert s. rosé	1f	»	» »
19.	12 4/8 »	bleu s. chair	1f25		» 60
20.	25 »	rouge s. rosé	1f75		» »

1869. *Idem avec* HABILITADO POR LA NACION *en surcharge noire.*

21.	3 1/8 c. p.f.	noir s. cham.	»	»	1f25
22.	6 2/8 »	vert s. rosé	2f	»	» 40
23.	12 4/8 »	bleu s. chair	» »	»	» »
24.	25 »	rouge s. rosé	» »	»	» »

1870-73. *Timbres de 1854 à 63 remis en cours avec la même surcharge; nous avons vu les nos suivants 4, 8, 10, 11, 13, 14, 16, 17; nous ne cataloguons que les plus connus:*

25.	5 c. rouge (no 11)		»	» »	» »
25a.	10 » rose (no 8)		»	» »	» »
26.	1 r. vert (no 16)	3f50		»	»

1870. *Effigie de ³/₄ à gauche (l'Espagne), dentelés.*

Nos				Neufs.	Oblitérés.
34.	5 c. de e.	bleu		1f50	» 75
35.	10 »	vert		1f50	» 60
36.	20 »	brun		2f »	» 60
37.	40 »	rose		4f »	2f50

1872. *Effigie de ³/₄ à droite (Amédée I), dentelés.*

38.	12 cents de p.	rose	2f	»	» 50
39.	16 »	bleu	» »	»	» »
39a.	25 »	lilas	3f	»	1f25
40.	62 »	lilas	2f50		» 75
41.	1 peseta 25 c.	bistre	4f	»	3f

1874. *Déesse assise, dentelés.*

42.	12 c. de peseta	lilas	» »	»	» 60
42a.	25 »	bleu	2f	»	» 75
43.	62 »	rose	2f50		» 35
44.	1 peseta 25 c.	bistre	8f	»	» »

1876-77. *Effigie à droite (Alphonse XII), valeur en* Cs DE PESO, *fleuron avant et après* FILIPINAS; *dentelés.*

46.	2 c. de peso	rose		» 75	» 50
47.	2 »	bleu	10f	»	» »
48.	6 »	orange	1f	»	» »
49.	10 »	bleu	1f25	»	» »
50.	12 »	violet	1f50	»	» 50
51.	20 »	violet brun	1f50	»	» 75
52.	25 »	vert	2f	»	» 35

Idem avec surcharge noire: HABILITADO 12 cs PTA

53.	12 c. sur 2 c. rose		»	» »	» »

1877-79. *Même type, valeur en* MILª *DE* PESO, *pas de fleurons avant et après* FILIPINAS; *dentelés.*

Nᵒˢ			Neufs.	Oblitérés
54. 0,0625 m. de p.	lilas pâle.	2f50	2f	»
55. 25	»	noir...	» 75	» 25
56. 25	»	vert...	3f »	» »
57. 50	»	lilas...	2f50	» »
58. 100	»	carmin...	1f »	» »
59. 100	»	vert jaune	2f »	» »
60. 125	»	bleu...	1f25	» 15
61. 200	»	rose...	» »	1f50
61a. 200	»	lilas rosé	» »	» »
62. 250	»	brun clair	2f50	» 75

Idem avec surcharge noire ou bleue;
HABILITADO 12 cˢ PTA.

63. 12 c. sur 25 m. noir.. 3f » » »

1879. *Idem avec surcharge noire :* CONVENIO UNIVERSAL DE CORREOS HABILITADO *et valeur.*

64. 2 c. de pª s. 25 c. vert. 2f50 » »
65. 8 » s. 100 m. carmin 2f50 » 75

1880. *Même effigie, dentelés.*

68. 2 c. de peso carmin . » 35 » 20
69. 2½ » br. foncé. » 50 » 10
70. 8 » brun clair 1f50 » 50

1881-88. *Timbres-poste, timbres-télégraphe et timbres fiscaux surchargés* HABILITADO CORREOS, OU PARA CORREOS, OU P. U. POSTAL, OU PARA COMUNICA-CIONES, *etc.. et valeur, servant tous comme timbres-poste* *.

(Nombreuses variétés.)

78a. 1 cent..... » 50 » »
78b. 2 » ..... » 75 » 75

* Vu les multiples variétés de ces surcharges, qui n'intéressent qu'un nombre limité de collectionneurs, nous en avons reporté la nomenclature complète dans une brochure spéciale : *Catalogue descriptif des timbres surchargés.*

Nᵒˢ		Neufs.	Oblitérés.
78d. 24/8 cent		» 75	» 75
78f. 8 »		1f50	» 75
78g. 10 »		1f25	» »
78h. 20 »		3f »	» »
78i. 10 cuartos		5f »	» »
78j. 16 »		» »	» »
78k. 1 real		» »	1f
78l. 2 »		» »	1f »

1882. *Type 1880, effigie, dentelés.*

85. 2 4/8 c. de pº bleu ciel. » 60 » 15
87. 5 » bleu... 1f » » 35
88. 6 2/8 » vert... 1f25 » »
89. 10 » viol. brun 1f25 » 50
90. 12 4/8 » rose... 1f50 » 25
91. 20 » bist. vert 2f » » 75
92. 25 » brun... 2f50 » 75

1885. *Idem (pour imprimés).*

113. 1/8 de c. vert jaune... » 10 » »

1887-88. *Type 1880, dentelés.*

128. 50 mill. bistre clair 1f » » »
129. 1 c. de p. vert... » 30 » 20
130. 6 » brun jaune » » » 40

Timbres-télégraphe

1874. *Armes, dentelé.*

45. 1 peseta 25 c. violet. 3f » » »

1878. *Effigie à droite (Alphonse XII), dentelé.*

Nos			Neufs.	Oblitérés.
66.	250 mill de peso brun		1f50	»

1880. *Même effigie, plus forte, dentelés.*

72.	25 c. de peso	bleu	»	»	»	»
73.	1 peso	bistre	»	3f	»	
74.	2 »	vert	»	»	»	»
75.	5 »	bleu	»	»	»	»
76.	10 »	rose	»	»	»	»

1881-88. *Timbres-poste et timbres fiscaux avec surcharge* HABILITADO TELEGRAFOS *et valeur, servant tous comme timbres-télégraphe.*
(Diverses variétés.)

77a.	2 reales bleu	»	»	»	»
77b.	1 cent	»	50	»	»
77d.	2 4/8 »	»	60	»	»
77f.	5 »	»	1f50	»	»
77g.	20 »	»	3f50	»	»
77h.	25 »	»	4f	»	»
77i.	1 peso (submarinos)	»	»	4f	»

1882. *Type 1878.*

86.	250 mill. de p. bleu	»	»	1f50

1886-88. *Type 1880, dentelés.*

135.	1 c. de p.	bistre	»	30	»	20
136.	2 »	carmin	»	»	»	30
137.	2 4/8 »	brun jaune	»	60	»	35
138.	5 »	bleu	1f	»	»	32
139.	10 »	vert	»	»	»	30
140.	10 »	lilas	»	»	»	40
141.	20 »	violet	3f	»	»	75
120.	25 »	bronze	»	»	1f	»
121.	2 pesos	bistre	»	»	1f50	
124.	5 »	vert jaune	»	»	2f50	
125.	10 »	bleu	»	»	4f	»

1887. *Idem.*

125a.	1 peso rose	»	»	4f	»

Nos			Neufs.	Oblitérés.
125b.	2 pesos carmin	»	»	1f »
125d.	5 » vert	»	»	2f50
125e.	10 » brun	»	»	4f »

POLOGNE

ROYAUME

Europe Nord, Orient

1860. *Couronne et manteau, aigle, dentelé.*

3.	10 kop. rose et bleu	4f	»	2f50

PORTUGAL

ROYAUME

Europe Sud, Occident

1853. *Effigie à gauche (Dona Maria II), relief et couleur, types divers.*

1.	5 reis	brun	»	»	»	»
2.	25 »	bleu	1f50	»	20	
3.	50 »	vert	»	»	»	»
4.	100 »	violet	»	»	»	»

1855. *Même genre, effigie à droite (Don Pedro V), cheveux lisses, types divers.*

5.	5 reis	brun rouge	»	»	»	»
6.	25 »	bleu	»	»	»	60
7.	50 »	vert	1f50	»	50	
8.	100 »	violet	2f50	2f	»	

1856-57. *Même genre, cheveux bouclés, types divers.*

9.	5 reis	chocolat	»	»	»	30
10.	5 »	brun	1f50	»	60	
11.	25 »	bleu (1er type)	»	»	»	30
12.	25 »	bleu (2e type)	1f50	»	15	
13.	25 »	rose	1f50	»	10	

1862. *Même genre, effigie à gauche (Don Luis I), types divers.*

Nos.				Neufs.	Oblitérés.
14.	5 reis	brun	....	» 75	» 10
15.	10 »	jaune	....	» 75	» 25
16.	25 »	rose	.....	1'25	» 05
17.	50 »	vert	.....	2' »	» »
18.	100 »	violet	....	2'50	» 25

1866. *Effigie à gauche, relief et couleur.*

19.	5 reis	noir	.....	» 75	» 15
20.	10 »	jaune	....	» 75	» »
21.	20 »	bistre	....	» 75	» »
22.	25 »	rose	.....	1'50	» 10
23.	50 »	vert	.....	» »	» »
24.	80 »	orange	...	» »	1'50
25.	100 »	violet	....	» »	1'50
26.	120 »	bleu	.....	4' »	1'50

1867-68. *Idem, dentelés.*

27.	5 reis	noir	.....	» 35	» 10
28.	10 »	jaune	....	» »	» »
29.	20 »	bistre	....	» »	1'50
30.	25 »	rose	.....	» 50	» 05
31.	50 »	vert	.....	» »	1' »
32.	80 »	orange	...	» »	1' »
33.	100 »	violet	....	» »	1'50
34.	120 »	bleu	.....	3' »	1' »
35.	240 »	violet	.....	» »	» »
36.	100 »	violet pâle	..	» »	1'50

1871-73. *Même genre, dentelés.*

37.	5 reis	noir	.....	» 20	» 05
38.	10 »	jaune	....	» 20	» 10
39.	20 »	bistre	....	» 25	» 10
40.	25 »	rose	.....	» 35	» 05
41.	50 »	vert	.....	» 75	» 15
42.	80 »	orange	...	1' »	» 25
43.	100 »	violet pâle	..	1'25	» 20
44.	120 »	bleu	.....	2' »	» 60
45.	240 »	violet	.....	» »	» »

1875-76. *Idem.*

Nos.				Neufs.	Oblitérés.
46.	15 reis	brun	....	» 25	» 10
47.	150 »	bleu	.....	2' »	» 60
48.	300 »	lilas	.....	3'50	» 50

1876. *Chiffre, dentelé (pour imprimés).*

49.	2½ reis verdâtre...	» 05	» 05

1879-80. *Type 1871, dentelés.*

58.	10 reis	vert	.....	» 20	» 15
59.	50 »	bleu	.....	1' »	» 25
60.	150 »	jaune	.....	» »	» 75

1880-81. *Même effigie à gauche, sans relief, types divers, dentelés.*

62.	5 reis	noir	.....	» 15	» 15
61.	25 »	bleu gris	..	» 50	» 15
63.	25 »	violet 2e type	.	» 35	» 10
64.	50 »	bleu	.....	» »	» 25

1882-85. *Chiffre ou effigie de ¾ à droite, types divers, dentelés.*

71.	2 reis	gris *chiffre*	..	» 05	» »
69.	5 »	gris *effigie*	..	» 10	» 05
70.	10 »	vert	.....	» 20	» 10

Nᵒˢ		Neufs.	Oblitérés.
67.	25 reis brun *effigie* . .	» 35	» 05

68.	50	» bleu » .	» 70	» 10
75.	500	» noir » .	5f50	» »

1885. *Type de 1871, relief et couleur, dentelés.*

74.	20 reis carmin	» 25	» 15
76.	1000 » noir.	10f	1f50

1887. *Effigie de trois quarts à droite, types de 1882-85, dentelés.*

77.	20 reis rose.	» 25	» 10
78.	25 » violet.	» 35	» 05
79.	500 » violet.	5f	2f »

POUNTCH

TERRITOIRE INDIEN

Asie Centre

1885. *Caractères orientaux. La dimension des timbres grandit avec la valeur, papier blanc, jaune ou azuré.*

1.	½ anna rouge	» 10	» »

2.	1 » rouge . . .	» 75	» »
3.	2 » rouge . . .	1f50	» »
4.	4 » rouge . . .	2f50	» »

1887. *Caractères orientaux dans un cercle.*

5.	½ anna rouge.	» 25	» »

Timbres de service

1888. *Type de 1885.*

Nᵒˢ		Neufs.	Oblitérés.
6.	½ anna noir.	» »	» »
7.	1 » noir	» »	» »
8.	2 » noir	» »	» »
9.	4 » noir	» »	» »

1888. *Idem, type de 1887.*

10.	½ anna noir.	» »	» »

PRINCE-ÉDOUARD

POSSESSION ANGLAISE

Amérique du Nord, Nord

1860. *Effigie à gauche (Victoria I), types divers, dentelés.*

1.	1 penny jaune	» 75	» »
2.	2 pence rose	» 40	» »
3.	3 » bleu	» 40	» »
4.	6 » vert	» 75	» »
5.	9 » violet. . . .	1f25	» »

1869. *Même genre, dentelé.*

6.	4 pence noir	» 50	»

1870. *Même genre, effigie de 3/4 à gauche, dentelé.*

7.	3 d = 4½ d, cy. brun.	1f	» » »

1872. *Effigie à gauche, types divers, dentelés.*

Nos				Neufs.	Oblitérés.
8.	1 cent	orange	. . . .	» 35	» »
9.	2 »	bleu	. . . .	» 35	» »
10.	3 »	rose	. . . .	» 40	» »
11.	4 »	vert	. . . .	» 60	» »
12.	6 »	noir	. . . .	» 50	» »
13.	12 »	violet	. . . .	» 75	» »

PRUSSE

ROYAUME

Europe Centre

1850. *Effigie à droite (Frédéric-Guillaume IV), couleur sur blanc.*

1.	¼	pfen.	vert	. . . .	» 25	» »
2.	½	silb.	vermillon	. . . .	» 25	» 25

Idem, noir sur couleur.

3.	1	silb.	rose	. . . .	» »	» 15
4.	2	»	bleu	. . . .	» »	» 15
5.	3	»	jaune	. . . .	» »	» 15

1856. *Type 1850, fond uni.*

18.	1	silb.	rose	. . . .	» »	» 25
19.	2	»	bleu	. . . .	» »	1'50
20.	3	»	jaune	. . . .	» »	» 25

1858. *Idem, fond quadrillé.*

21.	¼	pfen.	vert	. . . .	» »	» »
22.	1	silb.	rose	. . . .	9'	» 10
23.	2	»	bleu	. . . .	1'50	» 10
24.	3	»	jaune	. . . .	1'	» 10

1861. *Aigle, relief et couleur, octogone, dentelés.*

Nos				Neufs.	Oblitérés.
25.	3	pfen.	violet . . .	» 35	» 25
26.	4	»	vert	» 10	» 20
27.	6	»	orange . . .	» 10	» 20

1861. *Idem, ovale.*

28.	1	silb.	rose	. . . .	» 20	» 03
29.	2	»	bleu terne	. . .	» »	» 50
30.	2	»	bleu	. . . .	» 20	» 10
31.	3	»	bistre	. . . .	» 20	» 10

1866. *Grand chiffre, sur baudruche, dentelés (pour contrôle).*

46.	10 silb.	rose	. . . .	1'50	» »
47.	30 »	bleu	. . . .	2'	» »

1867. *Aigle, relief et couleur, octogone, dentelés.*

52.	1	kr.	vert	. . . .	» »	» »
53.	2	»	orange	. . .	» »	» »
54.	3	»	rose	. . . .	» 35	» »
55.	6	»	bleu	. . . .	» 35	» »
56.	9	»	bistre	. . .	» 35	» »

Timbres-télégraphe

1864. *Chiffre, dentelé.*

Nos — Neufs. Oblitérés.

36. 2½ sgr. gris
37. 5 » gris
38. 8 » gris
39. 10 » gris
40. 12 » gris
41. 15 » gris
42. » » ?

BERLIN

OFFICE PARTICULIER

1873. *Chiffre, noir sur couleur, dentelé.*

63. 2 pfen. rose

PUTTIALLA

ÉTAT INDIEN

Asie Sud

1885. *Timbres de l'Inde anglaise* avec PUTTIALLA STATE *en surcharge écrite en ovale. Idem avec surcharge sur deux lignes verticales.*

1. ½ anna vert ... » 25 » »
2. 1 » brun ... » 50 » 25

Nos — Neufs. Oblitérés.

3. 2 anna bleu ... » 75 » »
4. 4 » vert ... 1f50 » »
5. 8 » violet ... 2f50 » »
6. 1 rupee gris ... 5f » »

Timbres de service

Les mêmes avec, en plus, la surcharge SERVICE.

7. ½ anna vert ... » » » 25
8. 1 » brun ... » » » 25

QUEENSLAND

POSSESSION ANGLAISE

Océanie Australasie

1861. *Effigie de 3/4 à gauche (Victoria I), gravés, non dentelés.*

1. 1 penny carmin ... » » »
2. 2 pence bleu ... » » »
3. 6 » vert foncé ... » » »
4. 1 shill. violet foncé ... » » »

Idem, dentelés.

5. 1 penny carmin ... » » » »
6. 2 pence bleu foncé ... » » 5f
7. 3 » brun ... » » »
8. 6 » vert foncé ... » » 3f
9. 1 shill. violet foncé ... » » »
10. jaune registered ... » » 6f »

1864. *Même type, dentelés*

11. 1 penny rouge ... » 50 » 35
12. 2 pence bleu ... 1f » » 35
13. 3 » brun clair ... 1f50 » »
14. 4 » lilas ... 2f50 » »
15. 6 » vert jaune ... 3f50 » 75
16. 1 shill. gris ... 3f » 1f50
17. 5 » rose ... » » 7f »

1872-75. *Idem, dentelés.*

18. 3 pence brun verdâtre ... » » 1f »
19. 4 » jaune ... » » 1f25
20. 6 » vert clair ... » » » 35
21. 1 shill. carminé ... » » » »
21a. 1 » violet vif ... » » 1f50

1879-80. *Même effigie à gauche, dentelés.*

Nos			Neufs	Oblitérés
22.	1 penny	rouge . . .	» 35	» 10
23.	2 pence	bleu . . .	» 60	» 10
24.	4 »	jaune . .	1f25	» 20
25.	6 »	vert jaune .	2f »	» 35
26.	1 shill.	violet . . .	» »	4f »

1880. *Idem, avec* HALF PENNY, *verticalement, en surcharge noire.*

27.	½ p. sur 1 p. rouge .	» »	» »

1880. *Type 1861, petits, lithographiés, dentelés.*

28.	2 shill.	bleu	» »	» »
29.	2 sh. 6 p.	rouge . . .	» »	» »
30.	5 »	orange . . .	» »	» »
31.	10 »	brun	» »	» »
32.	20 »	rose	» »	» »

1882-83. *Type 1879, mieux gravé, lettres plus grandes, dentelés.*

37.	1 penny	rouge . . .	» 25	» 10
38.	2 pence	bleu ciel . .	» 50	» 10
39.	4 »	jaune . . .	1f »	» 25
40.	6 »	vert . . .	1f50	» 10
42.	1 shill.	violet . . .	2f50	» 30

1882-83. *Effigie de face, grands, dentelés.*

33.	2 shill.	bleu . . .	5f »	1f50
34.	2 sh. 6 p.	rouge . . .	7f »	3f »

Nos			Neufs	Oblitérés
35.	5 shill. carmin . . .	12f	» 3f50

37a.	10 shill.	brun . . .	25f »	8f »
41.	1 pound	vert	35f »	12f »

RAJPEEPLA

ÉTAT INDIEN

Asie Sud

1880. *Sabre, inscriptions orientales, dentelés.*

5.	½ anna	bleu carré .	» 50	» »
6.	2 »	vert rectang.	1f50	» »
7.	4 »	rouge » »	3f »	» »

LA RÉUNION

POSSESSION FRANÇAISE

Afrique Orient

1852. *Ornements typographiques, noir sur couleur.*

1.	15 cent.	azuré . . .	» 6	» »
2.	30 »	azuré . . .	» »	» »

Idem, réimpressions authentiques.

Nos		Neufs.	Oblitérés.
1a.	15 cent. azuré	» »	» »
2a.	30 » azuré	» »	» »
	La série des timbres	8f »	

1885. *Timbres des Colonies françaises d'émissions diverses, avec valeur et R en surcharge noire (*).*

			Neufs.	Oblitérés.
8.	5 c. sur divers		» 50	» 60
9.	10 » 40 c. groupe.		4f	
10.	20 » 30 c. groupe.		1f25	»
11.	25 » 40 c. aigle.		1f50	» 75

ROMAGNE
GOUVERNEMENT PROVISOIRE

Europe Sud

1859. *Chiffre, noir sur couleur.*

				Neufs.	Oblitérés.
1.	½	baj.	jaune	» 75	» »
2.	1	»	gris	» 50	» »
3.	2	»	jaune foncé	» 50	» »
4.	3	»	vert foncé	» 30	» »
5.	4	»	fauve	1f50	» »
6.	5	»	violet	» 50	» »
7.	6	»	vert.	» 50	» »
8.	8	»	rose.	» 75	» »
9.	20	»	bleu clair	2f	» »

ROUMANIE
PRINCIPAUTÉ

Europe Sud, Orient

MOLDAVIE

1858. *Tête de bœuf et cor dans un rond.*

1.	27	noir sur rose.	» »	» »

(*) Voir le *Catalogue descriptif des timbres surchargés.*

Nos			Neufs.	Oblitérés.
2.	54	vert sur vert	» »	» »

3.	81	bleu sur bleu.	» »	» »
4.	108	bleu sur rose.	» »	» »

1858. *Idem dans un rectangle, papier azuré.*

5.	40 paras bleu.		8f »
6.	80 » rouge	» »	» »

1858. *Idem, papier blanc.*

7.	40 paras bleu.	10f »	8f »
8.	80 » rouge	» »	» »

1858. *Même genre (pour journaux).*

9.	5 paras noir.	» »	» »

ROUMANIE

1862. *Aigle, tête de bœuf et cor.*

10.	3 paras jaune	» 75	» »
11.	3 » orange	2f50	» »
12.	6 » rouge	» 75	» »
13.	6 » carmin	» 50	» »
14.	30 » bleu.	» 30	» »

1865. *Effigie à droite (Prince Couza).*

15.	2 parale jaune.	1f »	» »
16.	2 » orange	» 30	» »
17.	5 » bleu	» 15	» »
18.	20 » rouge	» 15	» »

1866. *Effigie à gauche (Prince Charles I), noir sur couleur.*

Nos			Neufs.	Oblitérés.
19.	2 parale	jaune	»	»
20.	2 »	jaune pâle	» 25	»
21.	5 »	bleu	» 50	»
22.	20 »	rose	»	» 35
23.	20 »	rose pâle	» 25	» 25

1868-70. *Même genre, couleur sur blanc.*

Nos			Neufs.	Oblitérés.
24.	2 bani	orange	» 35	»
25.	2 »	jaune	»	»
37.	3 »	violet	» 50	» 35
26.	4 »	bleu foncé	1f	»
27.	4 »	bleu	1f	»
28.	18 »	rose	1f50	» 25
29.	18 »	rouge	»	» 25

1869. *Effigie à gauche.*

Nos			Neufs.	Oblitérés.
30.	5 bani	jaune	» 25	»
31.	10 »	bleu	» 30	»
32.	10 »	bleu foncé	» 75	»
33.	15 »	rouge	» 50	» 20
34.	15 »	rouge carmin	»	»
35.	25 »	jaune et bleu	1f25	» 50
36.	50 »	bleu et rouge	2f50	1f »

1871. *Même genre, effigie avec barbe.*

Nos			Neufs.	Oblitérés.
39.	5 bani	vermillon	» 50	»
40.	5 »	rouge carmin	» 40	» 25
41.	10 »	jaune	» 50	» 25
44.	10 »	bleu	» 75	»
45.	15 »	carmin	»	»
42.	25 »	brun	1f50	» 75
43.	25 »	brun foncé	1f50	» 75

1872. *Idem, dentelés.*

Nos			Neufs.	Oblitérés.
53.	5 bani	vermillon	»	»
54.	5 »	rouge carmin	» 50	»
55.	10 »	bleu	»	» 25
56.	25 »	brun	1f	»
57.	25 »	brun foncé	1f50	»

1872. *Timbres antérieurs, dentelés.*

Nos			Neufs.	Oblitérés.
58.	3 bani	violet	»	»
59.	5 »	jaune	»	»
60.	15 »	rouge carmin	»	»

1872. *Type 1871, défectueux, non dentelés.*

Nos			Neufs.	Oblitérés.
61.	10 bani	bleu ciel	1f50	»
62.	50 »	bleu et rouge	»	»

1872. *Effigie à gauche, bien imprimés, dentelés.*

Nos			Neufs.	Oblitérés.
63.	1½ banu	olive	» 10	» 05
64.	3 bani	vert	» 15	» 05
65.	5 »	bistre	» 20	» 05
66.	10 »	bleu	» 25	» 05
67.	15 »	brun	» 40	» 10
68.	25 »	rouge orange	» 60	» 15
69.	50 »	rose	1f50	» 25

1876-78. *Idem, impression défectueuse, dentelés.*

Nos			Neufs.	Oblitérés.
76.	1½ banu	olive	»	» 05
77.	1½ bani	vert clair	»	» 10
78.	5 »	bistre	» 15	» 05
79.	10 »	bleu ciel	»	» 10
80.	10 »	bleu Prusse	»	» 15
81.	15 »	brun rouge	»	» 05
82.	30 »	rouge terne	»	» 20

1879. *Type 1872, dentelés.*

Nos			Neufs.	Oblitérés.
91.	1½ banu	noir	» 10	» 05
92.	3 bani	olive	» 15	» 10
93.	5 »	vert	» 10	» 05
94.	10 »	rose	» 25	» 10
95.	15 »	rouge rosé	» 35	» 15
96.	15 »	rouge pâle	» 50	» 10
97.	25 »	bleu	» 50	» 10
98.	50 »	jaune bistre	1f »	» 25

1880. *Effigie à gauche, dentelés.*

Nᵒˢ — Neufs. Oblitérés.

105. 15 bani brun . . . . . » 30 » 05
106. 25 » bleu . . . . . » 50 » 05

ROYAUME

1885-86. *Même effigie, aigle au-dessus, dentelés.*

109. 1½ bani noir . . . . . » 10 » 05
110. 3 bani vert . . . . . » 15 » 05
113. 5 » vert . . . . . » 15 » 05
114. 10 » rouge carm. » 25 » 05
111. 15 » brun . . . . . » 30 » 05
115. 25 » bleu . . . . . » 50 » 05
112. 50 » jaune bistre. 1ᶠ » » 15

1887. *Idem.*

116. 3 bani violet . . . . . » 15 » 05

Timbres-taxe

1881. *Chiffre, dentelés.*

99. 2 bani brun . . . . . » 20 » »
100. 5 » brun . . . . . » » » »
101. 10 » brun . . . . . » 35 » 20
102. 30 » brun . . . . . 1ᶠ » » 20
103. 50 » brun . . . . . 1ᶠ50 » 75
104. 60 » brun . . . . . » » 2ᶠ50

1887-88. *Idem.*

118. 5 bani vert . . . . . » 20 » »
119. 10 » vert clair . . . . . » » » 25
120. 30 » vert . . . . . » 60 » 25

Timbres-télégraphe

1871. *Chiffre, dentelés.*

Nᵒˢ — Neufs. Oblitérés.

48. 25 bani brun . . . . . » » » 25
49. 50 » bleu . . . . . » » » 25

1871. *Idem, grand oblong, effigie à gauche, relief et couleur, dentelés.*

50. 1 leu lilas . . . . . » » 25
51. 2 lei jaune . . . . . » 50 » 30
52. 5 » vert . . . . . » » 30

ROUMÉLIE ORIENTALE

Europe Sud, Orient

1880. *Timbres turcs de 1876, deux types, avec ر و ea surcharge bleu clair.*

1. 10 paras lilas et noir. » » »
2. 20 » vert et violet » » 1ᶠ50
3. ½ piastre vert typ. 1864 » » »
4. 1 » bleu et noir. » » »
5. 2 » chair et noir » » »
6. 5 » bleu et rouge » » »

1881. *Idem, avec ROUMÉLIE ORIENTALE en surcharge bleu clair.*

7. 10 paras lilas et noir . » » » »

1881. *Idem avec* ROUMÉLIE ORIENTALE *et* R.O *en surcharge bleue.*

Nᵒˢ   Neufs. Oblitérés.

7a. 10 paras lilas et noir. » » » »

1881. *Genre des timbres turcs de 1876, dentelés.*

9. 5 paras noir et jaune » 15 » 10
10. 10 » noir et vert » 20 » 10
11. 20 » noir et rose. » 25 » 10
12. 1 piastre noir et bleu. » 60 » 20
13. 5 » bleu et rouge » » » »

1884. *Idem, dentelés.*

15. 5 p. violet et viol. pâle » 15 » »
16. 10 » vert et vert pâle » 25 » »

Voir à la suite de Bulgarie les timbres de Roumélie surchargés.

RUSSIE

EMPIRE

Europe Nord, Orient

1857. *Couronne et manteau, armes, relief et couleur, non dentelé.*

6. 10 kop. brun et bleu . » » 10f »

1858. *Idem, dentelés.*

Nᵒˢ   Neufs. Oblitérés.

7. 10 kop. brun et bleu . » 75 » 05
8. 20 » bleu et orange 1f50 » 15
9. 30 » carmin et vert. 2f » » 25

1863. *Armes, dentelé. (Poste locale de* **Saint-Pétersbourg.)**

10. 3 k. noir s, blanc et bleu 1f50 » »

1864. *Couronne et armes, dentelés.*

11. 1 kop. noir et jaune. . » 10 » 05
12. 3 » noir et vert . . » 25 » 10
13. 5 » noir et violet . » 50 » 10

1875. *Idem, dentelé.*

28. 2 kop. noir et rouge. » 20 » 05

1875. *Type 1857 (manteau) chiffres romains, inscription du bas en ligne droite, dentelés.*

29. 8 kop. gris et rose. . » 60 » 05
30. 10 » brun et bleu . 1f » » 25
31. 20 » bleu et orange 2f » » 25

1879. *Idem.*

Nos		Neufs.	Oblitérés.
32.	7 kop. gris et rose . . .	» 50	» 05

1884. *Types 1857-64, dentelés.*

38.	1 kop.	orange	» 10	» 05
39.	2 »	vert foncé . .	» 15	» 05
40.	3 »	rose	» 25	» 10
41.	5 »	violet . . .	» 35	» 10
42.	7 »	bleu	» 50	» 05
43.	14 »	bleu et rose . .	1f »	» 15
44.	35 »	lilas et vert . .	2f »	» 50
45.	70 »	bistre et orange .	4f »	» 75

1884. *Armes, grands, dentelés.*

46.	3½ roubles noir et gris .	» »	» »
47.	7 » noir et jaune	» »	» »

Timbre-télégraphe

1886. *Armes, surcharge rouge, dentelé.*

14.	10 kop. noir et brun .	» »	» »

POSTES RURALES

Vu la difficulté des communications, le gouvernement russe a autorisé, en 1869, l'établissement de *postes rurales particulières*, lesquelles peuvent se servir de timbres spéciaux à la condition qu'ils diffèrent totalement des timbres de l'Empire.

Ces timbres *ruraux* sont déjà au nombre de plusieurs centaines.

SAINT-CHRISTOPHE

POSSESSION ANGLAISE

Amérique Centrale, Antilles

1870-79. *Effigie à gauche (Victoria I), dentelés.*

Nos				Neufs.	Oblitérés.
1.	1 penny	rose lilas .	1f50	» »
3.	2½ pence	brun rouge	» »	» »
4.	4 »	bleu . . .	4f »	1f »
2.	6 »	vert	3f »	» 75

1882-86. *Idem, dentelés..*

6.	½ penny	vert . . .	» 25	» »
8.	1 »	rosé . . .	» 35	» 20
9.	2½ pence	bleu . . .	1f50	» »
10.	4 »	gris bleu .	2f »	» 75

1885-88. *Idem, avec valeur en surcharge noire (*).*

11.	½ p. sur moitié de 1 p. .	» »	» »
14.	1 p. sur ½, 2½ ou 6 p.	1f25	» »
15.	4 p. sur 6 p. vert . .	4f »	» »

(*) Voir le *Catalogue descriptif des timbres surchargés.*

1887. *Idem, sans surcharge, dentelé.*

Nos　　　　　　　　　　　Neufs. Oblitérés.

20. 1 shill. violet . . . . . 10f » » »

SAINTE-HÉLÈNE

POSSESSION ANGLAISE

Afrique Occident

1857. *Effigie à gauche (Victoria I), non dentelé.*

1. 6 pence bleu . . . . . » » 7f »

1862. *Idem, dentelé.*

2. 6 pence bleu . . . . . » » 7f »

1863. *Idem, valeur en surcharge noire, non dentelés.*

3. 1 penny sur carmin . 2f » » »
4. ½ pence » rose . . » » » »

1864-68. *Idem, dentelés.*

5. 1 penny sur carmin . » 35 » »
6. 2 pence » jaune . 1f » » »
7. 3 » » violet . » 75 » »
8. 4 » » rose . . 1f50 » »
9. 1 shill. » vert . . 2f50 1f50
10. 5 » » orange . 12f » »

1873. *Idem, sans surcharge, dentelé.*

11. 6 pence bleu ciel . . 4f » 2f50

1884. *Idem, avec surcharge, dentelé.*

12. ½ penny sur vert . . » 25 » »

1887. *Idem, sans surcharge, dentelé.*

13. 6 pence gris . . . . 2f » 1f »

SAINTE-LUCIE

POSSESSION ANGLAISE

Amérique Centrale, Antilles

1859. *Effigie à gauche (Victoria I), dentelés.*

1. carmin foncé . . . . 7f » » »

Nos　　　　　　　　　　　Neufs. Oblitérés.

2. bleu . . . . » » » »

3. vert jaune . . . . . » » » »

1863. *Idem.*

4. carmin . . . . . . 6f » » »
5. bleu gris . . . . . 8f » » »
6. vert clair . . . . . 8f » » »

1865. *Idem.*

7. noir . . . . 1f50 » »
8. jaune . . . . . . 3f50 2f »
9. violet . . . . . . 3f50 2f »
10. orange . . . . . 5f » »

1881-84. *Idem, valeur en surcharge.*

11. ½ p. noir sur vert . » » » »
12. 1 » rose sur noir » 75 » »
13. 2½ » noir sur rouge 2f » » »
15. 4 » noir sur jaune . 3f » » »
16. 6 » noir sur violet . 3f » » »
17. 1 shill. noir s. orange. » » » »

1883-87. *Effigie à gauche, dentelés.*

18. ½ penny vert. . . . » 15 » »
19. 1 » carmin . . » 25 » »
20. 2½ pence bleu . . » 60 » 30
23. 4 » brun . . 1f » » 50
29. 6 » violet . . » » » »
28. 1 shill. brun clair. . » » » »

1887. *Idem, dentelé.*

30. 1 penny violet. . . . » 50 » 40

1888. *Timbres fiscaux servant comme timbres-poste.*

26. 1 p. violet et noir . . » » » 75

SAINT-MARIN

RÉPUBLIQUE

Europe Sud

1877. *Chiffre ou armes, dentelés.*

Nos			Neufs.	Oblitérés.
1.	2 cent.	vert, *chiffre* .	» 10	» »
2.	10 »	bleu, *armes* .	» 50	» »
3.	20 »	rouge	» 50	» »
4.	30 »	brun	1f50	» »
5.	40 »	violet	» »	» »

SAINT-PIERRE & MIQUELON

POSSESSION FRANÇAISE

Amérique du Nord, Nord

1885. *Timbres des Colonies françaises, avec valeur et s. p. m. en surcharge noire.*

1.	5 sur 2 c. brun *déesse*	»	»	» »
2.	5 sur 4 » violet *id.*	»	»	» »
3.	25 sur 1 fr. olive *groupe*	»	»	» »

1885. *Idem avec valeur et s p m en surcharge noire.*

4.	05 sur 40 c. rouge *groupe*	1f25	»	»
5.	10 sur 40 » rouge *id.*	1f25	»	»
6.	15 sur 40 » rouge *id.*	1f25	»	»

1886. *Idem, avec valeur et s p m en surcharge noire.*

7.	05 sur 35 c. jaune . .	2f	»	» »
8.	05 sur 75 c. rose . . .	»	» 5f	» »
9.	05 sur 1 fr. olive . .	2f	»	» »

Même surcharge sur le type déesse assise, dentelé.

Nos		Neufs.	Oblitérés.
10	05 sur 20 c. bistre s. vert.	1f »	1f50

SAINT-THOMAS

La Guaira, Puerto-Cabello et Curaçao.

Antilles et Vénézuela

COMPAGNIE ROBERT TODD.

864. *Navire, chiffre, noir sur couleur.*

			Neufs.	Oblitérés.
1.	½ centavo	blanc	1f »	» »
2.	1 »	rose	1f25	» »
3.	2 »	vert	» »	» »
4.	3 »	jaune	1f25	» »
5.	4 »	bleu	» »	» »
6.	1 »	violet 1870.	» »	» »

1864. *Navire, couleur sur blanc, dentelés.*

			Neufs.	Oblitérés.
7.	½	real rose	» 50	» »
8.	2 »	vert	2f »	» »
9.	½ »	bleu gris . . .	1f »	» »
10.	2 »	jaune	1f50	1f »

COMPAGNIE I. A. I. Z.

1869. *Navire, dentelés.*

			Neufs.	Oblitérés.
1.	½	real vert	1f25	» »
2.	2 »	rose	1f25	1f »

SAINT-THOMAS ET PRINCE

POSSESSION PORTUGAISE

Afrique Occident

1870-75. *Couronne, dentelés.*

N^{os}				Neufs.	Oblitérés.
1.	5 reis	noir		» 25	» »
2.	10 »	jaune		» 50	» »
3.	20 »	bistre		» »	» »
4.	25 »	rouge		» 60	» »
4a.	25 »	rose		» 35	» 35
7.	40 »	bleu		1f50	» »
5.	50 »	vert		1f50	» 50
6.	100 »	violet		1f	» »
8.	200 »	orange		2f	» »
9.	300 »	brun rouge		2f50	» »

1881-85. *Idem.*

10.	10 reis	vert		» 25	» »
13.	20 »	rose		» 35	» »
14.	25 »	violet		» 50	» 75
11.	40 »	jaune		1f	» »
12.	50 »	bleu		» 40	» 50

1887. *Effigie à gauche (Don Luis I), relief et couleur, dentelés.*

18.	5 reis	noir		» 15	» »
19.	10 »	vert		» 25	» »
20.	20 »	rose		» 35	» »
21.	25 »	lilas		» 40	» »
22.	40 »	brun		» 60	» »
23.	50 »	bleu		» 75	» »
24.	100 »	brun clair		1f25	» »
25.	200 »	violet		2f50	» »
26.	300 »	orange		4f	» »

SAINT-VINCENT

POSSESSION ANGLAISE

Amérique Centrale, Antilles

1861-81. *Effigie à gauche (Victoria I), dentelés.*

N^{os}				Neufs.	Oblitérés.
1.	1 penny carminé.	1861	» 75	» 60
2.	6 pence vert		2f50	1f25
3.	4 » bleu	1866	» »	» »
4.	1 shill. ardoise		» »	» »
5.	1 » bleu	1869	» »	» »
6.	4 pence jaune		» »	» »
7.	1 shill. brun		» »	» »
8.	1 penny noir	1871	» 35	» 20
9.	1 shill. carminé		» »	» »
10.	1 » lie de vin	1874	» »	» »
11.	6 pence vert pâle	1876	» »	1f
12.	1 shill. vermill.	1877	» »	6f
13.	1 penny vert jau.	1880	» 40	» 35
14.	4 pence bleu ciel	1881	» »	» »
15.	1 penny gris		» 35	» 35

1880-82. *Mêmes timbres, surchargés.*

16.	½ d. rouge sur moitié de 6 p. vert pâle	» »	» »
17.	1 » idem	» »	» »
18.	4 d. noir s. 1 sh. verm.	» »	» »
20.	one p. noir s. 6 p. vert	» »	» »

1882. *Genre des timbres 1861, plus petit, dentelé.*

21.	½ penny orange		» 50	» »

1882. *Groupé, dentelé.*

Nos				Neufs.	Oblitérés
23.	5 shill.	carmine	12f	»	» »

1883. *Type 1861 avec surcharge noire.*

24. 2½ sur 1 p. carmin . . 1f50 1f »

1884. *Type 1882, petit.*

25. ½ penny vert . . . . . . » 20 » »

1885. *Timbre de 1 p. déjà surchargé 2½ p. avec seconde surcharge 1 d, la première étant barrée.*

28. 1 d. sur 1 p. carmin . 1f75 » »

1885-86. *Type 1861, dentelés.*

29. 1 penny rose . . . . . » 25 » 15
30. 4 pence brun rouge . » » » 75
31. 4 » brun violet . 1f25 » 50
32. 1 shill. orange . . . 2f50 » »

SALVADOR

RÉPUBLIQUE

Amérique Centrale

1867. *Volcan, dentelés.*

1. ½ real bleu . . . . » 25 » »
2. 1 » rouge . . . . » 35 » 75
3. 2 » vert . . . . » 60 1f »
4. 4 » bistre . . . 2f » » »

1874. *Idem, avec timbre rond en surcharge noire.*

Nos			Neufs.	Oblitérés
5.	½ real	bleu . . .	1f50	» »
6.	1 »	rouge . . .	1f50	» 75
7.	2 »	vert	2f	» 75
8.	4 »	bistre . . .	3f	» »

1879. *Volcan, types divers, dentelés.*

9. 1 cent. vert . . . » 15 » 10
10. 2 » carmin . . . » 25 » 15
11. 5 » bleu . . . » 60 » 25
12. 10 » noir . . . 1f25 » 25
13. 20 » violet . . . 2f50 » »

1882. *Timbres de 1879, avec surcharge ronde comme en 1874, mais sans millésime; servant comme timbres-télégraphe et fiscaux.*

19. 1 cent. vert . . . . . » » » »
19a 2 » carmin . . . . » » » »

1887-88. *Types divers, dentelés.*

20. 3 c. brun Liberté . . » 50 » 40
25. 5 » bleu id. . . » 60 » 35
21. 10 » orange volcan . 1f25 » 50

Timbre-télégraphe

188?. *Volcan, dentelé.*

Nos   Neufs. Oblitérés.

14. 1 réal vert .... » » »

SAMOA

Océanie Australasie

1877-82. *Ornements, dentelés.*

1.	1 penny	bleu	» 10	» »
8.	2 pence	carminé	» 10	» »
2.	3 »	rouge	» 10	» »
3.	6 »	violet	» 20	» »
6.	9 »	orange foncé	» 20	» »
4.	1 shill.	jaune	» 20	» »
5.	2 »	brun	» 25	» »
7.	5 »	vert	» 25	» »

La collection de 8 timbres. » 75 » »

1887-88. *Palmier, dentelés.*

8a.	½ penny	brun violet	» 20	» »
9.	1 »	vert	» 35	» »
10.	2 pence	orange	» 60	» »
11.	4 »	bleu	1f25	» »
14.	6 »	brun	1f50	» »
12.	1 shill.	rose lilas	3f	» »
13.	2 sh. 6 p.	violet	7f	» »

La collection des 7 timbres. » » 6f »

*Réimpressions

SARAWAK

PROVINCE DE BORNÉO

Océanie Malaisie

1869. *Effigie de 3/4 à droite (J. Brooke), dentelé.*

Nos   Neufs. Oblitérés.

1. 3 cents brun sur jaune 1f » » »

1871-74. *Même genre, effigie à gauche (C. Brooke), dentelés.*

2.	3 cents	brun sur jaune	» 75	» »
3.	2 »	violet sur lilas	» 60	» »
4.	4 »	brun sur jaune	1f	» »
5.	6 »	vert sur vert	1f50	» »
6.	8 »	bleu sur bleu	2f	» »
7.	12 »	rouge sur rose	2f50	» »

1876. *Timbre de 1871 avec* TWO CENTS *en surcharge noire, dentelé.*

8. 2 c. sur 3 c. bruns. jaune » » » »

SAXE

ROYAUME

Europe Centre

1850. *Chiffre.*

1. 3 pf. rouge .... » » » »

1850. *Effigie à droite (Frédéric-Auguste II), noir sur couleur.*

2.	½ neugr.	gris	2f50	» »
3.	1 »	rose	3f	» 15
4.	2 »	bleu foncé	»	1f »
5.	2 »	bleu clair	3f50	» »
6.	3 »	jaune	1f	» 40

1854. *Même genre, armes, couleur sur blanc.*

Nos			Neufs	Oblitérés
7.	3 pf.	vert....	» 75	» 60

1854. *Type 1850, effigie à gauche (Jean), noir sur couleur.*

8.	½ neugr.	gris ...	» 60	» 15
9.	1 »	rose ...	» 60	» 10
10.	2 »	bleu ...	1f »	» 15
11.	3 »	jaune. ...	1f50	» 15

1856. *Idem, couleur sur blanc.*

12.	5 neugr.	rouge ...	» »	» 50
13.	10 »	bleu ...	10f »	»

1863. *Armes, relief et couleur, dentelés, deux types.*

24.	3 pfen.	vert....	» 10	» »
25.	½ neugr.	orange clair	» 10	» 05
26.	½ »	rouge orang.	» 25	» 15
27.	1 »	rose....	» 10	» 05
28.	2 »	bleu....	» 15	» 15
29.	3 »	bistre ...	» 15	» 15
30.	5 »	lilas....	» 75	» 35
31.	5 »	gris bleu...	1f25	» 50

SCHLESWIG ET HOLSTEIN

DUCHÉS

Europe Nord, Occident

SCHLESWIG-HOLSTEIN

1850. *Armes en relief blanc, cadre couleur.*

1.	1 sch	bleu ...	» »	» »

Nos			Neufs	Oblitérés
2.	2 sch. rose...		» »	» »

HOLSTEIN

1864. *Inscriptions, couleur sur fond gris.*

3.	1¼ s. bleu grand. lettres	2f »	2f »
4.	1¼ » bleu petites lettres	4f »	» »

1864. *Même genre, fond rosé, dentelé.*

6.	1¼ sch. bleu ...	1f50	» 30

SCHLESWIG

1864. *Chiffre, relief et couleur, dentelés.*

8.	1½ sch.	vert....	1f50	» 50
7.	4 »	rose....	3f »	» »

SCHLESWIG-HOLSTEIN

1865. *(Mars) Même genre.*

9.	½ sch.	rose ...	2f »	» »
10.	1¼ »	vert. ...	1f25	» 50
12.	1½ »	violet. ...	2f50	» »
11.	2 »	bleu. ...	3f50	» »
13.	4 »	bistre....	3f »	» »

SCHLESWIG

1865. *(Novembre) Même genre.*

N°s				Neufs.	Oblitérés.
14.	½	sch.	vert	1f50	»
15.	1¼	»	violet	1f25	» 75
16.	1½	»	rose	»	»
17.	2	»	bleu	1f50	»
18.	4	»	bistre	2f	»

HOLSTEIN

1865. *(Novembre) Même genre, sans relief, lettres blanches dans ovales perlés.*

19.	½	sch.	vert	»	»
20.	1¼	»	lilas	3f50	1f »
22.	2	»	bleu	2f50	1f50

1865-67. *Même genre, relief et couleur, lettres de couleur dans ovales filets.*

21.	1¼	sch.	rose	2f »	2f »
23.	4	»	bistre	2f50	»
24.	1¼	»	lilas	3f »	»
25.	2	»	bleu	»	»

SÉNÉGAL

POSSESSION FRANÇAISE

Afrique Occident

1887. *Timbres des Colonies françaises (déesse) avec surcharge noire en différents caractères.*

1.	5 sur 20 ou 30 c.	1f50	» »
3.	10 sur 5 ou 20 c.	2f50	» »
5.	15 sur 20 c, bistre et vert	2f50	» »

SERBIE

PRINCIPAUTÉ

Europe Sud, Orient

1866. *Armes.*

1.	1 para vert sur rose	» »	» »
2.	1 » vert sur violet	» »	» »

N°s			Neufs.	Oblitérés.
3.	2 paras brun sur lilas		» »	» »

1866. *Effigie à gauche (Michel III), dentelés.*

5.	1	para	vert	1f25	» »
6.	2	»	brun	» »	» »
10.	10	»	jaune	1f	» »
11.	20	»	rose	1f	» »
12.	40	»	bleu	1f50	» »

1868. *Idem papier jaunâtre, dentelé.*

13.	20 paras carmin	» 50	» »

1868. *Idem, papier ordinaire, non dentelés.*

14.	1	para	vert	1f25	» »
15.	2	»	bistre	» »	» »
16.	2	»	brun	» »	» »

1869-79. *Effigie à gauche (Milan IV Obrénovitch), dentelés.*

17.	1	para	jaune	» 25	» »
18.	10	»	brun	» 35	» 20
18a.	10	»	orange foncé	» 25	» »
19.	15	»	orange	» 50	» »
20.	20	»	bleu	» 25	» 10
20a.	20	»	bleu foncé	» 25	» »
21.	25	»	carmin	» 25	» 25
22.	35	»	vert pâle	» 35	» 35
23.	40	»	violet	» 40	» 15
24.	50	»	vert	» 50	» 25

1872. *Idem, non dentelé.*

Nos		Neufs	Oblitérés
25.	4 para jaune	» 25	» 20

1873. *Même genre, non dentelé.*

26.	2 paras noir	» 15	» 10

ROYAUME

1880. *Même effigie à gauche, dentelés.*

36.	5 paras	vert	» 15	» 05
37.	10 »	rose	» 20	» 05
38.	20 »	orange	» 20	» 20
39.	25 »	bleu	» 20	» 15
40.	30 »	gris brun . . .	» 35	» 35
41.	1 dinar bleu		» 50	» 50
	La série des 6 timbres . . .		» 65	»

SHANGHAI

PORT CHINOIS

Asie Orient

1865-66. *Dragon.*

1.	1 candareen bleu . . .	»	»
2.	2 » noir . . .	»	»
3.	3 » brun . .	»	»

Nos			Neufs	Oblitérés
4.	4 candareen jaune . .	»	»	»
5.	6 » brun . .	»	»	»
6.	8 » vert . . .	»	»	»
7.	12 » brun rouge .	»	»	»
8.	16 » rouge . .	»	»	»
9.	2 » noir . . .	»	»	»
10.	6 » rouge . .	»	»	»

1866. *Dragon, cadres divers, dentelés.*

13.	2 cents	rose	»	»
14.	4 »	lilas	»	»
15.	8 »	bleu	»	»
16.	16 »	vert	»	»

1866. *Mêmes genres, dentelés.*

17.	1 candareen brun . .	»	»
18.	3 » jaune . .	»	»
19.	6 » gris . .	»	»
20.	12 » olive . .	»	»

1873-75. *Type 1866 avec 1 cand en surcharge bleue, dentelés.*

21.	1 cand. sur 2, 4, 8 c.	»	»
22.	3 » sur 2, 16 c. .	»	»

1875. *Type 1866, dentelés.*

25.	1 cand. jaune s. jaune	»	»
26.	3 » rose sur rose .	»	» 3'50
27.	1 » jaune s. blanc	»	»
28.	3 » rose	»	»
29.	6 » vert	»	»
30.	9 » bleu	»	»
31.	12 » bistre	»	»

1875. *Idem, avec 1 cand en surcharge bleue.*

Nos		Neufs.	Oblitérés.
31a.	1 cand. sur 3, 6, 12 c.	» »	» »

1875. *Timbres en cours avec LPO en surcharge noire.*

| 32. | » . . . . | » » | » » |

1877. *Type 1866, dentelés.*

33.	20 cash violet bleu . .	» »	» »
38.	20 » lilas . . .	» 40	» »
34.	40 » rose . . .	1f »	» »
35.	60 » vert . . .	» »	» »
36.	80 » bleu . . .	1f25	» »
37.	100 » bistre . . .	1f50	» »

1879. *Timbres de 1875 avec valeur en surcharge bleue.*

| 40. | 20 cash s. 40 c. rose. | 3f » | » » |
| 41. | 60 » » 80 ou 100 c. | » » | » » |

1885. *Type de 1866, dentelés.*

43.	20 cash vert . . .	» 35	» »
44.	60 » violet . . .	» »	» »
45.	80 » chair . . .	1f25	» »
46.	100 » jaune clair .	1f50	» »

1886. *Idem, avec valeur en surcharge bleue.*

| 48. | 40 cash sur 80 c. chair. | 1f50 | » » |
| 49. | 60 » sur 100 c. jaune | 1f75 | » » |

Idem, sans surcharge.

| 50. | 40 cash brun rose . . | 1f » | » » |

1888. *Idem, surcharge bleue ou rouge.*

| 51. | 20 cash s. 40 c. et 80 c. | » 75 | » » |
| 52. | 40 » s. 100 c. jaune. | 1f25 | » » |

1888. *Idem, sans surcharge.*

53.	20 cash gris . . .	» 25	» »
54.	40 » noir . . .	» 50	» »
55.	60 » rose . . .	» 75	» »
56.	80 » vert . . .	1f »	» »
57.	100 » bleu ciel . .	1f25	» »

SIAM

ROYAUME

Asie Sud

1883. *Effigie à gauche (Chulalon-Korn I), cadres divers, dentelés.*

| 1. | 1/16 fuang bleu . . . | » 15 | » » |
| 2. | 1/8 » carmin . . . | » 20 | » 25 |

Nos		Neufs.	Oblitérés.
3.	1/4 fuang rouge . . .	» 35	» 35

| 4. | 1 sig jaune . . . | » 75 | » 60 |
| 5. | 1 salung jaune foncé . | 2f » | » » |

1886. *Idem, avec surcharge rouge.*

| 8. | 1 tical sur 1/16 f. bleu . | » » | » » |
| 9. | 1 Tical sur 1/16 f. bleu . | 4f » | » » |

1887. *Même effigie de face, caractères siamois et européens, dentelés.*

10.	2 atts vert et carmin .	» 25	» 20
11.	3 » vert et bleu . .	» 35	» 25
12.	4 » vert et brun clair	» 50	» 30
13.	8 » vert et jaune .	1f »	» 30
14.	12 » lilas et carmin .	1f25	» 60
15.	24 » lilas et bleu . .	2f50	» »
16.	64 » lilas et brun clair	6f »	2f50

Banckok

1882. *Timbres de Malacca 1867-82 avec B en surcharge noire.*

1.	2 cents brun . . .	» »	» »
2.	4 » carmin . . .	» »	» »
3.	6 » violet . . .	1f »	» »
4.	8 » orange . . .	» »	1f »
5.	10 » violet . . .	1f50	» »
6.	12 » bleu . . .	» »	» »
7.	24 » vert . . .	» »	» »
8.	96 » gris vert . . .	» »	» »

1883-85. *Idem.*

9.	2 c. surcharge sur 32.	» »	» »
10.	2 cents carmin . .	» 35	» »
11.	4 » bistre . . .	» 60	» »
12.	5 » bleu . . .	» »	» »
13.	12 » brun violet . .	» »	» »
14.	32 » orange . . .	» »	» »

SIERRA-LEONE

POSSESSION ANGLAISE

Afrique Occident

1861. *Effigie à gauche (Victoria I), dentelé.*

Nos		Neufs	Oblitérés
1.	6 pence violet	»	»

1872. *Idem, dentelé.*

2.	6 pence violet vif . . .	2f »	» 75

1872-77. *Effigie à gauche, dentelés.*

No			Neufs	Oblitérés
3.	½ penny	bistre	» 25	» »
4.	1 »	rouge carmin	» 35	» »
9.	2½ »	violet	» 50	» »
5.	2 pence	lilas	1f »	» 10
6.	3 »	orange	1f »	» 50
7.	4 »	bleu	2f50	» 75
8.	1 shill.	vert.	3f50	2f »

1884. *Idem.*

14.	½ penny	vert.	» 25	» 15
15.	1 »	rose.	» 35	» 20
16.	2 pence	bleu gris . . .	» 75	» 35
17.	4 »	bistre	1f50	» 35

SIRMOOR

ÉTAT INDIEN

Asie Sud

1879-80. *Inscriptions, dentelés.*

1.	vert.	1f »	» »
2.	bleu	» 50	» »

1885. *Effigie du rajah, dentelés.*

Nos			Neufs	Oblitérés
3.	3 pies	brun	» 30	»
4.	6 »	vert	» 35	» »
5.	1 anna	bleu	» 50	» »
6.	2 »	rose	1f »	» »

1888. *Idem.*

7.	3 pies orange	» 25	»

SORUTH

ÉTAT INDIEN

Asie Sud

1877. *Inscriptions orientales.*

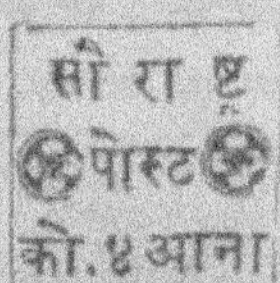

3.	rouge sur blanc . . .	»	»	»	»
4.	noir sur azuré	»	»	»	»
5.	noir sur blanc	»	»	»	»
6.	noir sur jaunâtre . . .	»	»	»	»

1877. *Inscriptions orientales et européennes, deux types.*

1.	1 anna	vert	» 35	» »
2.	4 »	rouge	1f50	» »

1886. *Idem, dentelés.*

7.	1 anna	vert.	» 35	» »
8.	4 »	rouge	1f50	» »

STELLALAND

RÉPUBLIQUE

Afrique Sud

1884. *Armes, dentelés.*

Nos				Neufs.	Oblitérés.
1.	1 penny	rouge		»	»
2.	3 pence	jaune	1f25	»	»
3.	4 »	bleu	1f50	»	»
4.	6 »	violet	2f	»	»
5.	1 shill.	vert	»	»	»

SUÈDE

ROYAUME

Europe Nord, Occident

1855. *Couronne, armes, dentelés.*

				Neufs.	Oblitérés.
1.	3 skill.	bco vert	»	»	»
2.	4 »	bleu	5f	»	» 30
3.	4 »	bleu gris	»	»	2f
4.	6 »	gris	»	»	»
5.	8 »	jaune	20f	»	»
6.	24 »	rouge	»	»	»

1856. *Poste locale de **Stockholm**, inscription, dentelé.*

			Neufs.	Oblitérés.
7.	noir		2f50	2f »

1858. *Type 1855, dentelés.*

Nos				Neufs.	Oblitérés.
8.	3 ore	vert		» 35	» 25
9.	5 »	vert jaune		» 60	» 10
10.	9 »	violet		1f25	» »
11.	12 »	bleu		» 75	» 10
12.	12 »	bleu ciel		» »	» 25
13.	24 »	jaune clair		» »	» 25
14.	24 »	jaune foncé		1f25	» 15
15.	30 »	brun		1f50	» 10
16.	50 »	carmin		2f »	» 25

1862. *Poste locale de **Stockholm**, type 1856, dentelé.*

			Neufs.	Oblitérés.
17.	bistre		3f50	» »

1862-66. *Lion et armes, chiffre, dentelés.*

				Neufs.	Oblitérés.
18.	3 ore	bistre		» 40	» 15
19.	17 »	violet		1f25	1f »
20.	20 »	rouge		1f »	» 25

1872-78. *Chiffre, dentelés.*

				Neufs.	Oblitérés.
21.	3 ore	bistre		» 15	» 05
58.	4 »	gris 1876		» 25	» 05
22.	5 »	vert		» 20	» 05
23.	6 »	violet		» 35	» 10
23a.	6 »	lilas		» 25	» 05
23b.	6 »	gris		» »	» 25
24.	12 »	bleu		» 40	» 05
25.	20 »	rouge		» 60	» 10
26.	24 »	orange		» 75	» 10
26a.	24 »	jaune		» »	» 20
27.	30 »	brun		1f »	» 05
28.	50 »	carmin		1f50	» 05

Idem, armes au centre, deux couleurs.

			Neufs.	Oblitérés.
29.	1 riksd.	bleu et bistre	2f50	» 25
59.	1 krona	id. 1878	2f50	» 10

1885. *Effigie à gauche (Oscar II), dentelés.*

N⁰ˢ		Neufs.	Oblitérés.
69. 10 ore carmin		» 25	» 05

Timbres-taxe

1874. *Chiffre, dentelés.*

N⁰ˢ			Neufs.	Oblitérés.
47.	1 ore	noir	» 10	» 10
48.	3 »	rose	» 15	» 10
49.	5 »	brun	» 20	» 15
50.	6 »	jaune	» 25	» 20
51.	12 »	rouge	» 40	» 15
52.	20 »	bleu	» 50	» 25
53.	24 »	violet	» 75	» 30
54.	30 »	vert	» 60	» 25
55.	50 »	bistre	» 75	» 25
56.	1 kr.	bleu et bistre	1f »	» 25

Timbres de service

1874-85. *Armes, chiffres, dentelés.*

N⁰ˢ			Neufs.	Oblitérés.
36.	3 ore	bistre	» 15	» 15
57.	4 »	gris	» 25	» 10
37.	5 »	vert	» 20	» 15
38.	6 »	violet	» 35	» 30
72.	10 »	carmin	» 25	» 10

N⁰ˢ			Neufs.	Oblitérés.
39.	12 ore	bleu	» 40	» 10
41.	20 »	rouge	» 60	» 15
42.	24 »	jaune	» 75	» 15
43.	30 »	brun	1f »	» 10
44.	50 »	carmin	1f50	» 10
45.	1 kr.	bleu et bistre	2f50	» 15

SUISSE

RÉPUBLIQUE

Europe Centre

ZURICH

1843. *Chiffre, fond ligné rose.*

			Neufs.	Oblitérés.
1.	4 rap.	noir	» »	» »
2.	6 »	noir	» »	» »

1849. *Oblong, croix et cor.*

3.	2½ rap. rouge et noir	»	»	» »

BALE

1845. *Colombe en relief.*

4.	2½ rp. rouge bleu noir.	»	»	» »

GENÉVE

1843. *Armes, petit format, double.*

5.	5 & 5 c. noir sur vert.	»	»	» »

1849. *Armes.*

Nos   Neufs. Oblitérés.

7. 5 c. noir sur vert foncé   » » » »
8. 5 » vert jaune . . . .   » » » »

Administration fédérale

1849. *Croix blanche sur rouge dans un cor.*

9. 4 c. noir . . . .   » » »
10. 5 » noir . . . .   » » »

1850. *Croix blanche sur rouge.*

11. 2½ rp. POSTE LOCALE NOIR   » » » »
12. 2½ rp. ORTS POST NOIR .   » » » »

1850. *Idem,* RAYON I ou II.

13. 5 rp. noir sur bleu .   » » 4f »
14. 10 » noir s. jaune brun   » » » 50
15. 10 » noir sur jaune .   » » » 40

1851. *Même genre,* POSTE LOCALE.

16. 5 centimes noir . . .   » » »

1851. *Type 1850,* RAYON I ou III.

17. 5 rp. bleu sur blanc .   5f » » 50
18. 15 cts rose   » » 4f »
19. 15 rp. rose   » » » 35

1854-62. *Déesse de face assise, relief.*

Nos   Neufs. Oblitérés.

20. 2 rappen gris . . .   2f » 2f »
21. 5 » brun . . . . .   1f » » 10
22. 5 » brun clair . .   » » » 20
23. 10 » bleu . . . . .   1f » » 10
24. 10 » bleu clair . .   » » » 15
25. 15 » rose . . . . .   1f » » 10
26. 20 » orange . . .   1f » » 10
27. 40 » vert . . . .   1f25 » 15
28. 40 » vert clair . .   » » » 20
29. 1 fr. gris violet . .   4f » 2f50

1862-63. *Déesse de profil assise, dentelés.*

30. 2 c. gris . . . . .   » 15 » 10
31. 3 » noir . . . . .   » 15 » 10
32. 5 » brun . . . . .   » 15 » 05
33. 5 » bistre . . . .   » 20 » 10
34. 10 » bleu pâle . .   » 75 » 05
35. 10 » bleu . . . . .   » 40 » 05
36. 20 » jaune . . . .   » 40 » 05
37. 30 » rouge . . . .   1f » » 20
38. 40 » vert . . . . .   » 75 » 15
39. 60 » bronze . . .   2f50 » 75
40. 1 fr. doré . . . .   1f50 » 15

1867-68. *Idem.*

41. 10 c. rose . . . . .   » 20 » 05
44. 25 » vert . . . . .   » 50 » 05
42. 30 » bleu . . . . .   » 60 » 15
43. 50 » violet . . . .   » 80 » 10

1874-78. *Idem.*

74. 2 c. bistre jaune .   » 25 » 05
75. 2 » bistre . . . .   » 10 » 05
76. 15 » jaune 1875 .   » 30 » 10
79. 40 » gris 1878 . .   » 75 » 15

1882. *Croix ou déesse, chiffre, dentelés.*

94. 2 c. bistre gris croix   » 05 » 05

95.   3 c.   gris . . . . .   » 10   » »
96.   5 »   carmine foncé . » 10   » 05
97. 10 »   rose . . . . .   » 15   » 05
98. 12 »   bleu . . . . .   » 20   » »
99. 15 »   jaune . . . . . » 35   » 10
100. 20 »   orange déesse . » 35   » 10
101. 25 »   vert . . . . .   » 40   » 05
102. 40 »   gris . . . . .   » 60   » 10
103. 50 »   bleu . . . . .   » 75   » 10
104. 1 fr. carmine pâle .   1f50 » 10

1870. *Timbres de franchise pour les militaires français.*

> Militaires français
> internés en Suisse.
> **Gratis.**

60. noir sur carmin . . .   » »   » »
61. noir sur rose vif . . . » 75 » »

Timbres-taxe

1878-80. *Chiffre, cercle d'étoiles, dentelés.*

80.   1 bleu, *fond rayons* » 15   » »
81.   2 bleu, *fond blanc* » 15   » »
89.   3 bleu *1880* . . . . » 20   » 10
82.   5 bleu . . . . .   » »   » »
83. 10 bleu . . . . .   » »   » 15
84. 20 bleu . . . . .   » 75   » 10
86. 50 bleu . . . . .   1f25 » 10
87. 100 bleu . . . . .   1f75 » 20
88. 500 bleu . . . . .   » »   » 25

1883-89. *Idem, dentelés.*

107.   5 vert et carmin . . » 35   » 25
108. 10 vert et carmin . . » 50   » 15
109. 20 vert et carmin . . » 75   » 15
110. 50 vert et carmin .   1f50 » 40
111. 100 vert et carmin .   3f »   » 60
112. 500 vert et carmin .   » »   1f »

Timbres-télégraphe

1868-77. *Croix, dentelés.*

Nos   Neufs. Oblitérés.
77. 5 c. carmin et noir .   » 15   » 10
78. 10 »   carmin . . . .   » 25   » 10
50. 25 »   carmin et gris .   » 25   » 15
51. 50 »   carmin et bleu .   » 25   » 20
52. 1 fr. carmin et vert .   » 35   » 25
53. 3 »   carmin et or . .   » »   » »
54. 20 »   carmin et rose .   1f »   1f »
55. 3 »   carmin et bistré . » 50   » 50

Service particulier des hôtels
de montagnes

Rigi-Kaltbad

1866. *Fleurs.*

1. carmin *dentelé* . . . . » 75   » »
2. carmin *non dentelé* .   » 75   » »

L'usage postal des timbres de Righi-Coulm, Rigi-Scheideck, Bel-Alp, Maderauerthal, etc., est problématique.

SURINAM

POSSESSION HOLLANDAISE

Amérique du Sud, Nord

1873-79. *Effigie à gauche (Guillaume III), dentelés.*

1. 2½ cent. carmin . . .   » 50   » 35
2. 3 »   vert . . . . .   1f50 » »
3. 5 »   violet . .   » 35   » 35

N⁰ˢ			Neufs.	Oblitérés.
4.	10 cent.	bistre . . .	» 60	» 30
5.	25 »	bleu	1′25	» 50
6.	50 »	brun jaune.	2′50	» »
9.	2 gl 50 c. bistre et vert	12′	» »	»

1883-84. *Idem*

13.	1 cent gris lilas . . .	» 15	» »
14.	2 » orange	» 20	» »
15.	12½ » gris bleu . . .	» 75	» »

Timbres-taxe

1886. *Inscriptions, valeur en noir, cadre couleur, dentelés.*

19.	2½ cent. lilas	» 50	» »
20.	5 » lilas	» 60	» »
21.	10 » lilas	» 75	» »
22.	20 » lilas	1′25	» »
23.	25 » lilas	1′50	» »

TABAGO

POSSESSION ANGLAISE

Amérique Centrale, Antilles

1879. *Effigie à gauche (Victoria I), sans le mot* POSTAGE, *dentelés.*

1.	1 penny rose	» 35	» »

N⁰ˢ			Neufs.	Oblitérés.
2.	3 pence	bleu	» »	» »
3.	6 »	vermillon . .	» »	» »
4.	1 shill.	vert	» »	» »
5.	5 »	gris noir . .	» »	» »
6.	1 pound lilas		» »	» »

1881. *Idem, avec le mot* POSTAGE.

7.	½ penny lilas brun . .	» 25	» »
8.	1 » rouge brun .	» 35	» »
9.	4 pence vert . . .	» »	» »
10.	6 » bistre . . .	» »	» »
11.	1 shill. bistre jaune.	5f	» »

1883. *Idem, avec surcharge noire.*

14.	2½ sur 6 p. bistre . . .	1′50	» »

1883-86. *Idem, sans surcharge.*

19.	½ penny vert	» 15	» »
20.	1 » carmin	» 25	» 20
15.	2½ pence bleu	» 60	» »
16.	4 » gris bleu . .	1f	» »
21.	6 » orange	1′50	» »

1886. *Idem, avec surcharge noire.*

17.	½ penny sur 2½ p. bleu.	» 50	» »
18.	½ » sur 6 p. bistre.	» 50	» »

TAHITI

POSSESSION FRANÇAISE

Océanie Polynésie

1882. *Timbre des Colonies françaises de 1877 avec valeur en surcharge noire.*

1.	25 sur 35 c. jaune . . .	» »	» »

1884. *Idem, de 1877 (groupe) ou 1882 (Dessai) avec* TAHITI *et valeur en surcharge noire.*

2.	5 c. sur 20 c. (1882) . . .	» »	» »
3.	10 c. sur 20 c. id. . . .	» »	» »
4.	25 c. sur 1 fr. (1877) . . .	» »	» »

TERRE-NEUVE

POSSESSION ANGLAISE

Amérique du Nord, Nord

1857. *Couronne ou fleurs, types divers.*

Nᵒˢ		Neufs.	Oblitérés.
1.	1 p. brun rouge carré	»	»
2.	2 » rouge, rectang.	20ᶠ » »	»

3.	3 p. vert, triangul.	3ᶠ »	»
4.	4 » rouge, rectang.	» »	»
5.	5 » brun rouge carré	3ᶠ50 »	»
6.	6 » rouge, rectang.	» »	»
7.	6½ » rouge	» »	»
8.	8 » rouge	» »	»
9.	1 sh. rouge	» »	»

1862. *Mêmes types.*

10.	1 penny brun carminé	1ᶠ25 »	»
11.	2 pence carmin	5ᶠ »	»
12.	4 » carmin	2ᶠ50 »	»
13.	5 » brun carminé	3ᶠ50 »	»
14.	6 » carmin	2ᶠ50 »	»
15.	6½ » carmin	3ᶠ »	»
16.	8 » carmin	4ᶠ50 »	»
17.	1 shill. carmin	4ᶠ »	»

1866-69. *Types divers, dentelés.*

| 18. | 1 c. violet *P. de Galles* | 1ᶠ » » | » |
| 19. | 2 » vert *morue* | » » » | » |

Nᵒˢ		Neufs.	Oblitérés.
20.	5 c. brun *phoque*	» »	» »

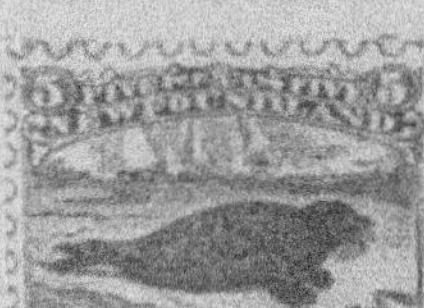 

| 21. | 10 c. noir *P. de Galles* | 1ᶠ25 | » » |
| 22. | 12 » chair *Victoria* | 2ᶠ » | » » |

| 23. | 13 c. jaune *bateau* | 2ᶠ50 | » » |

| 24. | 24 c. bleu *Victoria* | 3ᶠ50 | » » |
| 25. | 5 » noir *type nᵒ 20.* | » » | » » |

1870-76. *Même genre.*

29.	1 c. lilas *nᵒ 18 refait*	1ᶠ »	» »
26.	3 » rouge *Victoria.*	» »	» »
27.	6 » carmin *id.*	» 75	» »
28.	3 » bleu *id.*	» 40	» 25
31.	3 » bleu *type nᵒ 20.*	» 75	» 35

1880. *Types 1866-70 refaits, les figures et les lettres sont plus grandes, dentelés.*

Nos				Neufs.	Oblitérés.
33.	1 cent	lilas *Prince*	» 25	» 25
34.	2 »	vert *morue*	» 35	» »
35.	3 »	bleu *Victoria*	» 50	» 15
36.	5 »	bleu *phoque*	» 60	» 30

1887-88. *Types divers, dentelés.*

39.	½	c. rouge *chien*	» 10	» »
40.	1 »	vert *P. de Galles*	» 15	» »
42.	2 »	orange *morue*	» 25	» »
43.	3 »	brun *Victoria*	» 35	» 15
41.	10 »	noir *bateau*	1f	» »

TIMOR

POSSESSION PORTUGAISE

Océanie Malaisie

1885. *Timbres de Macao avec* TIMOR *en surcharge noire.*

1.	5 reis	noir	» 25	» »
2.	10 »	vert	» 50	» »
3.	20 »	carmin	» 50	» »

Nos				Neufs.	Oblitérés.
4.	25 reis	lilas	» 35	» »
5.	40 »	jaune	1f25	» »
6.	50 »	bleu	» 60	» »
7.	80 »	gris	1f25	» »
8.	100 »	lilas clair	1f50	» »
9.	200 »	orange	2f50	» »
10.	300 »	brun clair	3f	» »

1887. *Effigie à gauche (don Luis I), relief, dentelés.*

11.	5 reis	noir	» 15	» »
12.	10 »	vert	» 25	» »
13.	20 »	rose	» 35	» »
14.	25 »	lilas	» 40	» »
15.	40 »	brun	» 60	» »
16.	50 »	bleu	» 75	» »
17.	80 »	gris	1f	» »
18.	100 »	brun rouge	1f25	» »
19.	200 »	violet	2f50	» »
20.	300 »	orange	4f	» »

ILES TONGA

ROYAUME

Océanie Polynésie

1887. *Effigie à gauche (Georges Ier, Toubaou), dentelés.*

1.	1 penny	carmin	» 35	» »
2.	2 pence	violet	» 60	» »
3.	6 »	bleu	1f75	» »
4.	1 shill.	vert	3f	» »
La série des quatre			» »	3f »

TOSCANE

GRAND DUCHÉ

Europe Sud

1850. *Lion assis, couleur sur azuré.*

N°s	Désignation	Neufs	Oblitérés
1.	1 quattr. noir	» »	8f »
2.	1 soldo jaune	» »	» »
3.	2 soldi brique	» »	» »
4.	1 crazia carmin	» »	» 60
5.	1 » brun	» »	» 75
6.	2 crazie bleu	» »	» 35
7.	4 » vert	» »	» 35
8.	6 » bleu foncé	» »	» 35
9.	9 » violet	» »	1f50
10.	60 » brique	» »	» »

1856. *Idem, couleur sur blanc.*

N°s	Désignation	Neufs	Oblitérés
12.	1 quattr. noir	6f »	5f »
13.	1 soldo jaune	» »	» »
14.	1 crazia carmin	4f »	» 75
15.	2 crazie bleu	3f »	» 35
16.	4 » vert	5f »	» 35
17.	6 » bleu	5f »	» 35
18.	9 » violet	» »	» »

GOUVERNEMENT PROVISOIRE

1860. *Croix de Savoie.*

N°s	Désignation	Neufs	Oblitérés
19.	1 centes. violet	5f »	2f50
20.	5 » vert	6f »	1f50
21.	10 » brun	5f »	» 25
22.	20 » bleu	5f »	» 75
23.	20 » gris	6f »	1f25
24.	40 » carmin	6f »	» 75
25.	80 » chair	» »	» »
26.	3 lire it. jaune	» »	» »

Timbre pour journaux

1854. *Inscriptions, timbre à main, sur pelure.*

N°s	Désignation	Neufs	Oblitérés
11.	2 soldi noir	3f »	» »

TRANSVAAL

RÉPUBLIQUE

Afrique Sud

1869. *Armes et drapeaux.*

N°s	Désignation	Neufs	Oblitérés
3.	1 penny carminé	» »	» »
4.	3 pence violet	» »	» »
5.	6 » bleu	» »	1f50
6.	1 shill. vert	» »	» »

1869. *Idem, dentelés.*

N°s	Désignation	Neufs	Oblitérés
7.	1 penny rouge	» »	» 50
8.	1 » carmin	» »	» »
9.	3 pence violet	1f »	» 50
10.	6 » bleu	2f »	» 50
11.	1 shill. vert	» »	» 75

1870. *Idem, impression grossière, non dentelés.*

N°s	Désignation	Neufs	Oblitérés
12.	1 penny carminé	1f »	» »
12a.	1 » rouge	1f »	» »
12b.	3 pence violet foncé	» »	» »
13.	6 » bleu	» »	1f25
14.	1 shill. vert	» »	» »

1870. *Idem, dentelés.*

N°s	Désignation	Neufs	Oblitérés
15.	1 penny carminé	1f25	» »
15a.	1 » rouge	» »	» »
16.	6 pence bleu	» »	1f50
17.	1 shill. vert	» »	» »
18.	1 penny noir	1f »	» 50

POSSESSION ANGLAISE

1877. *Type antérieur, avec* V R TRANS-VAAL *en surcharge noire, dentelés ou non.*

Neufs. Oblitérés.

				Neufs		Oblit.	
21.	1 penny rouge s. blanc			»	»	»	»
22.	3 pence violet			»	»	»	»
23.	6 » bleu			»	»	»	»
24.	1 shill. vert			»	»	»	»
25.	6 pence bleu sur rose.			»	»	»	»

1877. *Idem, surcharge rouge.*

26.	3 pence violet s. blanc			»	»	»	»
27.	6 » bleu			»	»	»	»
28.	1 shill. vert			»	»	»	»

1878-79. *Idem, surcharge noire* V R *droite ou penchée et Transvaal, dentelés ou non.*

29.	1 penny rouge sur bleu.			»	»	»	»
30.	1 » rouge s. orange		1f50		1f50		
31.	3 pence violet s. cham.		»	»	2f50		
32.	3 » violet s. vert.		1f	»	2f	»	
33.	3 » violet s. bleu		»	5f	»	»	
34.	6 » bleu sur vert		»	»	»	»	
35.	6 » bleu sur bleu		»	»	5f	»	
36.	6 » id. sans surch.		3f	»	»	»	

1879-80. *Effigie à droite (Victoria I), dentelés.*

37.	½ penny rouge		»	»	»	»	
38.	1 » rouge brun		»	35	»	»	
39.	3 pence lilas		1f	»	»	50	
40.	4 » vert jaune		1f25	»	»		
41.	6 » gris vert		1f75	»	50		
42.	1 shill. vert		»	»	»	»	
43.	2 » bleu		»	»	»	»	

1879. *Idem avec surcharge,* 1 penny *en divers caractères, sur le 6 p. gris vert.*

44.	1 p. noir s. gris vert		»	»	»	»	
45.	1 p. rouge s. gris vert		»	»	»	»	

1882. *Idem,* EEN PENNY *en surcharge noire sur le 4 p. vert jaune.*

46.	1 p. noir s. vert jaune.		1f	»	1f	»	

RÉPUBLIQUE

1883. *Type 1869, dentelés.*

Nos   Neufs. Oblit.

47.	3 pence noir s. rose.		1f25	»	60		
48.	3 » rouge s. blanc.		1f	»	»	50	

1885. *Armes, dentelés.*

50.	½ penny gris		»	15	»	10	
51.	1 » carmin		»	25	»	10	
52.	2 pence brun		»	50	»	25	
53.	3 » violet		»	75	»	35	
54.	4 » gris vert		1f	»	»	30	
55.	6 » bleu		1f50	»	25		
56.	1 shill. vert		2f50	»	35		
57.	2 sh. 6 p. jaune		»	»	2f50		
58.	5 shill. vert bleu		»	»	5f	»	
58a.	10 » brun		»	»	8f	»	

1885. *Timbres de diverses émissions, avec surcharge verticale.*

59.	½ p. noir s. rouge 1883		2f	»	»	»	
60.	½ » noir s. 1 vert 1869		»	»	»	»	
61.	½ » rouge s. 6 olive *eff.*		3f	»	»	»	
62.	½ » noir s. 3 p. viol. 1885		1f50	»	»		
63.	2 » rouge s. 6 p. *effigie*		1f50	»	»		

1887. *Timbre de 1885 avec valeur en surcharge noire.*

65.	2 d. sur 3 p. violet		1f	»	1f	»	

1887. *Idem, sans surcharge, dentelés.*

66.	2 pence jaune bistre.		»	50	»	10	

TRAVANCORE

ÉTAT INDIEN

Asie Sud

1888. *Conque, dentelés.*

Nos		Neufs.	Oblitérés.
1.	1 chuckram bleu	» 35	» 15
2.	2 » rouge	» 65	» »
3.	4 » vert	1f25	» »

LA TRINITÉ

POSSESSION ANGLAISE

Amérique Centrale, Antilles

1851. *Déesse assise, papier bleu.*

1.	rouge carminé	»	»	»	»
2.	brun carminé	»	»	»	»
3.	bleu	»	»	»	»
4.	brun violet	»	»	»	»

Idem, papier blanc.

5.	rouge carminé	»	»	»	»
6.	bleu	»	»	»	»
7.	violet	»	»	»	»
8.	noir violet	»	»	»	»

1856. *Idem, copie inférieure, gravée.*

9	bleu	»	»	»	»

1858. *Idem, très mauvais report lithographique.*

Nos		Neufs.	Oblitérés.
10.	rougeâtre	3f »	» »
11.	bleu gris	» »	» »

1859. *Idem, valeur indiquée.*

12.	4 pence violet gris	»	»	»	»
13.	6 » vert foncé	»	»	»	»
14.	1 shill. violet noir	»	»	»	»

1863. *Idem, dentelés.*

15.	4 pence violet gris	»	»	5f	»
16.	6 » vert foncé	»	»	»	»
17.	1 shill. violet noir	»	»	»	»

1863-69. *Type 1851, dentelés.*

18.	carminé	»	»	» 35
19.	carmin rouge	» 50	» 20	

1863-69. *Type 1859, dentelés.*

20.	4 pence violet	»	»	» 75
21.	4 » lilas	»	»	1f50
22.	6 » vert	»	»	1f
23.	6 » vert clair	3f »	» 30	
24.	1 shill. violet vif	1f30	» »	
25.	1 » lilas	3f30	» »	

1869. *Effigie à gauche (Victoria I), dentelé.*

26.	5 shill. carminé	12f »	»

1872. *Type 1859, dentelés.*

29.	4 pence gris	1f50	» 25
30.	1 shill. jaune	3f50	» 75

1879-82. *Types 1851-59, avec valeur en surcharge noire, dentelés.*

Nᵒˢ   Neufs. Oblitérés.

31. HALF PENNY sur violet .   » 50   »   »
36. ONE PENNY sur carmin .   » 75   » 35
37. 1 d. *manuscrit à l'en-*
     cre carmin sur 6 p.
     vert . . . .   » 75   1ᶠ »

1883-88. *Effigie à gauche, dentelés.*

38. ½ penny vert . . .   » 15   » 10
39. 1   »   rose . . .   » 25   » 10
40. 2½ pence bleu . . .   » 60   » 25
41. 4   »   gris . . .   1ᶠ »   » 15
42. 6   »   brun vert.   1ᶠ50   » 50
43. 1 shill. rouge orange   2ᶠ30   » 75

Timbres pour lettres en retard

1869. *Tous les timbres de 1851-69 avec* TOO LATE *en surcharge noire ou rouge.*

27. 6 pence vert . . . . . . »   »   »   »
28. 1 shill. lilas . . . . . . »   »   »   »

Timbres-taxe

1885. *Chiffre, dentelés.*

54. ½ penny noir . . . .   »   »   »   »
55. 1   »   noir . . . .   »   »   1ᶠ »
56. 2 pence noir . . . .   »   »   1ᶠ25
57. 3   »   noir . . . .   »   »   » 75
58. 4   »   noir . . . .   »   »   1ᶠ25
59. 5   »   noir . . . .   »   »   1ᶠ25
60. 6   »   noir . . . .   »   »   »   »
61. 8   »   noir . . . .   »   »   1ᶠ »
62. 1 shill. noir . . . .   »   »   »   »
    La série des 9 timbres . .   »   » 14ᶠ »

TUNIS

(RÉGENCE DE) Afrique Nord

1888. *Armes et trophée, dentelés.*

Nᵒˢ   Neufs Oblitérés.

1. 1 c. noir sur bleu . . .   » 05   »   »
2. 2 » brun sur gris . . .   » 10   »   »
3. 5 » vert sur vert . . .   » 15   »   »
4. 15 » bleu sur azuré . . .   » 40   » 05
5. 25 » noir sur rose . . .   » 60   »   »
6. 40 » orange sur jaune.   1ᶠ »   »   »
7. 75 » carmin sur rose .   2ᶠ »   »   »
8. 5 fr. violet sur violet .   12ᶠ »   »   »

1888. *Type refait, mieux gravés, chiffres plus gros, dentelés.*

15. 1 c. noir sur bleu . . .   » 05   » 05
16. 2 » brun sur gris . . .   » 10   » 10
17. 5 » vert sur vert . . .   » 10   » 05
18. 15 » bleu sur azuré . . .   » 30   » 05
19. 25 » noir sur rose . . .   » 50   » 15
20. 40 » orange sur jaune .   » 75   » 25
21. 75 » carmin sur rose .   1ᶠ50   »   »
22. 1 fr. olive sur gris . . .   2ᶠ »   » 60

Timbres-taxe

1888. *Timbres des deux émissions, avec* T *en points perforés, divers types.*

1a. 1 c. 1ʳᵉ émission . . .   » 10   »   »
15a. 1 » 2ᵉ émission . . .   » 10   »   »

Pour les autres valeurs, les prix sont les mêmes que pour les timbres *neufs* des valeurs correspondantes.

Ces timbres sont perforés par nous, avec des outils conformes à ceux des directeurs de poste.

ILES TURK

POSSESSION ANGLAISE

Amerique Centrale, Antilles

1863-80. *Effigie à gauche (Victoria I), dentelés.*

Nos			Neufs.	Oblitérés
1.	1 penny	carmin . . .	1f »	» »
2.	6 pence	gris noir. .	» »	» »
3.	1 shill.	gris bleu. .	» »	» »
4.	1 penny	rouge 1880	» 50	» »
4a.	1 shill.	lilas terne »	» »	» »

1881. *Idem, avec valeur en surcharge
noire.*

5.	½ sur 1 p. rouge . .	2f »	» »
6.	½ » 6 » gris noir.	» »	» »
7.	½ » 1 sh. gris bleu .	» »	» »
8.	½ » 1 » lilas terne	» »	» »
9.	2½ » 6 p. gris noir.	» »	» »
10.	2½ » 1 sh. gris bleu.	» »	» »
11.	4 » 6 p. gris noir.	» »	» »
12.	4 » 1 sh. lilas terne	» »	» »

1881. *Même effigie à gauche, dentelés.*

13.	½ penny vert	» 15	» »
14.	2½ pence brun rouge	1f »	» »
15.	4 » bleu	» »	» »

1881. *Timbre de 1880 avec valeur
en surcharge noire.*

16.	4 p. sur 1 p. rouge .	» »	» »

1885. *Type de 1881, dentelé.*

17.	4 pence gris bleu. . .	1f »	» 50

1881-88. *Type 1863, nouvelles
nuances, dentelés.*

Nos			Neufs.	Oblitérés
19.	1 penny carmin . . .	» 25	» »
20.	6 pence gris verdâtre.	» »	» »
21.	1 shill. gris bleu. . .	» »	» »
22.	1 » brun noir . .	2f50	» »

TURQUIE

EMPIRE

Europe Sud, Orient

1862. *Signature du Sultan, cadres
divers, bord rouge au bas, papier
pelure.*

1.	20 paras noir sur jaune	2f50	1f25
2.	1 piastre noir sur violet	2f50	1f »
3.	2 » noir sur bleu.	2f50	1f50
4.	5 » noir sur carm.	4f »	2f »

1864. *Idem, papier fort.*

5.	20 paras noir s. jaune	2f »	» »
6.	1 piastre noir s. violet	3f »	» 75

1864-67. *Etoile et croissant, inscriptions turques en surcharge noire, dentelés. Les timbres de 1867 ont les inscriptions noires plus petites, ce sont
les numéros bis du catalogue.*

15.	10 paras vert	1f »	» »
15b.	10 » vert	» 25	» »
16.	20 » jaune . . .	1f »	» »
17.	20 » jaune foncé	» 60	» 50
17b.	20 » jaune foncé	» 25	» »

Nos				Neufs.	Oblitérés.
18.	1 piastre	lilas . . .	1f »	» 50	
19.	1 »	violet . . .	1f »	» 20	
19b.	1 »	violet . . .	» 25	» »	
20.	2 »	bleu . . .	1f25	» 25	
20b.	2 »	bleu ciel .	» 25	» »	
21.	5 »	carmin . .	1f50	» 50	
21b.	5 »	carmin . .	» 25	» »	
22.	25 »	rouge . . .	8f »	» »	
22b.	25 »	rouge . . .	» »	» »	

1868. *Idem, dentelés (petite dentelure régulière).*

28.	10 paras	lilas . . .	» 25	» 05
28a.	10 »	lilas brun .	» »	» 10
29.	20 »	vert clair .	» 35	» 05
29a.	20 »	vert foncé .	» »	» 10
30.	1 piastre	jaune vif .	» 75	» 15
30a.	1 »	jaune foncé .	» »	» 10
31.	2 »	rouge . . .	1f »	» 10
31a.	2 »	orange . . .	» »	» 10
32.	5 »	bleu . . .	2f »	» 35
33.	25 »	chair . . .	» »	» »

1870-74. *Timbres semblables à ceux de 1868, grosse dentelure irrégulière.*

34.	10 paras	bistre brun .	» 50	» 15
34a.	10 »	lilas brun .	» »	» 30
35.	20 »	vert . . .	» »	» »
38.	20 »	vert bleu .	» »	» 30
36.	1 piastre	jaune . . .	» 75	» 10
39.	2 »	rouge terne .	» »	» 15
37.	5 »	gris bleu .	» »	» 25
37a.	5 »	bleu . . .	» »	» 35
37b.	25 »	chair . . .	14f »	10f »
40.	10 p.	gris bistre dentelure régulière	» »	» 20
41.	10 »	lilas non dentelé	» »	» »

1876. *Type 1864, inscriptions turques plus fournies et valeur en français en surcharge noire, dentelés.*

56.	½ piastre	lilas . . .	» 25	» 15
57.	½ »	vert . . .	» 25	» 20
58.	1¼ »	rose . . .	» 65	» 25
59.	2 »	bistre . . .	1f »	» 25
60.	5 »	bleu . . .	5f »	2f50

1876-80. *Idem, moins la surcharge française.*

61.	10 paras	violet . .	» 15	» 05
62a.	20 »	vert . . .	» 25	» 05

Nos				Neufs.	Oblitérés.
62.	1 piastre	jaune . .	» 50	» 05	
62b.	2 »	chair pâle	1f »	» 20	
62d.	20 paras	gris *1882* .	» »	» 10	

1876. *Croissant, inscriptions turques et françaises, dentelés.*

63.	10 paras	lilas et noir .	» 15	» 10
64.	20 »	vert et violet	» 25	» 10
65.	50 »	jaune et bleu	» 75	» 20
66.	2 piastres	chair et noir	1f »	» 35
67.	5 »	bleu et rouge	2f50	» 50
68.	25 »	rouge et lie de vin	12f »	» »

1880-84. *Idem, dentelés.*

70.	5 paras	jaune et noir	» 10	» 10
70a.	10 »	vert et noir .	» 50	» 20
71.	20 »	carm. et noir	» 50	» 10
72.	1 piastres	bleu et noir.	» »	» 35
73.	1 piastre	bleu et noir.	» 50	» 25

1884. *Idem.*

78.	10 pa.	vert et vert pâle.	» 15	» 10
79.	20 »	rose et rose pâle.	» 25	» 10
80.	1 pi.	bleu et bleu pâle.	» 50	» 10
81.	2 »	bistre et jaune .	1f »	» 25
82.	5 »	brun et bistre .	2f50	» 50
83.	25 »	noir et gris . .	» »	» »

1886-87. *Idem.*

84.	5 pa.	violet et violet p.	» »	» »
85.	5 »	noir sur blanc.	» 10	» 10
86.	2 pi.	orange s. azuré .	1f »	» 25
87.	5 »	vert s. azuré .	2f50	» 50
88.	25 »	brun clair . .	12f »	» »

1888. *Idem.*

89.	5 pa.	vert et jaune .	» 10	» 10
90.	2 pi.	lilas et bleu .	1f »	» 25
91.	5 »	brun et gris .	2f50	» 50
92.	25 »	rose et jaune .	» »	» »

Nous n'avons pas catalogué des séries de timbres turcs avec diverses surcharges que nous ne considérons pas comme sérieuses : mont Athos, *triangle* — Poste de contrebande, *triangle et rectangle* — et IMPRIMÉS, etc.

Timbres-taxe

1862. *Type des timbres de 1862, bord bleu, papier pelure.*

Nos			Neufs.	Oblitérés
7.	20 paras	noir sur brun	1f50	1f »
8.	1 piastre	noir sur brun	2f50	1f25
9.	2 »	noir sur brun	» »	2f50
10.	5 »	noir sur brun	» »	» »

1862. *Idem.*

11.	20 paras	noir s. rougeât.	2f50	1f50
12.	1 piastre	noir s. rougeât.	» »	1f50
13.	2 »	noir s. rougeât.	4f »	2f50
14.	5 »	noir s. rougeât.	5f »	3f »

1864-67. *Type des timbres de 1864, dentelés.*

23.	20 paras	brun	1f50	» 75
23b.	20 »	brun clair	» »	» »
24.	1 piastre	brun	» 75	» 50
24b.	1 »	brun clair	» 25	» »
25.	2 »	brun	1f25	» 50
25b.	2 »	brun clair	» 25	» »
26.	5 »	brun	2f50	» »
26b.	5 »	brun clair	» 25	» »
27.	25 »	brun	6f »	» »
27b.	25 »	brun clair	» »	» »

1868. *Idem, bordure brun clair, petite dentelure régulière.*

42.	20 paras	brun	» 40	» 15
44.	1 piastre	brun	» 75	» 25
46.	2 »	brun	» »	» 25
48.	5 »	brun	» »	» »
50.	25 »	brun	» »	» »

1870. *Idem, bordure brun foncé, grosse dentelure irrégulière.*

43.	20 paras	brun bistre	» 50	» 15
45.	1 piastre	brun bistre	» 75	» 15
47.	2 »	brun bistre	» »	» 10
49.	5 »	brun bistre	» »	» 50

1888. *Type des timbres-poste de 1876, dentelés.*

93.	20 paras	noir	» 40	» 35
94.	1 piastre	noir	» 60	» 25
95.	2 »	noir	1f25	» 50

CONSTANTINOPLE

Poste Locale. — Entreprise Lianos

1865. *Étoile et croissant, noir sur couleur, dentelés.*

1.	5 paras bleu	» 25	» »

Nos		Neufs.	Oblitérés
2.	20 paras vert	» 10	» »
3.	40 » rose	» 20	» »

Timbre pour journaux

1865. *Inscriptions turques et françaises, timbre frappé à main.*

4.	noir, rouge ou bleu	» »	» »

Timbre-taxe

1866. *Inscriptions.*

POSTE LOCALE		
Service mixte		
Taxe ext.		
Taxe int.		10
TOTAL		

5.	10 paras	noir sur jaune	» »	» »
6.	20 »	» rose	» »	» »
7.	1 piastre	rouge s. blanc	» »	» »
8.	2 »	bleu	1f50	» »

Poste Locale Officielle

1873. *Timbres de 1870-74 avec surcharge ovale noire, bleue ou rouge, dentelés.*

9.	10 paras violet	» »	» 25

N°		Neufs.	Oblitérés.

10. 10 paras bistre . . . » » » 35
11. 20 » vert. . . » » » 25
12. 1 piastre jaune . . . » » » 75
9a. 10 paras violet *non dentelé* . » » » »

1875. *Même type, surcharge analogue ronde, entourée de points, imprimée bleue; dentelés.*

15. 10 paras violet . . . » » » 15
16. 20 » vert . . . » » » 15
17. 1 piastre jaune . . . » » » 15

1876. *Timbres de 1876 (inscriptions noires plus fournies) avec la surcharge bleue, ronde, entourée de points.*

20. 10 paras violet . . . » » » 25
21. 20 » vert . . . » » » »
22. 1 piastre jaune . . . » » » 20

Timbres-taxe

1873. *Timbres-taxe de 1870 avec la surcharge ovale.*

13. 20 paras brun bistre . » » » 30
14. 1 piastre brun bistre . » » » 20

KUSTENDJE & CZERNAVODA

ENTREPRISE PARTICULIÈRE

1867. *Croissant, montagnes et mer, dentelé.*

1. 20 paras noir sur vert. » 25 » 50

URUGUAY

RÉPUBLIQUE

Amérique du Sud, Orient

1856. *Soleil.*

1. 60 centavos bleu . . . » » » »

N°		Neufs.	Oblitérés.

2. 80 centavos vert . . . » » » »
3. 1 real rouge . . . » » » »

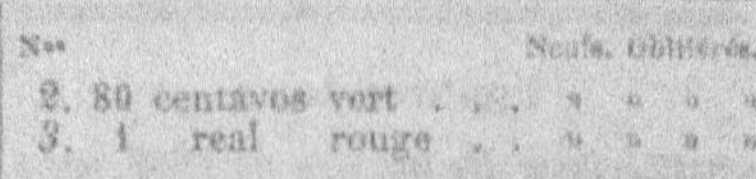

1859. *Soleil, valeur indiquée deux fois.*

4. 120 cent. bleu . . . » » »
5. 180 » vert . . . 8f » »
6. 240 » rouge . . . 5f » »

1859. *Même genre, valeur indiquée une fois, chiffres maigres.*

7. 60 centesim. lilas . . » » 2f50
8. 80 » jaune . . » » » »
9. 100 » carminé . . » » »
10. 120 » bleu. . . 5f » 1f75
11. 180 » vert . . . 4f » 4f »
12. 240 » rouge . . . 4f » »

1859. *Idem, chiffres gras.*

13. 60 centes. violet . . . » » » 75
14. 60 » lie de vin . 1f50 » 40
15. 80 » jaune . . . 2f » »
16. 100 » carmin . . . 2f50 2f50
17. 120 » bleu. . . 2f » 1f25
18. 180 » vert. . . . » » » »

1864. *Armes.*

19. 06 centesim. carmin . 1f50 » 40
20. 06 » rougeâtre » » »

21. 08 centesimos vert . . . . 2f50 » »
22. 10 » jaune . . . » » »
23. 12 » bleu . . . . 2f50 » »

1865. *Idem, avec chiffre de la valeur en surcharge noire, dans les angles inférieurs.*

24. 5 sur 12 c. bleu . . . . » » » »
25. 10 » 08 » vert . . . 2f » » »
26. 15 » 10 » jaune . . 2f50 » »
27. 30 » 06 » carmin . 2f » »
28. 30 » 06 » rougeâtre » » » »

1866. *Chiffre, armes, types divers.*

31. 1 centesimo noir . . . » 50 » »
32. 5 » bleu . . . » 75 » 50
33. 10 » vert . . 1f25 » 75
34. 15 » jaune . . 2f » 1f »
35. 20 » rose . . . 3f » 1f25

1872. *Idem, dentelés.*

40. 1 centesimo noir . . . 1f » » »
41. 5 » bleu . . . » 60 » 15
42. 10 » vert . . 1f25 » 25
43. 15 » jaune . . 2f » 75
44. 20 » rose . . 2f50 » 50

1877-79. *Chiffre, types divers, gravés, dentelés.*

47. 1 centesimo brun rouge » 25 » 10
48. 5 » vert . . . » 50 » 10

49. 10 centesimos rouge . . 1f » » 15
50. 20 » bistre . . 2f » » 25

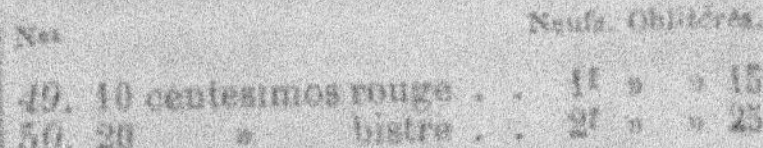

51. 50 centesim. noir . . . 5f » » 50
52. 1 peso bleu, 1879 10f » 3f »

1880. *Idem, copie lithographiée du 1 c., dentelé.*

53. 1 centesimo brun . . . » 15 » 10

1881. *Effigie de 3/4 à droite (J. Suarez) dentelé.*

67. 7 centesimos bleu . . . 1f50 » 75

1882. *Armes, millésime, n° d'ordre de 1 à 100, dentelés.*

68. 1 cent. vert *balances* . » 25 » »
69. 2 » rose *montagne* » 50 » »

1883-84. *Types divers, dentelés.*

No.   Neufs Oblitérés

71. 1 c. vert *armes* . . . » 20 » 15
72. 2 » rouge *id.* . . . » 30 » 20

70. 5 c. bleu *Santos* . . . » » » »

73. 10 c. brun *Artigas* . . 1f25 » »
74. 5 » bleu *Soleil* . . . » 60 » 15

1883-84. *Timbres de 1877 et 1882, avec* PROVISORIO *et millésime en surcharge noire.*

83. 1883 sur 5 c. vert nº 48. 1f » » 75
84. 1884 sur 2 c. rose nº 69. » 50 » 40
85. id. 1 c. s. 10 rouge nº 49. » 25 » 20

1884. *Types divers, dentelés.*

No.   Neufs Oblitérés

86. 1 c. vert olive *chiffre*. » 15 » 10
86a. 1 » vert gris » » » 10
87. 2 » rouge » . . . » 25 » 20
92. 5 » bleu » . . . » 60 » 15

88. 7 c. brun f. *Artigas* . 1f » » 60
89. 10 » brun M. *Santos* . 1f » » 25

90. 20 c. lilas *chiffre* . . . 2f » » 60
91. 25 » violet *armoiries* . 2f50 » 75

1887. *Idem, chiffre, dentelés.*

95. 5 cent. violet *type* nº 92 » 50 » 15
96. 10 » violet vif . . . 2f50 » »

1888. *Types de 1881, dentelé.*

Nos				Neufs.	Oblitérés.
97.	1 c.	vert foncé		» 15	» 10
98.	2 »	carmin		» 25	» 15
99.	5 »	bleu ciel		» 50	» 10
100.	7 »	orange		1f 25	» 75
101.	10 »	viol. noir *armes.*	1f »		» 25
102.	20 »	bistre	2f »		» 60
103.	25 »	rouge	2f 50		» 75

Timbres pour lettres en retard

1879. *Timbres en cours avec* SUERA DE HORA *en surcharge noire.*

54. 1 ou 5 c . . . . » » » »

Timbres de service

1880. *Timbres en cours avec* OFFICIAL *en surcharge noire, bleue ou rouge.*

55. 1, 5, 10 ou 20 c . . . » » » 50

VAN DIEMEN ou TASMANIE

1853. *Petite effigie à droite (Victoria I).*

1.	1 penny bleu		» »	» »
2.	4 pence orange octog.		» »	3f 50
3.	4 » jaune *idem* . .		» »	3f »

1858-60. *Effigie de 3/4 à gauche.*

Nos				Neufs.	Oblitérés.
4.	1 penny	rouge brun . .		» 75	» 50
5.	2 pence	vert foncé . .		3f 50	2f 50
6.	4 »	bleu . . .		» »	» 30
7.	4 »	bleu clair . .		2f »	» 20
8.	6 »	lilas *octogone*		» »	» »
8a.	6 »	gris *id.*		» »	» »
9.	6 »	violet *id.*		» »	1f »
10.	1 shill.	rouge *id.*		3f 50	2f 50
11.	1 penny	carm. *rectang.*		» »	» 75
12.	2 pence	vert clair *id.*		» »	2f 50

1864. *Mêmes types, dentelés.*

13.	1 penny	rouge brun .	1f »		» 50
14.	1 »	carmin . . .	1f »		» 35
15.	2 pence	vert	» »		» »
16.	2 »	vert foncé . .	» »		» »
17.	4 »	bleu	» »		» 50
18.	4 »	bleu clair . .	» »		» 50
19.	6 »	violet . . .	» »		» 50
20.	6 »	lilas	» »		» 40
21.	1 shill.	rouge . . .	2f 50		» 35

1870-73-80. *Effigie à gauche, dentelés.*

22.	1 penny	carmin . . .	» 25		» 10
23.	1 »	rouge carminé	» 35		» 15
24.	2 pence	vert	» 50		» 10
25.	3 »	brun carminé	1f »		» 60
26.	3 »	brun	» 75		» 60
27.	4 »	bleu	» »		» »
31.	4 »	jaune *1876* .	1f »		» 35
32.	8 »	lilas brun *1880*	» »		» »
28.	9 »	bleu	2f 25		» »
29.	10 »	noir	2f 50		» »
30.	5 shill.	violet . . .	12f »		2f 50

1883. *Timbres fiscaux divers servant comme timbres-poste.*

Nos — Neufs. Oblitérés.

37. 1 p. gris. *Ornithorhynque* » » » 50
38. 6 » lilas. *idem.* » » 1f »
. 4 shil. rose. . . . . . 2f50 1f »

VÉNÉZUELA

RÉPUBLIQUE

Amérique du Sud, Nord

1859. *Armes.*

1. ½ real jaune . . . » » » 40
2. ½ » orange . . . » 35 » 35
3. 1 » bleu . . . . » 35 » 50
4. 2 » carminé . . » 35 » 50

1861. *Armes.*

5. ¼ centavo vert . . . » » » »
6. ½ » violet brun » 60 » »
7. 1 » brun . . . 1f » »

1863. *Aigle.*

8. ½ centavo chair . . . 1f50 » »
9. 1 » gris . . . 1f50 » »
10. ½ real jaune . . . » 60 » 20
11. 1 » bleu . . . 1f25 » 75
12. 2 » vert . . . 1f75 » »

1866-67. *Armes.*

Nos — Neufs. Oblitérés.

13. ½ centavo vert . . . » » » »
14. 1 » vert bleu . » » » »
15. ¼ real brun carm. » 35 » 25
16. 1 » rouge . . 1f25 » »
17. 2 » jaune . . 1f50 » »
18. ½ » carm. 1870 » 50 » 25

1867. *Idem, dentelés.*

19. ½ centavo vert . . . » » » »
20. 1 » vert bleu . » » » »
21. ¼ real brun carm. 5f » »
22. 1 » rouge . . » » »
23. 2 » jaune . . » » »

1874. *Type 1866, deux inscriptions microscopiques en surcharge noire.*

24. 1 cent. violet . . . » 40 » »
25. 2 » vert . . . » » »
26. ½ real carmin . . » 75 » 15
27. 1 » rouge . . » » » 25
28. 2 » jaune . . » » »

1879. *Effigie à droite (Bolivar), deux inscriptions microscopiques en surcharge noire.*

29. 1 centesimo jaune . » » » 50
30. 1 » jaune pâle » » » 50
31. 5 » jaune . . » » » 15
32. 10 » bleu . . » » » 25
33. 30 » bleu . . » » » »
34. 50 » bleu . . » » » »
35. 90 » bleu . . » » » »
36. 1 venezolano carmin » » » »

1880. *Idem, sans surcharge, dentelés.*

39. 5 centimos jaune . » 25 » 10
40. 10 » jaune . . » 40 » 25

N			Neufs.	Oblitérés.

41. 25 centimos jaune . . » 75 » 10
42. 50 » jaune . 1f25 » 25
43. 1 bolivar bleu . . . 2f50 » 75

1880. *Même effigie à gauche (pour l'extérieur), dentelés (**).*

47. 5 cents bleu . . . » 20 » 20
48. 10 » rouge . . . » 50 » 25
49. 10 » rose . . . » 40 » 40
50. 25 » jaune . . . » 75 » 10
51. 50 » brun foncé . 1f25 » 40
52. 1 bolivar vert . . . . 2f50 » 75

1882-88. *Même effigie à gauche (pour l'extérieur), cadres divers, gravés, dentelés.*

57. 5 centimos bleu . . . » 15 » 10
58. 10 » brun rouge » 25 » 26
59. 25 » brun . . . » 50 » 10
60. 50 » vert . . . 1f » » 40
61. 1 bolivar violet . . . 2f » » 75

1882-88. *Mêmes genres, effigie à droite (pour l'intérieur), gravés, dentelés.*
62. 5 centimos vert . . . » 15 » 03

* Nous ne cataloguons pas les fortes valeurs : 3 et 5 venezolanos de 1879, 2, 5 et 20 bolivares de 1880, n'ayant pas la preuve qu'ils ont un usage postal.

** Depuis 1880 deux séries de timbres sont simultanément en cours, l'une avec légende *Vénézuela* pour la correspondance étrangère, l'autre avec *Escuelas* pour l'intérieur de la république ; les timbres *Escuelas* servent aussi pour l'acquit de divers impôts, une partie de leur produit est destiné aux écoles.

63. 10 centimos brun . . . » 25 » 15
64. 25 » orange . . » 50 » 05
65. 50 » bleu . . 1f » » 55
66. 1 bolivar rouge . . 2f » » 75

1887-88. *Types 1882-88 (pour l'extérieur), lithographiés, dentelés.*

73. 5 centimos bleu . . . » 25 » »
68. 25 » brun . . » 50 » 15
74. 50 » vert . . . 1f50 » »
75. 1 bolivar violet . . . 3f » » »

1887-88. *Types 1882-88 (pour l'intérieur), lithographiés, dentelés.*

69. 5 centimos vert . . . » 15 » 10
70. 25 » orange . . » 50 » 25
76. 1 bolivar rouge . . . 2f50 » »
77. 3 » violet . . . 10f » » »

1888. Les timbres gravés de 1882 sont remis en cours, plus les suivants (pour l'intérieur) :

78. 3 bolivares violet . . . 5f » » »
79. 40 » brun . . . » » » »

VICTORIA

POSSESSION ANGLAISE

Océanie Australasie

1850. *Reine de face à mi-corps (Victoria I).*

1. 1 penny rose . . . . . » » » »
2. 1 » chair . . . » » 4f »
3. 2 pence bistre . . . » » » »
4. 2 » gris cendré . » » » »
5. 3 » bleu . . . » » 2f50

1852. *Reine sur un trône.*

6. 2 pence brun gravé . » » » »
7. 2 » brun lilas lithographié » » 5f »

1854. *Effigie à gauche.*

Nos   Neufs. Oblitérés.

8. 6 pence jaune . . . . . »   »   1f50

1854. *Même effigie, octogone.*

9. 1 shill. bleu . . . . . . »   »   5f   »

1854-55. *Même effigie*

10. 1 shill. rose et bleu
      registered . . »   »   »   »
11. 6 pence violet et vert
      too late . . »   »   »   »

1856. *Genre 1852, reine sur un trône.*

12. 1 penny vert . . . . . »   »   »   »

1858. *Type du 6 p. 1854.*

13. 2 shill. vert . . . . . »   »   »   »

1859. *Même effigie, attributs aux
          angles.*

14. 1 penny vert . . . . . »   »   »   »
15. 2 pence violet . . . . »   »   »   »
16. 2   »   lilas . . . . . »   »   »   »
17. 4   »   rose . . . . . »   »   »   »
18. 4   »   rouge . . . . . »   »   »   »

1861. *Type 1859, reine à mi-corps,
          dentelés.*

Nos   Neufs. Oblitérés.

19. 1 penny rose . . . . . »   »   »   »
20. 1   »   rougeâtre . . . »   »   »   »
21. 3 pence bleu . . . . . »   »   »   »

1861. *Types 1854-58, dentelés.*

22. 6 pence jaune . . . . . »   »   »   »
23. 1 shill. bleu . . . . . »   »   3f   »
24. 2   »   vert . . . . . »   »   5f   »

1861. *Type 1856, reine sur un trône,
          dentelé.*

26. 6 pence bleu . . . . . »   »   3f   »

1861. *Type 1859, effigie à gauche,
          attributs aux angles, dentelés.*

27. 1 penny vert . . . . . »   »   2f   »
28. 2 pence violet . . . . »   »   1f   »
29. 2   »   lilas . . . . . »   »   1f   »
30. 4   »   rose . . . . . »   »   1f   »

1861-62. *Même genre, ornements aux
            angles, dentelés.*

31. 3 pence bleu . . . . . »   »   1f   »
32. 4   »   rose . . . . . »   »   1f   »
33. 6   »   jaune . . . . »   »   1f   »
34. 6   »   noir . . . . . »   »   1f25

1862. *Types divers, dentelés.*

35. 1 p. vert sans ornem. »   »   » 50
36. 6 » noir type 1854 . »   »   »   »
37. 6 » noir type 1861-62
        grands caract. . »   »   1f   »

1863-65. *Même effigie laurée, dans
            un rond, dentelés.*

38. 1 penny vert . . . . . » 50   » 20

Nos   Neufs. Oblitérés.
39. 2 pence violet . . . . » 75 » 20
40. 4 » rose . . . . . . » » » 20
41. 8 » jaune . . . . . » » » »

1864-68. *Types divers, dentelés.*
42. 2 sh. bl. s. vert typ 1858 » » 1f25
43. 3 p. carmin typ 1861 » » »
44. 6 » bleu même genre 2f » » 15
45. 3 » violet . . . . . » » »

46. 10 p. gris . . . . . » » »
47. 10 » brun s. chair id. 3f » 1f
48. 1 sh. bleu s. bleu octog. » » » 25

1868. *Même genre, dentelés.*
49. 5 sh. bleu sur jaune . » » »
50. 5 » rouge et bleu s. bl. 15f » 2f

1869-70. *Types divers, dentelés.*
51. 3 p. jaune type n° 45 1f50 » 20

54. 2 p. violet 1870 . . . » 75 » 10

1871. *Timbre de 1866 n° 47, avec valeur en surcharge bleue.*
Nos   Neufs. Oblitérés.
55. 9 p. s. 10 p. brun chair » » 3f »

1873. *Timbre de 1863 n° 38, avec valeur en surcharge rouge.*
57. ½ rouge sur 1 p. vert. » 50 » »

1873-76. *Types divers, dentelés.*

56. 9 p. br. rouge s. chair. 3f » 1f50
60. 2 » violet . . . . . » » » 10
61. ½ » rose . . . . . » 15 » 10

62. 1 p. vert sur blanc . » 25 » 10
63. 1 sh. bleu sur bleu . 3f50 » 35

1876. *Timbre de 1873, n° 56, avec valeur en surcharge bleue.*
64. 8 d. sur 9 p. brun rouge » » 3f »

1877. *Timbre de 1863, n° 41, dentelé.*
66. 8 p. brun rouge s. chair » » 1f50

1878. *Timbres de 1874-75 sur papier teinté, dentelé.*
70. ½ p. rose s. rose n° 61 » » » 25
67. 1 » vert s. jaune n° 62 » » » »
68. 2 » violet s. vert n° 60 » » » »
68a. 2 » violet s. chair id. » » » »

1881. *Genre du n° 62, dentelé.*
71. 2 shill. bleu s. verdâtre » » » »

1881. *Même effigie, dentelés.*

Nos		Neufs.	Oblitérés.
72.	2 pence brun clair	» 50	» 10
73.	4 » rose	1f	» 25

1883 *Idem.*

77.	1 penny vert	»	»	» 20
78.	2 pence lilas *type* no 72	» 50		» 20

1883. *Timbres fiscaux divers servant comme timbres-poste.*

82.	1 p. bistre *S. duty*	»	»	» 50
83.	1 ou 5 sh.	»	»	1f 25

1885-86. *Timbres antérieurs, avec* STAMP DUTY *en surcharge noire.*

101.	3 p. jaune no 51 du cat.	»	»	» »
102.	4 » rose no 73	3f	»	» »
91.	1 sh. bleu s. bl. no 63	»	»	» »
92.	2 » bleu s. vert no 71	»	2f	»

1885-86. *Même effigie à gauche, inscription :* STAMP DUTY, *dentelés.*

84.	½ penny rose	» 20	» »
85.	1 » vert	» 35	» 20
86.	2 pence violet	» 50	» 15
87.	3 » bistre	» 75	» 35
88.	4 » carmine	1f »	» 25
89.	6 » bleu	1f50	» 35
90.	8 » rose	2f »	» »
99.	1 shill. bleu s. jaune	» »	» »
100.	2 » vert s. vert	5f »	» 75

1886. *Idem, types divers, dentelés.*

Nos		Neufs.	Oblitérés.
109.	½ penny lilas	» 35	» 30
110.	1 » vert	» 25	» 10

111.	6 pence bleu ciel	1f50	» 25

1887. *Idem, dentelés.*

118.	½ p. rose, no 109 du cat.	» 25	» 10
120.	2 » lilas, no 86 refait,	» »	» 10
116.	4 » rose, no 88	1f »	» 20

117.	1 sh. lilas brun	2f50	» 25

ILES VIERGES

Amérique Centrale, Antilles

1866-67. *Vierge aux lampes ou madone, types divers, dentelés.*

1.	1 penny vert	1f	» »
2.	6 pence rose	»	» »

Nᵒˢ   Neufs. Oblitérés.

3. 4 pence carminé brun   »   »   »   »   »

4. 1 shill.   noir & carmin   »   »   »   »
5. 1   »   id. large bord   »   »   »   »

1880. *Effigie à gauche (Victoria I), dentelés.*

6. 1 penny vert . . . . . .   »   »   »   »
7. 2½ pence brun rouge.   »   »   »   »

1883-84. *Idem, dentelés.*

 9. ½ penny jaune. . . . . .   »   »   »   »
10. ½   »   vert . . . . .   » 50   »   »
11. 1   »   rose . . . . .   » 50   »   »
12. 2½ pence bleu . . . . .   1f50   »   »

1887-88. *Types de 1866, dentelés.*

13. 4 pence rouge brun. .   3f50   »   »
15. 6   »   violet . . . . .   5f   »   »

1888. *Idem, avec valeur en surcharge violette.*

16. 4 D. s. 1 sh. noir et
       carmin t. nᵒ 5 . . . .   »   »   »   »

WADHWAN

Asie Sud

1888. *Armes, dentelé.*

1. ½ pice noir. . . . . . .   » 25   »   »

Cercle de WENDEN (Livonie)

Russie

1862. *Ornements.*

Nᵒˢ   Neufs. Oblitérés.

1.   bleu rond . . . . . .   » 35   »   »

1862. *Inscriptions noires sur fond burelé, Briefmarke, etc.*

2.   noir et rose. . . . .   »   »   »   »

1863. *Idem, Packenmarke, etc. (pour paquets).*

3.   noir et vert. . . . .   »   »   »   »

1863. *Ovale vert, cadre perlé.*

4.   rose et vert. . . . .   3f   »   »

1864. *Idem, griffon dans l'ovale.*

5.   rose et vert . . . . .   »   »   »   »

1871. *Genre 1863 mieux dessiné, cadre guilloché.*

Nᵒˢ   Neufs. Oblitérés.

6.   rose et vert.... » » » »

1872. *Même genre, bras armé, dentelé.*

7.   rouge et vert.... » » » »

1875. *Même genre, cadre vert, fond ligné, valeur aux angles, dentelé.*

8.   2 kop. vert et rouge . » 50 » »

1878. *Même genre, cadre vert, fond blanc, valeur en lettres en bas, dentelé.*

9.   2 kop. vert et rouge . » » » 50

1880. *Idem.*

10.   2 kop. gris et rouge . » 25 » »

WURTEMBERG

ROYAUME

Europe Centre

1851. *Chiffre noir sur couleur.*

1.   1 kr. fauve .... » » » 75
2.   3 » jaune .... 3f » » 15
3.   3 » jaune foncé .. » » » »
4.   6 » vert. .... » » » 25
5.   9 » rose. .... » » » 25
6. 18 » violet .... » » » »

1857. *Armes, relief.*

8.   1 kr. brun .... 1f »
9.   3 » jaune .... » » 10
10.   6 » vert. .... » » 35
11.   9 » carmin .... » » 50
12. 18 » bleu .... » » »

1859. *Idem, dentelés.*

Nᵒˢ   Neufs. Oblitérés.

13.   1 kr. brun .... » » » 50
14.   1 » brun noir .. » » »
15.   3 » jaune .... » 60 » 10
16.   6 » vert. .... 1f » » 15
17.   9 » carmin .... » » » 35
18.   9 » lie de vin .. » » »
19. 18 » bleu. .... » » »

1862-66. *Idem.*

20.   1 kr. vert. .... » 50 » 25
21.   1 » vert clair .. » 35 » »
22.   3 » carmin .... » 50 » 10
23.   6 » bleu. .... 1f » » 15
24.   9 » brun clair .. » » » 50
25.   9 » brun .... » » » 75
26.   9 » brun noir .. » » » 75
27. 18 » jaune .... » » » »
39.   7 » bleu 1867 .. » » » »

1868-73. *Chiffre, dentelés.*

40.   1 kr. vert. .... » 20 » 10
41.   2 » orange .... » 35 » »
42.   3 » rose. .... » 35 » 05
43.   7 » bleu. .... » 65 » 15
44.   9 » bistre .... » » » 25
45. 14 » jaune .... 2f » » 40

1873. *Type 1857, armes, relief.*

63. 70 kr. lilas. .... » » »

1875. *Chiffre, dentelés.*

67.   3 pfennig vert. .... » 10 » 05
68.   3 » lilas. .... » 15 » 05
69. 10 » rose. .... » 25 » 05
70. 20 » bleu. .... » 50 » 05
71. 25 » bistre .... » 60 » 05
72. 50 » gris. .... » » » 30
73.   2 mark jaune .... » » » »

1878-81. *Idem.*

Nos				Neufs.	Oblitérés.
106.	50 pf.	gris vert		1f25	» 10
107.	2 mark	rouge s. jaune	»	»	» »
108.	5 »	bleu pâle et noir	»	»	3f »

1883. *Idem.*

121.	2 mark jaune et noir.	» »	» 35

Timbres de service

1875. *Chiffre, dentelés.*

77.	5 pf.	violet	» 40	» 20
78.	10 »	rouge	» 50	» 25

1881-82. *Inscriptions, dentelés.*

109.	3 pf.	vert		» 75	» 35
110.	5 »	violet		» 50	» 20
111.	10 »	rose		» 50	» 15
112.	20 »	bleu		» 75	» 15
113.	25 »	brun	1f »	» 20
114.	50 »	vert terne	1f60	» »
115.	1 mark	jaune		» »	» »

Timbres de retour

1857. *Armes.*

7.	noir	» 50	» »

Même genre, dentelé.

28.	noir	» »	» »

1875. *Armes, dentelés.*

92.	noir	» 35	» »

Timbres-télégraphe

1875-76. *Inscriptions, chiffre et valeur en surcharge noire pour les pfennig et bleue pour les mark, dentelés.*

Nos				Neufs.	Oblitérés.
80.	20	pf.	brun	» »	» »
81.	25	»	violet	» »	» »
82.	35	»	vert jaune	» »	» »
83.	40	»	bistre	» »	» »
84.	50	»	carmin	2f »	» »
85.	80	»	bleu	» »	» »
85a.	80	»	vert jaune	» »	» »
86.	1	mark	vert	» »	» »
87.	2	»	jaune	» »	» »
88.	4	»	bleu clair	» »	» »
89.	10	»	rouge pâle	» »	» »
90.	5	pf.	gris *1876*	» 25	» »
91.	10	»	bleu	» 30	» »

ZOULOULAND

POSSESSION ANGLAISE

Afrique Sud

1888. *Timbre de Natal de 1880 avec* ZULULAND *en surcharge noire.*

1.	½ penny vert	» 75	» »

1888. *Timbres de la Grande-Bretagne de 1887, avec même surcharge.*

2.	½ penny rouge brun	» 20	» »
3.	1 »	violet	» 30	» »
4.	2 pence	vert et rouge	» 60	» »
5.	3 »	brun s. jaune	1f »	» »
6.	4 »	vert et brun	1f25	» »
7.	6 »	brun s. rouge	1f75	» »

Petit Album (14 cm. sur 11) s'ouvrant en long
cases pour 1,800 timbres, noms des pays, ren-

seignements, 500 gravures de timbres, titre doré,
jolie reliure en percaline chagrinée, couleurs
rouge, noir, violet, vert foncé ou brun.
Prix . . . . 1 25 (port fr 20 c.)

ALBUM-CATALOGUE

Album avec catalogue complet illustré de 1,125
gravures ; forme livre, 14 c. sur 22, places pour
3,000 timbres, jolie couverture en percaline chagrinée, couleurs : rouge, noir, violet, vert foncé ou
brun, magnifique titre, timbre mosaïque doré.
Prix . . . . 3 fr. (port 0.50 c.)

Album-Catalogue. Même ouvrage, mais
cartonné, couverture chamois, illustrée de timbres en
trois couleurs . . . . 2 fr. 25 (port 0.50 c.)

CARNET POUR ÉCHANGES

Joli carnet de poche, monté comme les albums
photographiques ; 240 fentes à l'emporte-pièce pour
placer provisoirement les timbres sans les coller.
Prix   Reliure percaline fermoir . . . . . . 2 fr 50
       Demi-reliure, dos maroquin . . . . . . 3 fr 50
       Chagrin plein, doré sur tranches   4 fr. 50
       (Port 0.15 c.)

Noms des Pays. Série complète de 432
titres y compris les nouveaux : Tunis, Zoulouland,
etc., imprimés en rouge, bleu ou bistre, pour albums
mobiles ou cahiers particuliers de timbres-poste,
timbres fiscaux, cartes-poste, enveloppes de classification, etc. Prix . . . . 1 fr. (port 0.05 c.)

Préparation et montage des timbres.
Conseils pour l'organisation d'une collection, six
pages extraites de l'album universel de timbres-
poste. Prix . . . . 0.05 c. (franco.)

LA POSTE AUX LETTRES, par Louis PAULIAN.
beau volume de 280 pages grand in-8, papier fort,
62 gravures sur les chapitres : *La Poste dans l'Anti-
quité et les temps modernes; diligence, postillons, chemin
de fer; l'Hôtel des Postes de Paris; bureaux de départ,
l'ambulant, la malle des Indes; franchise; rebuts; secret
des lettres; la Poste en temps de guerre; personnel et
matériel, service maritime, les timbres-poste*, 2 fr.
port 85 c. (colis-postal).

ALBUM UNIVERSEL
DE TIMBRES-POSTE
Par Arthur MAURY (✪ o. ✳ o. ✳)

(5ᵉ ÉDITION 1892.)

Ce grand album est classé par ordre géographique
et historique ; il s'ouvre en long, la dimension des
feuilles est de 28 cent. sur 21 ; tous les timbres connus
ont leur place et chacun est décrit dans la case même
qu'il doit occuper, afin d'éviter les recherches sur une
autre feuille.

Cet ouvrage est complété par huit belles cartes géographiques en couleur, gravées spécialement ; il con-
tient un tableau complet des monnaies étrangères et
des conseils détaillés sur la manière de préparer les
timbres qui doivent entrer dans la collection.

PRIX DE L'ALBUM UNIVERSEL

Reliure percaline titre doré, 1 fermoir . . . 13 fr
Demi-reliure dos maroquin, titre doré, tran-
   che marbrée (peigne), 1 fermoir . . . 16 fr.
Maroquin plein, papier plus fort, tranche
   dorée, 2 fermoirs . . . . 25 fr.
Le même, dorure riche (dentelle) . . . 30 fr.
Reliures riches, beau papier fort, d'Angoulême,
   superbes reliures, biseaux, dorure très soignée.
   Chagrin plein, premier choix . . . . 50 fr.
Maroquin du Levant, premier choix . . . 60 fr.
Maroquin du Levant, premier choix, reliure splen-
   dide, avec ou sans coins et écusson en métal, fer-
   moir à serrure, etc. . . . . . . 100 fr.

Album Universel à prix réduit. Le
même ouvrage, mais avec 256 feuilles *simples*, c'est-à-
dire ayant la place des timbres imprimée des deux
côtés. Papier ordinaire. Cartes géographiques en noir.
Reliure percaline, titre doré . . . . 6 fr.

Album universel non relié. Nous mettons
en vente des albums *en feuilles* qui ont l'avantage
de pouvoir être expédiés par la poste et recom-
mandés, dans tous les pays.

Tirage de l'alb. à 6ᶠ 256 feuil. simples. 4 fr. 75
Tirage de l'alb. à 13ᶠ 256 feuil. doubles. 11 fr.
Tirage de l'alb. à 25ᶠ id. papier fort. 15 fr.

*Une feuille spécimen et une notice spéciale seront
envoyées GRATIS et FRANCO sur toute demande affran-
chie.*

Port *des Albums Universels pour la France, 0.85 c.
(plus 0.50 c. pour emballage).*

2me Volume de
L'ALBUM UNIVERSEL DE TIMBRES-POSTE

Contenant la suite des pays portés dans le 1er volume et les pays qui ont nouvellement émis des timbres-poste, plus beaucoup de feuillets blancs pour les émissions futures. Un volume de 226 pages *recto seul*, avec une carte géographique des Indes anglaises et une carte de l'Afrique du Sud, gravées spécialement pour l'Album Universel.

Les prix du 2e volume sont ceux du 1er volume *(le port également)* **13 fr., 16 fr., 25 fr., 30 fr., 50 fr., 60 fr., 100 fr.**

Il existe du 2e volume une édition à prix réduit, avec moitié moins de papier, impression des cases des deux côtés de la page. Prix relié.......... 5 fr. »

Album 2e volume, non relié......... 3 75

Port : Colis postal. 0,85 c. *pour la France.*

ALBUM ILLUSTRÉ
DE TIMBRES-POSTE
PAR ARTHUR MAURY

Cet album est certainement appelé à un grand succès auprès des jeunes collectionneurs. Il est de grand format, comme l'Album Universel (28 centimètres sur 21); sa reliure est en percaline de diverses nuances avec un joli titre doré. Il est illustré de *mille huit cent cinquante* gravures de timbres de tous les pays et de *cent trente-quatre* armoiries. Les cases n'ont pas les descriptions.

Son prix est absolument modique.

3 francs 25 centimes
(port 0 fr. 60 pour la France et l'Étranger).

Même album, édition en **espagnol**, *même prix.*
Même album, édition en **italien**, *même prix.*

ALBUM A FEUILLES MOBILES

pour grandes collections de timbres-poste, d'enveloppes entières, de cartes-poste, de timbres fiscaux, de photographies, d'images, de fleurs, etc.

Les feuillets sont blancs, encadrés d'une grecque, mais sans indications pour classer les timbres; le collectionneur les organise ainsi à son gré.

L'album se compose de cent dix feuilles (dimensions 33 cm. sur 25 cm. de large) munies d'onglets perforés, d'une règle-guide, de deux grandes feuilles contenant les noms de tous les pays, d'une couverture, dos en maroquin, plats en toile chagrinée. La reliure, très simple, permet instantanément de déplacer, retrancher ou ajouter des feuilles; l'album a l'aspect d'un grand livre et s'ouvre avec la même facilité.

Tous les albums sont *vert foncé*, la bordure des feuilles et les titres sont, au choix : rouge, bleu ou bistre.

Prix de l'album mobile complet, feuilles, titres, reliure etc....................... 20 fr.

Le même, reliure riche, maroquin plein. 40 fr.

Pour ajouter au besoin :

Feuillets supplémentaires, par 25...... 2 fr.
Couverture 1/2 reliure, 12 fr.; couverture maroquin plein, 30 fr.

Ces Albums sont expédiés par chemin de fer ou messageries, aux frais du destinataire.

(Emballage en sus 0,50 c.)

ÉCHANTILLON de feuille mobile et titres de trois couleurs, 0,10 c. *(franco).*

ARMORIAL UNIVERSEL

Cette nouvelle série de QUATRE-VINGT-DOUZE ARMOIRIES ou emblèmes modernes des principaux pays du globe n'est pas, comme d'habitude une copie d'ouvrages antérieurs plus ou moins erronés et incomplets : chaque blason a été contrôlé sérieusement dans les chancelleries, les collections de monnaies, de sceaux, etc.

Ces **armoiries** forment une magnifique feuille imprimée en couleurs héraldiques, or et argent : elles peuvent être conservées telles quelles ou découpées et collées en regard de chaque pays dans les albums de timbres; elles correspondent aux indications de l'Album universel. Prix : 1 fr. 75 c. (port 0.05 c.)

DRAPEAUX NATIONAUX

Drapeaux nationaux modernes de tous les pays grande feuille en plusieurs couleurs, semblable à l'Armorial universel, composée d'après des documents authentiques et récents.

Prix................... 1 fr. 50 (port 0.05 c.

---

50 Armoiries et 28 Drapeaux
anciens et modernes

3e feuille complémentaire ensemble

Prix . . . . 1 fr. 75 (port 0.05 c.)

Nos feuilles d'Armoiries et de Drapeaux figurent au Louvre, dans l'une des salles du Musée de Marine : elles ont été acquises aussi par un grand nombre de *Musées Scolaires et de Villes.*

Sur demande, envoi gratis de spécimens en couleur des armoiries et drapeaux.

PORTRAITS DES SOUVERAINS

Nouvelle édition très soignée, **50 portraits** en photographie, avec noms et dates de naissance, format timbres-poste, pour illustrer les Albums.

La collection.................. **3 fr.** *franco*

Curieux document du siècle de Louis XIV, Instruction en quatre pages, avec ornements du temps, annonçant au public la création de la Poste de Paris (1653) et l'invention des fameux timbres-poste nommés *billets de port payé. Fac-simile* identique sur vieux papier vergé. **0.50 c.** *franco.*

TIMBRES COMMUNS PAR MILLE

De France, Suisse, Italie, Pays-Bas, Grande-Bretagne, Autriche, Allemagne, Belgique, États-Unis, etc., mêlés, pour tapisseries de timbres-poste, bonnes œuvres, etc.

Un mille,	0 fr. 75	Cent mille,	50 fr.
Dix mille,	6 fr. »	Un million,	400 fr.

NOTA. Après une récente revision de nos provisions, un grand nombre de timbres de toutes sortes, même assez rares, mais trop oblitérés ou déchirés, ont été mêlés aux timbres à **75 cent.** le mille.

Affranchissement d'un mille, 0 fr. **10 c.** — Les quantités sont expédiées par messageries.

Les timbres communs par mille ne peuvent être expédiés par poste à l'étranger.

PETITES
COLLECTIONS D'OCCASION

Nous avons toujours en magasin des collections rachetées à des amateurs, nous les offrons aux prix approximatifs suivants, très avantageux :

400 timbres,	20 fr.	800 timbres,	40 fr.
500	—	25 fr.	900	—	50 fr.
600	—	30 fr.	1000	—	60 fr.
700	—	35 fr.	1200	—	80 fr.

Les timbres sont authentiques, ils sont collés dans des albums en plus ou moins bon état; le prix peut varier suivant la rareté et la bonne conservation des timbres. Nous enverrons les listes des collections disponibles dans le moment avec leur description.

L'achat d'une petite collection d'occasion est de beaucoup le moyen le plus économique de commencer une collection.

NÉCESSAIRE
du Collectionneur de Timbres.

Nous avons réuni dans une boîte tous les objets indispensables pour préparer les timbres à entrer dans une collection.

Ciseaux, pince-brucelles, gros pinceau, couteau en os, papier buvard blanc, papier gommé d'un côté, petites charnières en papier gommé évitant de se servir de la gomme liquide pour coller les timbres, et 50 enveloppes pour classer les doubles. Prix du nécessaire complet : **3 fr.** Port, pour la France, **0.30 c.**

Le nécessaire ne peut être envoyé par la poste à l'étranger.

FLACON A GOMME

Avec bouchon conique en verre assez haut pour loger la hampe du pinceau qui est ainsi enfermé avec la gomme; une barre en cuivre permet d'essuyer le trop-plein du pinceau. Très commode et très propre.

Prix : 1 fr. 25 ; port 20 c.

Le flacon avec son pinceau est soigneusement emballé dans une boîte en carton ; mais il sera expédié par poste *aux risques du client. Il ne peut être envoyé par poste à l'étranger.*

PAPIER GOMMÉ

Évitant l'emploi de la gomme liquide pour coller les timbres dans les albums.

Cahier de 8 feuilles réglées spécialement et gommées d'un seul côté ; format du papier à lettre.

Prix : 0.30 c. (port 0.05 c.)

Charnières en papier gommé. Toutes

pliées et découpées pour fixer les timbres dans les albums. 500 petites charnières gommées.

Prix : 0.60 c. (port 0.05 c.)

Les mêmes dans une boîte. Prix : **0.70 c.** (port 0.05 c.)

LOUPES

Nouveau modèle très soigné, monture nickelée.
N° 1. Lentille de 40 millimètres........ **1ᶠ** »
N° 2. Lentille de 20 millimètres........ » **75**
Les loupes sont envoyées *franco* dans toute la FRANCE. — Elles ne peuvent pas être expédiées à l'Étranger.

INDEX *(Les chiffres indiquent les pages du Catalogue.)*